后浪出版公司

为将之道

美国名将指挥的艺术

四川人民出版社

目　录

译者序

　　小埃德加·F. 普里尔（Edgar F. Puryear, Jr.）是美国普林斯顿大学的政治学博士，曾担任过飞行军官，亦曾在美国空军学院（United States Air Force Academy）开授有关领导的课程。当时他为了讲授难以理解的"领导风格"，花了十余年的时间，研究4位不同领导风格的美国第二次世界大战期间陆军名将：五星上将乔治·马歇尔（George Marshall）、道格拉斯·麦克阿瑟（Douglas MacArthur）、德怀特·艾森豪威尔（Dwight Eisenhower）和四星上将乔治·巴顿，并将其一系列的演讲稿集成《十九颗星：对美国四位名将之研究》（*Nineteen Stars: A Study in Military Character and Leadership*）一书，于1971年出版。台湾地区的中文版，则由麦田出版社请苏维文先生于1994年完成翻译出版。①

　　揆诸古今中外历史，能"出将入相"者必然具有某些领导特质。各行各业的领导者与伟大的战场指挥官一样，都要具备一些基本风格，唯究应具备哪些特质与多少才够？实耐人寻味。而鉴于领导的运作方式迄无一个能为世人所普遍接受的定论，也没有任何一套领导理论能一成不变地适用在所有的情境里，普里尔遂继续他的研究，经过19年的千锤百炼，终于在2000年又出版了《为将之道》（*American Generalship*）。

　　高素质的军事领导人是保卫国家安全与维护自由和平的最后

---

① 该书在台湾地区译名为《十九颗星：美国近代四大名将》。——编者注

1

一道防线。美国在"一战"、"二战"、海湾战争中能带领盟军赢得胜利的关键因素，就如丘吉尔所说，是他最惊讶的"美国培养了这么多出色的军事领导人"。高素质的军事领导人是在各国平时有系统、有步骤、很刻意专注地投入领导统御的培养下方能有所成效，绝非单靠一般专业军事教育而能尽其功的。前"国防"管理学院院长帅化民即注意到弘扬"将道"的重要性，并筹措开设短期高级将官班，可惜缺乏支持，难以形成持久的制度。但这个理念却在我们几位老师的心中埋下种子。

1989年，本人奉派至美国洽公，无意间在书店里发现了这本书，当场即被作者深入的研究、细腻的笔法及精辟的观点所吸引，真是心有戚戚焉，于是引介国人赏阅的念头油然而生。返回后，即与有系统出版军事相关书籍的麦田出版社协调，获得一致的支持，咸认本书应像前书一样翻译成中文以飨读者。

本人因感到时间与能力的限制，于是除了我本人外也找了高一中、魏光志、陈国栋等人帮忙共同翻译，再由我进行最后的整合校稿。感谢他们的协助，使本书得以在21世纪的第一年完成。此外，也感谢"国防"管理学院的支持，方能利用教学之余完成此项工作。最后仅将本书献给我的父母和爱妻，没有他们的支持与鼓励，绝没有今天的我。

陈劲甫[①]谨识

2001年12月

---

① 译者系台湾"国防"大学"国防"管理学院、"国防"决策科学研究所所长。——编者注

前　言

　　领导才能这一课题代表了我35年来对如何成功地领导美国军队的相关研究。在这段时间里,我亲自访问了超过100位四星上将,并以面谈或书信的方式访问了超过1000位准将以上的将领。另外,我接到了超过1万封的信件,也阅读了无数的日记、自传、传记、回忆录以及军事历史等记录。

　　我1971年写的《十九颗星:对美国四位名将之研究》(以下简称《十九颗星》)一书,是对第二次世界大战中杰出的4位美国将领的领导风格与领导才能的比较研究。书中描述了是什么因素使他们成为了杰出的领导人,也探究了他们如何领导美国军队。我选择了1939—1945年间担任美国陆军参谋长的乔治·马歇尔上将,远东地区总司令道格拉斯·麦克阿瑟上将,盟军登陆北非、西西里及欧洲(欧洲登陆战也是历史上最伟大的战役之一)的最高统帅德怀特·艾森豪威尔上将,及美国在北非的第1、2军团、西西里的第7军、欧洲的第3军指挥官、陆军将领乔治·巴顿(George Patton)。

　　我为何选择这4位将军,原因很明显,实在不需要多作说明。马歇尔、麦克阿瑟和艾森豪威尔在第二次世界大战中都担任了非常重要的军事职务,而巴顿是家喻户晓的野战将领,原稿标题辉映出十九颗星——这4位伟大领导者军衔的总和。这本书仍在印行,虽然已经几次加印,还是获得了许多对军事领导才能有兴趣的人士的喜爱。

自从《十九颗星》出版之后，我就以领导才能这个主题，向军事界及一般社会人士发表过数百场讲演。在这些演讲中，听众经常要求我多谈谈最近的美国军事领导人。这些请求鼓舞我再写一本《十九颗星》的续篇，通过访谈及研究从第二次世界大战结束后到1999年期间的军事领袖，进而更新领导才能相关的研究。我亲自进行了一对一的访谈，包括100多位四星上将，其中有参谋长联席会议主席、"二战"时期的陆军指挥官、"二战"后许多的陆（空）军单位指挥官及参谋长、陆战队司令及海军首长。这项研究也包括以访谈或书信的方式，访问了1000多位准将以上的将领，并且联系了1万多位曾经与这些将领共事过的人士。所有这些努力都是为了回答"一个人如何成为美国军队的成功领导者"这个问题。

　　自从《十九颗星》出版之后，有数百本关于美国军事领导者的书陆续推出，包括自传、回忆录、传记及军事历史。此外，我阅读了许多这些人的日记、来往信件、演讲等记录，这些给我提供了丰富的写作素材。

　　第二次世界大战、冷战及后冷战、朝鲜战争和越战，以及伊拉克战争都对美国军事领导地位产生了相当大的挑战。而这些军事领导人的品质是维护美国与世界自由的根基。"二战"后的1946年，丘吉尔在五角大楼办公室对30位最杰出的战时美国陆军和空军将领作了一次非正式的演讲，他背靠着椅子，双脚放在桌上，一手端着白兰地，另一只手拿着大雪茄说：他一直相信美国有足够的人力和物力扭转战争局势，使之转向对盟军有利的形势，但是让他最惊讶的是，美国培养了这么多出色的军事领导人。

　　美国在"二战"及战后期间，有这么多睿智的军事领袖，他们奉献生命为上帝和国家服务。当战事来临时，美国已经培养出了许多优秀的军事领导者，这是其他国家做不到的。本书为读者提供了一些将领关于如何运用自己的领导能力赢得战争，守护西方自由传统的思想和见解。

写这本书的目标之一是确定这些将领如何发展并获得卓越洞察力来进行成功领导的。许多人认为这些领导人是天生的，而不是靠后天培养的。如果领导者都是天生的，那本书的价值是什么呢？"天生的，不是后天培养的"（born，not made）这句话，如果狭义地就字义解释，就是从出生的那一刻起，就已经决定了一个人是否能成为领导者，成长和周遭环境对一个人的发展毫无影响。如果这句话的解释不那么严格，是不是可以说，一个人一出生就具备某些特质，如果能成长在一个适当的环境里，这些特质会提供具备成功领导能力的潜能。

我访问了当年（1946年）聆听丘吉尔演讲的30位将领中的20位，其中之一是艾森豪威尔上将，我请教他领导者是天生或后天培养的这个问题，他答道："我想，说'天生就是一位指挥人才'或'天生就是一个领导者'是有点道理的。但是也有很多人天生就具备成为领导者的潜力，就好像许多人生来就具备了成为艺术家的潜能，但他们一直没有机会或训练去充分发展他们的才能。我想领导才能是天生的禀赋加上后天的环境。我所谓的环境是指训练和锻炼领导才能的机会。"

我采访了艾森豪威尔将军的地面指挥官布莱德雷（Omar N.Bradley）上将有关领导才能是否为天生的这一问题，他的回答是："我认为一些是天生的，例如健硕的体格、健康的心智、天生的好奇心及学习的欲望。你通常做得到在一群小狗里挑选一只最优秀的小狗，虽然小狗只有6周大。当一只小狗具有好奇心，跑来跑去地观察周围的事物，这种类型的小狗通常会是最好的狗。

"但是有些特质是可以提升的，例如领导才能中的一项要求是对你的专业要有透彻的了解，这种了解是可以通过培养获得的。

观察别人也很重要——试着去发现是什么因素让他们如此卓越、突出。这也是我认为从研究过去的领导者当中可以学习到很多的原因，例如美国内战期间的领袖李将军、杰克逊、林肯等。试着去了解什么使他们如此杰出。"

当我请教安东尼·麦考利夫（Anthorny McAuliffe）将军时，我的问题稍有不同，我请教他："您认为管理一大群人的能力是一位年轻人可通过自我教育与学习而获得的吗？"这位将军在"二战"时讲过非常有名的一字名言（"呸"［Nuts］，当麦考利夫将军和他的部属在巴斯通［Bastogne］被德军包围时，德军命令他投降，将军就用"呸"这个字来回应德军）。他说："我想你所说的能力是上帝的恩赐，是与生俱来的，就像麦克阿瑟将军、巴顿将军、蒙哥马利元帅不只是将才，也是演员。他们具有某种亲和力，这对广大群众有很大的影响力。"麦考利夫将军说决断力是一项可以发展的能力。但是"你也只能改进到一定的程度，大部分是天生的"，麦考利夫将军接着说："除了一个人的风格之外，知识是最重要的了。"知识可以培养信心及决断力。当你充分地了解你的本行，我想当你在采取行动时会勇于承担而且非常果断。麦克阿瑟将军和巴顿将军就是这样的人。我想他们军事职业广博的知识是他们作决定时能勇于承担，并且作为领导者取得成功的一个重要影响因素。

最支持"领袖是天生的"这个理论的是"二战"中指挥第7军团的劳顿·柯林斯（Lawton Collins）将军。1949—1953年，他担任美国陆军参谋长，他说："只有少数人能结合必不可少的性格特质、正直的品格、聪明才智、工作意愿，这些造就了他们的专业知识，并让他们成为成功的领导者，而我们从祖先那里承袭了这些上帝赋予的才能。"但是他也不相信一个人完全受制于天生的禀赋，他说："然而，只要有些许的聪明才智以及有心，某些领导技能是每个人都能学到的。"

另外一位"二战"成功的军团指挥官韦德·海斯利普（Wade Haislip）将军谈道："在我开始军旅生活的那段时间，有一件事很困扰我，当时大家都认为领导人是天生的，不是后天培养的。当我开始研究的时候，我试着去推翻这种说法，我发展出一些我认为是基本的要素——如果人们相信而且真地去做，每个人都会成功的。"

据说艾森豪威尔将军曾谈起"二战"期间的空军指挥官卡尔·斯帕茨（Carl Spaatz）将军，他说："他（斯帕茨）是我麾下唯一没犯过错的将领。"

我也问过斯帕茨将军为什么有人能成为杰出的领导人。他说："我想领导者都是经过成长的。你一定要天生具备一些特质，更重要的是出生之后如何培养，这决定了你是否能成为一位成功的领导人。"

"二战"期间登陆意大利的第5军军长马克·克拉克（Mark Clark）将军，作了以下的总结："我认为大部分的领袖是后天的。当一个人的祖先有决心及勇气，无疑的，他也会承袭一些领导才能的特质。我看得太多了，有些人虽然矮小且瘦弱，但如果有人给他机会，他会充分发挥你之前认识不到的领导才能。有些承袭自你祖先的特质使你成为好的领导人，但也有很多不具备这些特质的人，当机会来临时，他们一样可以发展出这些特质。"

卢西恩·特拉斯科特（Lucian Truscott）将军是"二战"中一位很受尊重的师长、军长及军团司令，他曾说："我假设人生来就具备一些特质，而这些特质可以往领导才能方面去发展。领导能力无疑是可以被培养的。特定的人生下来就是陆军指挥官或是战场指挥官这种观念，例如对艾森豪威尔将军而言，就不适用了。领导人的特质包含果断的态度以及信心。大部分情形下，决断力及信心来自学习和训练所获得的知识。重要的是建立你的基本常识，发展你的心智，培养你的能力，并在你的整个军事生涯中应用这些知识。"

威廉·辛普森（William Simpson）将军曾经在"二战"中领导第9军。他相信："每个人都不是天生的领袖，领导才能是可以培养的。我真希望当我年轻的时候，就有人告诉我这些。要成功地带领众人需要应用一些领导特质，天生的领袖很少，非常的少。"

"二战"后期担任中国战区的美国资深指挥官阿尔伯特·魏德迈（Albert Wedemeyer）将军，对领袖是天生的而不是后天培养的观点，发表了看法："不，我不同意。我认为有些人具有较好的机会发展为领导人才。这主要是由于这些人对各项活动的兴趣都非常高，这使他们成为了好的领导人。我认为大多数天才都是辛勤工作的结果，任何年轻人，只要他具有勇气及毅力，有一般的体格及心智，就能够造就一个美好的人生。能有多大的成就，就依赖每个人了。通常一个好的领导人都具备永不停止的好奇心这项特质。"

通过以上这些"二战"期间获得极大荣誉的战时将领对经验智慧的分享，为美国军事将领提供了一些思考的方向。即使是那几位支持"领袖是天生"这种理论的将领，也相信领导人的某些与生俱来的特质必须通过后天培养才能发挥出来。其他人相信，如果用心培养，每个人都可以成为领导人。所有人都强调教育、经验、学习以及环境对培养领导人的重要性。所有"二战"后的将领都同意领袖不是天生而是后天培养的，但是他们也指出一些特质有些人生来就具备了，而这些特质在领导才能的发展上十分重要。

研究伟大的军事将领以及古典作家对战争的看法都是培养军事领袖过程中所必须的，因为战场上的胜利都是由无数男女赢得的。武器会改变，但是人性不变。美国永远需要受过良好训练的将领来赢得战争。柏拉图曾说："只有死去的人，才真正看到过战争的结束。"战争是不是人类的常态呢？看起来似乎如此，因此我们需要研究军事领导才能。在过去的战争中，我们很幸运，因为都有时间作准备。现代战争不允许我们有很长的准备时间，一个以捍卫世界自由为己任的国家必须作好即时战争的准备。我们再也无法依赖英国、法国等国家把敌人牵制住，让我们有几年的时间来决定是否参与一场冲突，但只有这样，才有充裕的准备时间来投入战争。在未来，我们有可能是最先被敌人攻击的目标。

在撰写本书的过程中，曾经有人和我提起，我所探讨的主题并不是领导才能而是将道，或者某项特质不是领导者而是参谋军官。有人谈到我所研究的不是领导而是指挥，也有人说这是行政或管理。我们不需为所用的名词争论不休。这本书是讨论为将的书，为什么他们会成为高级将领？当他们担任高阶职位后，如何实际承担与执行其职务？用来描述及包含他们所承担与执行过程的名词，就是"领导才能"（leadership）。

在比较这些人领导才能的时候，我们可以清楚地看到，这些人具备一些人格特质，而这些特质是他们成功的关键因素。我并不期待，也不保证在研究和了解这些特质后，每一位读者都能获得像这些将军那么高的成就。但至少我可以确信，这将会使一般人变得更好。如果我们在领导才能的训练上不用心，那将是一个很大的错误。领导才能也不应该是其他训练的副产品。所有国家的军事出版物中都列举了如何去领导别人的经验法则，但是只列举出一些原则还是不够的。成功的领导特质必须被赋予生命与意义。

坊间关于军事领导才能的出版物都有相同的论点，成功的领导统御一定要具备一些特质：大公无私；自愿参与决策过程及承担决策责任；具备并发展决策过程中高品质的"直觉"及"第六感"；憎恶"唯唯诺诺的人"；培养终生学习的习惯；有明哲导师教导，尤其是与作决策的人关系密切；了解体恤并关怀部队的重要性；认识到下属的能力决定了一个人能够在美国军方晋升到什么程度。最伟大的是一个人的风格，这是领导才能的一切。风格贯穿所有成功领导才能所需的基本特质。本书的宗旨是赋予风格一个生命与意义的诠释。风格无法真正地被定义，一定要用描述的方式来研究，这就是本书要努力做到的。

我们要赋予领导才能一些真实的意义。唯有通过著名人士与杰出领袖，我们才能看到生动的领导才能。如果这个说法不正确的话，那么将所有必要的特质一一列出，就可以期待每一位读者都能成为一位伟大的领导人。但实际上，成功所需的特质并不只是这样一张清单。我们需要的是对这些领导才能和成功特质的描述，让读者能有深刻的体会。这就是我从《十九颗星》到《为将之道》的写作目的。这两本书都不是针对如何成为成功的军事领袖的唯一解答，但它们确实提供了一个答案。

在我访谈过的领导者当中，大家对什么是成为成功军事领袖的最主要因素，有以下的一致性看法：建立一个领导的行为模式。这些在"二战"、朝鲜战争、越战、伊拉克战争中承担过重要军事责任的将领们都支持其他人对于成功领导人的卓越见解。

第1章　大公无私

　　在我的一生中，我习惯将所有公仆归类成两种人：第一种人心里想的是能对工作贡献什么，第二种人心里想的是能从工作得到什么。

　　　　　　——亨利·刘易斯·史汀生（Henry L. Stimson，
　　　　　　战争部长［1909—1911］、国务卿［1928—1932］、
　　　　　　战争部长［1939—1945］）

　　一个成功的领导者是由许多特质组成的。其中最重要的包括专业知识、决策、人性、公正、勇气、体恤、授权、忠诚、无私和风格（character）。但是从我所有的研究当中可以很清楚地看出，成功领导者的特质中绝对没有一项比得上风格重要。人们之所以会记得许多伟大的将军，如乔治·华盛顿（George Washington）、罗伯特·E. 李（Robert E. Lee）、乔治·马歇尔，除了他们是伟大的领导人外，更是因为他们有显著的风格。

　　本书中有很多专注于这些风格的特性的评论与讨论。其中一个是由在1939—1945年担任战争部长的亨利·刘易斯·史汀生提出的："马歇尔将军领导能力的权威直接来自于他的风格。"

还有其他许多论述都提到了马歇尔的风格。英国首相温斯顿·丘吉尔（Winston Churchill）就说马歇尔是"一个有独特崇高风格的男人"。在"二战"欧洲胜利纪念日给马歇尔的一封信中，丘吉尔写道："我等到内心的激荡稍微平息后才给你回的信，因为我要告诉你，能收到你友好和认同的字句，我感到无比的荣幸。我们一起见证与感受到了这场可怕的战争所引起的内心挣扎，而在挣扎的终点，没有人的意见能比得上你的意见在我心中的价值。

"你想指挥一支伟大陆军的理想虽没能实现。但你必须要建立、组织和激励他们。在你的指导下，这支强大与英勇的军队已经横扫法国和德国，并且令人惊讶的在很短的时间内就成型并趋于完美。不只是战斗部队及其复杂的附属单位被建立起来，更令我难以置信的是，你提供的有能力的指挥官足以带领这支庞大的现代陆军组织，并以最卓越的灵敏度在需要时进行机动部署。除此以外，在主要的战略领域上，你也是联合参谋长团（Combined Chief of Staff）这个一流组织的主要动力来源，该组织的运作与关系也将成为联盟和联合作战规划及管理的典范。

"经过这些年的心力交瘁，更使我对你的风格与坚强意志力的尊敬与钦佩与日俱增，这些都能带给你身旁的跟随者无比的慰藉，我也愿永远成为你的跟随者之一。"

伍德罗·威尔逊（Woodrow Wilson）总统在一次北卡罗来纳大学（University of North Carolina）的演讲中提到罗伯特·李将军，他说："（他的成就）不止存在于每一个军人的记忆里，也存在于每一个喜爱高尚与有能力的人的心中，这些人希望看到来自于风格的成就，看到所完成的事业并不是为了自私或自大的目的，而是为了服务国家以及证明所做的一切是值得的。这些不止突显了这位伟人的名字，而且在某些方面，他也是我们国家历史上无与伦比的一位。"

带领联邦军获得胜利的尤里西斯·S.格兰特（Ulysses S. Grant）将军在他的回忆录里回忆在阿波马托克斯镇（Appomattox）受降时的李将军以及他的风格的情形时说："李将军有何感觉我不知道。因为他是一个很有尊严的人，透过那张毫无表情的脸，几乎不可能知道他的内心深处是为征战终于落幕感到高兴，还是对这结果感到沮丧，这些情绪因其刚毅的个性不会表现出来。不管他的感觉如何，他都隐藏得让我观察不出来。我个人的感觉应该是很喜悦地接受他的降书，但我心中却感到悲伤与沮丧。我一点都感觉不到击败一个为了某个原因和我交战这么久，又这么英勇且牺牲这么大的敌人的喜悦。虽然我认为这场战争的起因是人类为之而战的最差理由，也是最没借口的，但我一点都不怀疑与我们对抗的人们的真诚。"

李将军在美国内战时及战后的牧师威廉·琼斯（William Jones）写道："我每天都在见证这些使他在和平时期显得比战时更崇高的美丽风格的特质。"

学者给了李将军很多褒扬。英国学者、牛津大学基督圣体学院（Corpus Christi College）董事菲利普·斯坦霍普·沃斯利（Philip Stanhope Worsley），在他翻译荷马的《伊利亚特》（*Iliad*，歌咏特洛伊战争的叙事诗）一书时就将它献给罗伯特·李将军。沃斯利写道："你会容许我将这个作品献给你，因为李将军……是这个英雄，就像《伊里亚特》中的赫克托尔（Hector）……同时当我想起他崇高的风格时，这些诗中一些最华丽的词段就会浮现……"

内战时期最显赫与成功的两位将领是尤里西斯·格兰特和威廉·特库姆塞·谢尔曼（William Tecumseh Sherman）。当格兰特被林肯选为最高将领时，他被召唤到华盛顿，从林肯手中接受对他的晋升。谢尔曼很清楚华盛顿的情况，就写信给他的弟弟——参议员约翰·谢尔曼（John Sherman）："请你尽可能给予格兰特所需的支持。他将经历被人奉承这个令人讨厌与危险的过程……格兰特是位难得的优秀领导者。他诚实、人格高尚、目标专一，并且没有争夺内政权力的欲望。比起军事天分，他的风格更能化解各军团间的不和，有效维系军队的团结。"

有关李将军的最重要的学术著作，是由道格拉斯·索萨尔·弗里曼（Douglas Southhall Freeman）所写的传记。该书阐述了李将军对马歇尔的影响。弗里曼博士在完成李将军传记后仍留下许多研究资料，他利用这些资料撰写了三卷本《李将军的副官们》（*Lee's Lieutenants*）。弗里曼在当时（第二次世界大战期间）发表了一篇定名为《李将军和马歇尔将军》（*General Lee and General Marshall*）的文章，文中写道："战争发展到这个阶段，李将军的两项指挥官素养对我们的领导阶层十分重要，即出色的预测能力与正确合逻辑的判断力。我相信陆军参谋长乔治·马歇尔将军正展现像李将军一样超然的判断力。这个国家可以冒马歇尔将军所冒的险，因为在这赌注后面有着伟大的智慧、卓越的判断力和高贵的风格。"

马歇尔夫人被这篇文章所感动，并在她的著作《同在一起》（*Together*）中说："我将这篇文章随下封信寄给乔治，因为李将军是他在我们的历史中最敬仰的两人之一，另一人是本杰明·富兰克林（Benjamin Franklin）。他十分尊敬李将军的风格和其作为一个军人的能力，以及富兰克林的直觉决断力和对人性的了解。"

陆军五星上将德怀特·D. 艾森豪威尔也是风格的具体表现。1941年，他给他唯一幸存的儿子约翰提供了高中毕业后何去何从的建议。艾森豪威尔在他的《闲暇时刻：说给朋友们听的故事》（*At Ease: Stories I Tell My Friends*）中详细地提到了这点：

约翰一定曾想过为什么我还会留在陆军。为了给他一个比较好的印象，我告诉他我的陆军生涯非常有趣，我可以接触到许多能力强、有荣誉感，又一心想报效国家的人。

后来，艾森豪威尔问他的儿子：

"显然，约翰，爱德叔叔说你已经下定决心要尝试进入西点。"

"是的，没有错。"

我问他理由，他的回答大意是："我是受了前几天晚上你那一番话的影响。那天晚上你谈到你从陆军生涯中所获得的满足感，以及你因为能与许多品德高尚的人共事而感到骄傲，当时我就下定了决心。"他又加了一句："如果在我结束陆军生涯时，也能有同样的感受，我想我会比你更不在乎晋升。"

这些谈论都强调了风格的重要。那到底什么是风格？风格在成功的领导力中又会起到什么作用？

对某些人来说，成功是那些杰出指挥官唯一的共同点，因为成功代表领导地位并建立良知。但乔治·华盛顿在获得最后胜利之前，曾多次败北，他的大多数手下并未因此对他失去信心。李将军是战败一方的指挥官，但他的名字是领导力的同义词。为什么呢？因为两人都是有风格的人。

领导力事实上是领导人潜意识表达出来的风格与人格特质。艾森豪威尔告诉我："在很多方面风格是领导的一切。它是由许多特质构成的，但我会认为风格就是正直。例如，当你委派某件事情给一位部属时，这绝对是你的责任，而他必须了解到这一点。身为领导人的你，必须对你部属的所作所为完全负责。"

对布莱德雷（Bradley）将军而言，风格意味着"可靠、正直、绝不会做知道是错的事的特质，不会欺骗任何人，对每个人都一视同仁。风格是一种包含所有特质的组合。一个有风格的人，每个人都会对他有信心。军人必须对他们的领导者有信心"。

"二战"期间意大利战区指挥官马克·克拉克（Mark Clark）将军谈到成功领导的必备素质时说："我会将领袖风格摆在第一位。假如你要挑选一位军官担任指挥工作，你会选一个对自己能力有信心的人，一个十分忠诚的人，还是会选一个有风格的人？我会选一个有好风格的人。有许多人都知道用'聪明'的捷径完成事情，但他们都会践踏同事、恣意孤行。我不要那种人。"

"二战"时历任军长和集团军司令的卢西恩·K.特拉斯科特（Lucian K. Truscott）将军说："就如在我读小学时我们常说的，风格就是你自己的本性，名声是来自别人对你的看法。有些人在攀登成功或领袖的阶梯时失败，是因为名声和风格间有落差。这两者并非永远一致。有人可能被认为有极佳的名声，机会也许会降临在那人身上，但如果他只是浪得虚名，他将经不起考验，失去那个机会。我认为风格是成功领导的基础。"

对首任空军参谋长与"二战"欧洲战场空军指挥官的卡尔·斯帕茨（Carl Spaatz）将军而言，风格是坚强的意志。"作为一个军事领导者，你不能优柔寡断。"他说，"你必须能掌握状况，然后作出决定。优柔寡断是人格特质的弱点。你必须能信任领导者告诉你的所有事情。"

约瑟夫·劳顿·柯林斯（Joseph Lawton Collins）将军是朝鲜战争时期的陆军参谋长，他说："我会将风格作为领导力的绝对第一要求。就风格而言，我主要是指正直。以诚实和判断为行动基础的领导者，才是其长官以及更重要的部属能够信赖的人。如果他不能以荣誉为行为的准绳，他就是个毫无价值的领导者。"

"二战"时的陆军指挥官威廉·H.辛普森（William H.

Simpson）将军相信"一个人的纯正风格包含许多特质。我不知道如何将其细分。一个有良好风格的人必定正直、诚实、可靠，并能与每个人坦诚相处。对他的家庭、朋友和长官也都忠诚以待"。

"二战"时的集团军群司令雅各布·L. 德弗斯（Jacob L. Devers）将军说："当我用'正直'这个词表示领袖风格，用领袖风格表示正道时，我经常遭到批评。我想风格是领导力的一切，这也是我们试图使年轻军官具备的特色。风格对我来讲是真理，这是我唯一能表述它的方式。要能挺身说出实情，而不要模棱两可。"

风格的意义对"二战"中国战区的美军最高司令阿尔伯特·魏德迈（Albert Wedemeyer）将军个人而言是："一位能在炮火下挺身而出的军官，他用足够的才智、勇气而不是傲慢或顽固来保卫他的信念。一个不认为自己无所不知，能聆听有不同经验和不同知识的人。这意味着一种很深层的忠诚感。除非军官具有领袖风格，否则他无法做任何事来使他的部属爱戴和尊敬他。"

"领袖风格在领导力中扮演主角的角色。"安东尼·麦考利夫（Anthony McAuliffe）将军说，"它是许多素质的综合体——人格特质、严谨的生活和风度。它是一个很难描述的词，因为众所周知，有形形色色和各种个性的领导人。我不认为任何我熟悉的两个人，差异像麦克阿瑟将军和巴顿将军那样大，但他们两人都是带领大军的优秀领导人，两个人都有伟大的风格。"

任何一个多于两人的团体，很难对同一件事达到全体一致的共识。许多达到领导高位的军官，一致认为风格是军事领袖的基础。对领导风格重要性的信念也从与作者交谈或通信的上千位准将以上的军官中获得了一致的认同，但大家对"风格"这个词的意义则有不同的意见。事实上，风格无法被定义，它需被加以描述。

陆军部长亨利·刘易斯·史汀生在马歇尔的一个惊喜生日会上

说:"你是我认识的军官中最大公无私的一位。"在美国经济合作署(Economic Cooperation Administration)供职的保罗·霍夫曼(Paul Hoffman)说:"在我看来,我从没见过哪一位像乔治·马歇尔处理事情时这样完全的大公无私。"(霍夫曼是监督"二战"后"马歇尔计划"[Marshall Plan]的行政官员。)

大公无私是我们军事领导人的关键特质。艾森豪威尔也强调风格,而他的生涯也阐释了风格对于成功领袖的作用。他在《闲暇时刻:说给朋友们听的故事》中回忆:"华盛顿是我的英雄……首先,他让我钦佩的风格是他在逆境中的坚忍和毅力,以及不屈不挠的勇气、胆识和自我牺牲的情操。"

艾森豪威尔具有自我牺牲和大公无私的品质,当马歇尔将军认识到这一点时,也是艾森豪威尔军人生涯的转折点。他告诉我:"马歇尔将军最鄙视的一件事是任何人只考虑到军阶——为自己着想。一天,我们在谈某件事的时候,他告诉我有次一位他原本有好印象的人来见他。这位仁兄进来告诉马歇尔他需要被晋升的各种理由。他说晋升是必须的,但马歇尔几乎发怒。'我告诉那个人,'马歇尔说,'注意听着,在这场战争中被晋升的人是将要承担重大责任的指挥人员……参谋人员是不会被晋升的。'

"忽然马歇尔对我说:'你现在就是一个个案。我知道乔伊斯(Joyce)将军试着让你当师长。克鲁格(Krueger)将军也告诉我他随时都乐意让你指挥一个军。很不幸的是,你只是一个准将,你也将继续当个准将,就是这样。'我回答说:'将军,你错了。我一点都不在乎你所提的晋升,以及你能晋升我的权力。你要我来这里执行一项工作。无论我喜欢或不喜欢这个工作,我都不会向你提问。我只是试着尽我的责任。'接着我就站起来离开了他的办公室。因为某种因素,我回头看了一下,我看到马歇尔将军脸上露出了一丝笑容。我优雅地自嘲了一下,我知道我让自己出丑了。

"你知道从那天起他开始提拔我。事实上，不是当天而是10天后。他写信给国会请求将我晋升为少将。他说他在美国陆军所建立的作战处并不是真的参谋职务。他说我是一位指挥官，因为我要进行军队部署等等，这是他的合理化理由。之后没多久他决定派我去英国，当我赴任时他给了我另一颗将星，后来又加了一颗星。"

马歇尔和艾森豪威尔后来的一段对话也流露出他们两人的风格。1944年6月12日，也就是美军登陆欧洲战场的6天之后，马歇尔将军、亨利·H. 阿诺德（Henry H. Arnold）空军上将，以及海军首长欧内斯特·金（Ernest King）海军上将来看望艾森豪威尔。"马歇尔说：'艾森豪威尔，你已经挑选出的或接受的那些华盛顿派来的指挥官，你选人的主要条件是什么？'我不经思考就说了'无私的精神'。事后细想，我意识到正是马歇尔给了我'无私'这个观念，这是最伟大的风格特质。回想那次在他办公室中的争吵以及我的反应，马歇尔将军心里有数，眼前有个不考虑个人升迁而努力工作的人。我认为无私的想法藏在许多观念中，它并不是一个新观念，是我的潜意识让它发挥出来。要不是那次与马歇尔将军的对话，我可能直到战争结束还是战争部（War Department）作战处的军官。"

无私是艾森豪威尔一生的标记。他的日记表明他在菲律宾麦克阿瑟将军麾下的经历并不愉快。艾森豪威尔和麦克阿瑟并不亲密，两人间并没有真正的袍泽感情。

艾森豪威尔在菲律宾的4年任职期中，只回国停留了4个月。他当时并不一定要回菲律宾，而且他也有朋友可将他重分配到别处，但责任和无私将他拉回了菲律宾。他从未放弃能和麦克阿瑟共事的希望，况且他意识到了该任务的重要性。

艾森豪威尔对责任与服务至上的概念在他驻扎在菲律宾时展

露无遗。他拒绝了几个民间和私人企业优渥的工作机会，拒绝接受企业董事并回绝了数个"交易"和赞助。

荣誉和正直是决策的重要素质。有一次艾森豪威尔回绝了一大笔钱，这一事件再次显示了他的无私，在1942年6月20日的日记里，他写道："菲律宾总统今天早上10点来找我。他的目的是赠予我一个谢礼，以报答我在马尼拉暂代麦克阿瑟将军参谋长时期的工作，当时他（麦克阿瑟）在菲律宾政府任军事顾问。

"奎松（Quezon）总统带着一份谢礼及一份褒扬草案来我的办公室。

"我很小心地向总统解释我很感激他的关心，也感谢他表达谢意的方式，但这是不合适的，我也不可能因为我的工作而接受物质奖励。我解释虽然我知道这是完全合法的，总统的用意也是很崇高的，但这可能会造成某些人的误解，进而危害到我在这场战争中对盟军服务的有效性。我的政府托付给我重要的任务，也伴随着沉重的责任。"

奎松接受了他的解释，并说"这件事就到此结束，不会再提了"，他用一个书面的褒扬状取代了谢礼。艾森豪威尔表示："对我的家庭来讲，这样的褒扬比任何金额的钱都更好、更有价值……（奎松）显然没有任何怨恨地接受了我的决定，也没有感到　脸——后者是我非常关切的。在远东地区拒绝任何人的礼物，尤其以伦理的理由拒绝，是很容易变成严重的个人问题的。"

艾森豪威尔的父亲于1942年3月过世，但即使在这段悲痛的时间里，他的责任感仍然战胜了一切。因为在华盛顿担任作战处副处长的责任压力使得他无法参加父亲的葬礼。他在1942年3月11日的日记里写道："我感觉非常糟糕，我非常想在这几天陪着我的母亲。但我们正在战争中。战争并不轻松，我们没有时间沉迷于即使是最深处、最神圣的感情里。母亲一直是父亲生命里的鼓舞，也是任何方面的真正帮手。现在是晚上七点三十分，我要停止工作了，今晚我已无心继续下去。"隔天他写到有关他的父亲："他信守的每个承诺，他的纯真诚实，他坚持立即还清所有的债务，他对他的独立性感到骄傲，这些所建立起的名声使他的儿子们受益良多。"

在艾森豪威尔作为盟军登陆日统帅和陆军参谋长的杰出表现后，他的国家和世界继续要求他的领导。20世纪50年代初期艾森豪威尔被指派为北大西洋公约组织的指挥官。当时杜鲁门（Truman）总统将麦克阿瑟将军革职也是一个令人困扰的纷争。艾森豪威尔再度想起了无私的重要性。他在1951年4月27日的日记里写下了他的评论："在美国，这个'大争论'只不过是由不同程度的个人偏袒和争吵所组成的持续风暴。对大部分人来说它已经被简化（事实上是过分简化）为杜鲁门与麦克阿瑟的斗争。这是多么悲哀啊，在世界历史的紧要关头，我们却因人类的自私而分裂。有很多有启发性的讨论与辩论空间，我们没有时间可浪费，也没有权利来弱化自己，因为我们陷入满足个人野心的事务上。

"就我所知，这个总部的每一位资深军官都能有更好的去处。每一个在这里服务的人都是被一种对人类事务紧要性的强烈责任感所驱使。很不幸的是，他们必须每天对抗来自伦敦、华盛顿和巴黎的那种让人悲观与沮丧的认知。在那些地方，不配的人正在引导我们的命运，或在竞争激烈地争取能主导我们命运的机会。

"如果我们有需要道德和智慧的正直感的时候，正是现在。感谢上帝（真的），我们仍有一些能让大众尊敬的人。为我的家庭以及美国，这也是我生命中真正的热诚，只要我还有能力，我将继续有效和乐观地工作。但我深切希望在自由世界有影响力的地方，已经培养出新的、年轻的、有活力的民间和军事领导人，并让他们专心奉献于他们的国家、责任心和安全。"

艾森豪威尔对责任的概念不止于军官。当他就任北大西洋公约组织军队的最高领导人时，他曾考虑接受成为总统候选人。一个代表团在1951年10月25日与他见面，鼓励他竞选总统。他回忆这场会议："我并不想当美国总统，而且我也不想接受任何政治职务或有任何政治关联。我现在的工作如果成功，将对未来的美国有相当的重要性。"

他同时也强调在他责任感内的无私："我接受这个职务（欧洲盟军最高司令部 [Supreme Headquarters Allied Powers Europe, SHAPE] 指挥官）完全是责任感使然——当我离开纽约时，我确实牺牲了许多个人的方便、利益和喜欢的建设性工作。我绝不会为其他的政府工作而离开目前的职务，除非有明确的责任召唤。我绝不会参与任何促使我被提名的活动，因为我相信总统一职不应该被追求，同样我也相信它无法被拒绝。我无法说清需要何种进一步的情况才能说服我有责任进入政治圈，我就是无法知道是何种状况。在这一刻我仅能承认，在没有任何直接或间接的协助或我的默许，我不会考虑他们所说的提名，让我去承担如此大的责任。"

国防部长詹姆斯·福莱斯特（James Forrestal）是一位真正无私的公仆，他自杀的悲剧是一个重大的挑战。"我和福莱斯特经常谈这些事情，"艾森豪威尔说，"比任何人都多，因为他有正直的目的和对公共事务的奉献。此外，他个人非常关心我们国家所遭遇的危险，而他也愿意谈这些事情。一些我在军中、政府或民间部门的同事和福莱斯特有一样的无私精神，但很少有人有他那种永不满足的学习欲望，并运用其知识为公众利益服务。所以我们一起探索和搜寻来定义一些至理名言，让它们在语言上能具体而明确，并且能普遍的适用一段时间。"

艾森豪威尔非常憎恨自私的人。当总统的时候他回忆："在夏威夷州长这个事例里，有两个主要的候选人角逐该职位。两人都培养'游说团体'来支持各自的诉求。这样追求公职的方式违反我的本性。主动追求该职位，对我来说，就是不适任的证据。我认为任何一个来到华盛顿接受一个重要政府职位的人，若没自我牺牲精神，就不适合该职位。这当然不适用于一些较技术与专业的职位，假设别人对高层职务有和我同样的认知也是不公平的。但是，我对一个一味追求政治职位的人的尊敬与敬仰很快就会消失不见了。"

他又说："这些人都会抓住一位成功商人必须付出很大代价才能获得成果的工作机会。合理的牺牲当然是可预期的，事实上，除非一个人愿意牺牲物质上的利益，否则政府无法承受让他占据一个重要的岗位。但是走极端的惯例最终会对我们造成严重损害，除非我们能在参议院作出一些合理的改变以处理这种情况。"

艾森豪威尔对总统职务的思考

当玛米（Mamie）和我来到白宫时，我们对在里面生活大概有很好的了解。我过去多年所担任的重要军职给了我一些经验，这些经验虽然无法与之相比，但的确类似总统的生活方式。尤其是当我任职"二战"盟国远征军最高统帅部（Supreme Headquarters of Allied Expeditionary Forces, SHAEF）及欧洲盟军最高司令部指挥官时更是如此。在这两个职务上，我过着非常孤独的生活，前一次只有我的助理陪我，后一次是和玛米住在一起。因为安全、礼仪和要求签名等问题，我们不能像一般人一样去餐馆、戏院或其他公共场所，连找到健康或休闲所需的时间也都很困难。

我们知道白宫的生活会使这些困难加倍，但至少我们在心理上已经有所准备。

乔治·华盛顿将军在作为独立战争指挥官的生涯中，很早就为军官们展现了无私精神，并成为两百年来高级军事领袖学习的典范。他的许多部下没有滑膛枪（muskets），只能用帚柄训练。许多人没有鞋穿、毛毯匮乏、食物不足，同时征募任期也不定。华盛顿在他1776年1月14日的信中向他的朋友约瑟夫·里德（Joseph Reed）透露了他的想法与顾虑："当我周遭的人都在熟睡时，一想起我的处境以及这支军队，我就辗转难眠。只有少数人知道我们所处的窘境，但我还是相信如果我的战线发生任何灾难，一定是来自这个原因。我常想，如果我没有在这样的状况下接受指挥权，而是扛枪入伍，或者我能合理面对我的后代子孙及良知，退居乡野、住在简陋的小屋中，我将会多么的快乐。如果我能克服这些困难，我将虔诚地相信必有上帝插手，使我们的对手盲目；如果我们能安然度过这个月，一定是因为他们知道我们所面对的不利态势。"

国家是幸运的，华盛顿没有避居乡野小屋也没有加入行伍，而是无私地领导我们的国家迈向胜利。他拒绝君主制一事可能是最能彰显他无私的行为。当时有很多人想要他加冕成为新成立的美利坚合众国的国王，但是他拒绝了，也因此造就了世界上最伟大的共和国。

拒绝他可以轻易获得的皇家权力，展现了华盛顿无私的卓越品格。身为独立战争成功不可或缺的一个人，他可以拒绝"王冠"。通过这个行动，他向同僚与后代子孙证明了风格才是他伟大生命的动力，而不是贪婪。

战争结束后，华盛顿遇到了另一个对他风格的测试。在1783年3月15日，一些军官由盖茨（Gates）将军带头，聚会讨论以军事行动来确保陆军的薪饷，"争议在于是应由文人还是军人统治新的政府"。情况非常危急，使得"华盛顿自身的领导……也受到威胁。陆军觉得他的'过度软弱'，这阻挡了他们争取应得的权益"。这是美国历史上最危险的一刻。因为在美国全部历史中，这是唯一一次文人统治受到军方严重挑战。如果这个误入歧途的威胁成功，美国的历史将会走上完全不同的道路。

再一次，华盛顿做到了关键性的扭转：他的领导加上不屈不挠的风格。当亚历山大·汉密尔顿（Alexander Hamilton）告诉他将有一个军官会议后，华盛顿决定亲自去参加。当他出现时，"这群聚会军官的表情很清楚地表现出他们并不喜欢这个惊喜。自从他赢得陆军的爱戴后，这是他第一次面对怨恨与愤怒"。他作了一个简短的演说，恭敬地要求军官抵制采取军事行动的诱惑。他告诉他们："让我恳求你们，先生们，对你们而言，不要采取在理智的平静眼光看来会降低你们的尊严与玷污你们迄今所维持的光荣的任何措施。"

但连他们英雄所说的感人肺腑的话都无法动摇这些军官。在他演讲结束时，他利用"朗读一封信的手段，以感性与即兴的言辞吸引他听众的注意力"。他伸手从口袋里取出一封来自国会议员的信，解释国家当前财政的窘境与国会补偿陆军的努力。但"状况有些不对劲。将军好像很迷惑，他无助地瞪着信纸。这些军官都倾向前去，内心充满焦虑。接着他从夹克口袋里拿出一副眼镜"。

听众们惊讶地看着他用眼镜来读字迹潦草的信。他抱歉地说："先生们，请容许我戴上眼镜，因为在为我们的国家服务时，我不只变得头发灰白，视力也变得很差。"

令人心酸的坦白吸引了他的听众：这样简单的一段话完成了他之前无法完成的任务。军官们泪流满面，从他们的泪水中可以看出对这位长期带领他们的指挥官的爱。华盛顿快速地念完这封信，他知道这场战斗已经赢了。带着戏剧性的独特感受，他迅速走出礼堂以避免虎头蛇尾。

华盛顿再一次将国家从暴政中解救出来。第一次，他从英国殖民地的暴政中解救美国。第二次，通过拒绝加冕，使美国免予经历另一个君主政体。最后，经由"眼镜演说"，他保护了初生的共和国免予军事叛乱。这三个事件中，他的风格，尤其是不顾个人权力的无私精神，拯救国家免予危险。

华盛顿作为我们革命军指挥官的生涯是一段逆境不断的经历。我相信这影响到了马歇尔将军对"二战"时位于本宁堡（Fort Benning）的候补军官学校（OCS）第一届毕业生的致辞。他说："真正的伟大领导者克服所有的困难，战役和战斗只不过是一系列待克服的困难罢了。装备匮乏、食物不足，缺少这个与那个都只是借口。真正的领袖通过战胜逆境来展露他的风格，不管有多困难。"

无私无疑也是马歇尔风格的一部分，最具象征性的事件是他在讨论谁将领导盟军反攻欧洲这一问题中的表现。

早在1942年，罗斯福总统和丘吉尔首相就达成协议，认为盟军最高统帅应该由英国军官担任。随着战况的发展，盟军中的美国军队和物资明显占多数。这一点让罗斯福和丘吉尔两人处于尴尬的政治立场。如果最高统帅是英国人，罗斯福必须告诉美国人民，绝大多数由美国军人组成的盟军部队将由一个外国人指挥。另一方面，丘吉尔也发现，要向英国人解释将由一名美国人指挥对欧洲的进攻，同样是个烫手山芋。丘吉尔主动对罗斯福说最高统帅应该是个美国人时，才解除了罗斯福的这种尴尬情况。

最高统帅的选择关系着每个人的重要利益，但这个问题却拖延了两年未作决定。美英双方同意由美国人担任最高统帅后，罗斯福拖延了18个月才提名，这段时间内，丘吉尔经常施压要他尽快作决定。1943年在德黑兰（Teheran）举行会议时，斯大林横蛮地问道："谁将指挥'霸王行动'（Overload）？"总统回答他尚未决定。斯大林表示他比较喜欢由马歇尔将军担任最高统帅，并试图逼迫罗斯福作出决定，所以他对罗斯福说，他内心很清楚，在最高统帅还没被提名之前，他无法认为盟军是真心想进攻欧洲。斯大林极度渴望开辟第二战场，但罗斯福不为压力所动。

马歇尔确实是这个职务最主要的美国候选人。1942年7月31日，丘吉尔发电报给罗斯福说："如果马歇尔将军被指派为围剿计划（Roundup）的最高统帅，我们定会同意。"1943年8月10日，战争部长史汀生在一封写给总统的信中，表达了他对选择征欧统帅的立场："最终，我相信是到了我们必须选出最优秀的指挥官来负责这关键时刻的关键战役的时候了。您比林肯先生或威尔逊先生幸运多了，因为您将比他们更容易作选择。林肯先生必须经过一段摸索的过程与可怕的损失才能找到正确的选择。威尔逊先生必须选一个几乎连美国人都不认识的人，去领导外国军队。马歇尔将军已经是一个拥有崇高地位、经过锻炼的军人，也是个具有宏观视野与能力的行政官。这从一年半前英国就已提议由他来担任此职务即可证明。我相信以他的风格与能力，他是我们目前的最佳人选，我们需要他的军事领导来使我们两国充满信心地团结在一起，共同执行这一伟大作战。没有人比我更了解，这项任命将对华盛顿的全球战略及组织造成多大的损失。但面对如此艰巨的挑战，我看不出有其他的选择。"

1943年8月22日，史汀生和罗斯福谈论起此事。史汀生说罗斯福告诉他："丘吉尔主动找他，并提出让马歇尔指挥'霸王行动'。总统说，这件事让他免予亲自提出此要求的尴尬。他也和我讨论了谁将继任马歇尔（参谋长）的位置，并提到了艾森豪威尔。"马歇尔显然是罗斯福的最高统帅头号人选。罗斯福于1943年11月访问北非时，在当地与艾森豪威尔进行了一次长谈。罗斯福总统说："艾克（Ike），你我都知道内战时最后几年的参谋长是谁，但几乎没有其他人知道这位将军的名字。只有那些战场上的将军，如格兰特、李将军和杰克逊(Jockson)、谢尔曼、谢里丹(Sheridan)等人,才能做到妇孺皆知。我不想到50年后,没有人知道谁是乔治·马歇尔。这是我希望乔治指挥这次重大任务的原因之一。他有资格以大将军之名,名留青史。"

当情况已表明同盟国就快提名征欧统帅时,华盛顿充斥着对马歇尔的谣言。当马歇尔将离开华盛顿到欧洲担任最高统帅的消息走漏时,各地掀起一股讨论热潮。军事委员会的三位资深委员沃伦·R. 奥斯汀(Warren R. Austin)、史泰尔斯·布里奇斯(Styles Bridges)和约翰·格尼(John Gurney)提出抗议,他们认为马歇尔对国会太重要,不能离开华盛顿。史汀生说:"他们告诉我,不止他们个人十分仰赖他,而且他们说事情只要是经过马歇尔同意,他们就能在同僚间化解有争议的问题。"参议员们很担心有一个由敌人暗中促成、煽动的下台运动,敌人希望马歇尔离开陆军参谋长的职务,因为他对总统与参谋长联席会议有很大的影响力。

《华盛顿时代先驱报》(*Washington Times Herald*)甚至发表了一篇有关"谣言"的文章,认为马歇尔将军是因为攻击总统所以要离开华盛顿被派到国外。1943年9月28日,另一个故事控诉总统使诈将马歇尔"明升暗降",然后再让萨莫维尔(Summerville)将军就任参谋长。故事进一步说,罗斯福这样做是为了萨莫维尔将军能利用他的职权,帮罗斯福赢得1944年的总统大选。

潘兴将军也反对马歇尔将军离开陆军参谋长一职。在一封写给罗斯福总统的信中,潘兴表达了他的看法,说如果马歇尔被调职,"这可能是我们军事政策上最根本且非常严重的错误"。罗斯福总统向这位"一战"美国远征军(American Expeditionary Force, AEF)总司令说,他希望马歇尔将军成为"二战"的潘兴。

莱西(Leahy)、阿诺德和金上将都分别私下去找罗斯福总统,要求让马歇尔将军留在华盛顿。他们三人都认为,马歇尔是使参谋长联席会议和谐的不可或缺的一部分。三军首长都认为他是主导的灵魂人物，尤其是在决定及执行联合战略的决策时。作这些决策时，他具有使三军团结的力量。依照阿诺德和金上将的说法，他是参谋长联席会议的公认领袖。

金上将告诉罗斯福总统："我们在华盛顿有必胜的组合，为何要将它拆散？"阿诺德也指出没有人能像马歇尔一样："他对全球战场各种必备条件，陆、海、空军的知识，对于判断一个战场、一个盟国、一个军种的相对重要性的平衡具有一种神奇的敏感度。"

在一篇军中的非官方报刊《陆海军月刊》（*Army and Navy Journal*）的社论中提到，解除马歇尔的参谋长之职"将震惊陆军、国会及全国"。

最终，史汀生部长对马歇尔事件采取了坚定的立场。他在1943年9月30日自己召开的记者会上说："对于最近接二连三出现的某些报道，我可以作个说明……我以一种绝对有信心的立场说，今后不管马歇尔将军担任哪个职务，都将由对马歇尔将军完全信赖的总统决定，而总统唯一的目的是将这位美国陆军最优秀的军官指派到最能发挥他潜力的职务上，通过他的服务能使这场战争圆满结束。"

通常一个人以卓越的方式负责任地执行其工作，往往给人一种他很容易做到的感觉。这正是马歇尔将军担任参谋长时的表现。所以有时候他的杰出成果会被人视为理所当然。有关他将被调职的谣言，更向人民强调了马歇尔将军所完成的杰出工作。

1943年12月的开罗会议上，罗斯福总统宣布了他的决定。德怀特·D. 艾森豪威尔将军将担任最高统帅。尽管有他两位最亲密的顾问——哈里·霍普金斯（Harry Hopkins）和史汀生部长——热诚的建议由马歇尔担任，他还是选择了艾森豪威尔而不是马歇尔。

斯大林和丘吉尔也曾明确地表示他们比较喜欢由马歇尔担任。

当时为何选了艾森豪威尔，而不是马歇尔？有部分原因在于马歇尔无私的性格。如果马歇尔将军当时表示他比较喜欢最高统帅的职务，他就会得到那个任命。1943年12月的开罗，在尚未作最后决定之前，罗斯福总统叫马歇尔到他的别墅。马歇尔写下了他们两人见面时，总统问他有关最高统帅职位的情形，马歇尔答："我记得我说过，我不会试图评估我的能力，应由总统您来作评估。我只是希望厘清一点，那就是不管决定是什么，我都会全力以赴。这件事情实在太重要，不能考虑个人的感情。因此，我并没讨论其利与弊。我记得总统在结束我们的谈话时说：'我觉得你不在国内，我晚上会睡不着觉。'"

史汀生部长记录了罗斯福总统对这段谈话的解释："总统以一种暧昧的方式带出了（最高统帅）这个主题，他问马歇尔要什么，或者他认为应该怎么做。和平常一样，马歇尔很恭敬地说这不该由他来说应该如何做。这时，他在应该表达自己意见的话题上又加了一句，若是由他——马歇尔，负责'霸王行动'，总统不应该让参谋长的位子空着，而应该让艾森豪威尔担任正式的参谋长（他们正考虑让艾森豪威尔代理参谋长），任何其他方案都对艾森豪威尔或参谋部不公平。"这种表现再度展现了马歇尔将军的无私精神，因为不管其军阶任期，在陆军担任参谋长都是最高的职务，而这种安排将让艾森豪威尔成为他的上级。

后来总统宣布了他的决定。他告诉马歇尔将军："我一直在考虑这件事，最后决定让你留任参谋长，而让艾森豪威尔负责'霸王行动'。"马歇尔不露任何感情地接受了总统的决定。他与陆军助理部长约翰·J. 麦克罗伊（John J. McCloy）讨论这次会议，据麦克罗伊的观察，马歇尔"似乎不像一个非常失望的人"。但史汀生断言："我认为我更了解马歇尔。我知道他内心深处的抱负，是能指挥对法国展开的进攻行动。这仅是他那无与伦比的自我牺牲与自我控制的力量造成的一种假象。"

在总统下定决心之后，史汀生和马歇尔之间有了一个共识，那就是两人将不再讨论马歇尔指挥"霸王行动"这件事。史汀生提到马歇尔对这个决定的反应是："他对整件事情，表现了他惯常的大度。"

马歇尔的成功以及别人对他的尊重根源于他的风格。总统、战争部长和国会都是对参谋长战争行为的影响力量，但在美国，最终的权力还是来自人民。美国民意的意向部分受到媒体的影响，记者有时可以问些民众不能直接问的问题。自从日本开始侵略菲律宾，当地美国部队状况非常不好。部分人士酝酿着对马歇尔将军的质疑。陆军公关人员的一位军官在1942年写道："马歇尔的一位朋友是一份中西部大报驻华盛顿办事处的主任，有一晚他来到我家，告诉我外界对马歇尔将军是否适任领导职务的不满正在扩散。"记者们要求马歇尔召开记者会，但当时战争部的政策是由战争部长史汀生来召开记者会——这种安排马歇尔再满意不过了。

在建议马歇尔召开记者会的几天后，史汀生部长必须离开华盛顿前往检查巴拿马运河与其防卫。为了避免取消安排好的战争部记者会，大家说服了马歇尔主持该记者会。

马歇尔将军告诉华盛顿记者，他知道他们有很多有关战争进行的问题要问，他要求他们先把各自的问题提出，然后他会一起回答。马歇尔很专注地聆听所有的问题，然后告诉他们他会很坦白地回答。

"马歇尔讲了超过30分钟，几乎涵盖了当时发生的所有事情。他说明了将补给送到位于巴丹（Bataan）的部队的各种努力，如试图采购船只及提供参与此事的船员的家庭事先规定的保险。他在可安全公布的范围内尽量说明我们所遭遇的灾难的程度，这些挫折阻碍了我们执行先期针对这些状况所研拟的计划。"

马歇尔将军主持记者会的方式熟练卓越。他坦诚与直接的表达方式使他在"二战"期间赢得了媒体的尊重。他将媒体收归己用，并赢得了怀疑者的支持。对他能力不满的隆隆炮火完全销声匿迹。陆军公关人员的一位军官说："马歇尔将军展现了我从未见过的魅力。"

一直到战争结束，马歇尔每周主持一次或两次记者会。他习惯先听取所有的问题，然后再针对每位询问者的问题逐一说明。他对事实资料与人名有非凡的记忆力。他不仅直率而且值得信赖。他会说明哪项陈述是需保密的，并且相信记者不会违反他对他们的信任，记者们也从没背信。如果战争中他没有赢得并保持媒体的信任，他的领导就无法有效。

战争期间，马歇尔与国会的密切关系只有一次濒临决裂。在美国海军极力促请下，罗斯福总统考虑晋升马歇尔为陆军五星上将，升金为海军五星上将。史汀生于1943年2月16日第一次听到海军部长诺克斯（Knox）提到这个晋升计划。史汀生说："当我回到部里，我将这件事告诉了马歇尔，因为总统也要求我前往国会山和两个军事事务委员会主席商谈。马歇尔拒不接受这个晋升机会……他说这件事的主要原因是，海军低阶将官向金和诺克斯施压，再传到总统身上。"

马歇尔将军反对晋升是有理由的。他担心这件事会破坏他对国会和人民的影响力，因为这像他在追逐私利。无私是他风格的一部分，对他的领导力也很重要。这次晋升将会干扰他完成赢得战争这一首要任务。史汀生谈到有关马歇尔对晋升的立场时说："马歇尔无私的行为很伟大……"

因为马歇尔的反对，史汀生当天向罗斯福总统递交了一份备忘录，里面写着："我已和马歇尔讨论过这件事，就他的考量而言，他的晋升是弊多于利，尤其是关于他和国会的关系及美国人民的反应。他对这件事的立场非常强硬，原则上，我也倾向同意他的意见。"几天之后，史汀生和罗斯福总统商讨这件事，最后他们决定取消晋升。稍后这件事又被再度提起，国会和总统决定不顾马歇尔的反对，在战后授予他五星上将的军衔。

1942年1月，史汀生部长和马歇尔将军面临最大的难题之一，是挑选一位派往中国的美国将领。这是个非常具有挑战性的工作，因为在日本的猛烈攻击下，中国已节节败退。美国将领的责任严峻，因为他要能指挥中国和美国部队，而且必须与中国腐败的官僚政治体系打交道。第一个列入考虑的人选是休·德鲁姆（Hugh Drum）中将。但是史汀生写道，德鲁姆"认为我派他到中国的任务不够大，对他是大材小用了"。

史汀生部长当晚和马歇尔将军讨论德鲁姆中将的职务。第二天，事情发展到一个高潮。史汀生写道："整个下午都在处理讨厌的德鲁姆事件……我收到一封德鲁姆的信，他显然为自己不情愿到中国任职而造成的影响感到惶恐，因而在信中告诉我，他愿意接受我派他做的任何事情。"

史汀生把这封信拿给马歇尔，他看过后更加认定德鲁姆中将的"不适任，也更加认定他只是在努力保护自己免予受到拒绝赴任的批评"。

如果有军官让马歇尔感到他急切地想找到一份适合个人喜好的职务时，这人就会遭殃。"威廉·哈斯凯尔（William N. Haskell）将军跑来看我，"史汀生于1941年年初在他的日记中写道，"商讨他退休前这8个月的差事。我喜欢哈斯凯尔……但当我告诉马歇尔时，我发现哈斯凯尔为自己计划未来差事一事激怒了马歇尔"。马歇尔和史汀生关系非常好，但他不同意给哈斯凯尔特别的关照，尤其是因为他自己有这样的请求。

在20世纪20年代到70年代的空军历史中,有两个重要的时期,空军军官在争取空权与战备上都展现了无私与卓越的风格。关键的领导者有亨利·阿诺德将军、空军的首任参谋长卡尔·斯帕茨将军和1974—1978年担任空军参谋长并于1978—1982年接任参谋长联席会议主席的大卫·C.琼斯(David C. Jones)将军。这些人在50年间完全无私并愿意牺牲个人生涯来发展足以保护西方自由的空中力量。许多时候,他们做他们认为对发展空中力量有利的事,即使这样做有损其生涯发展。阿诺德和斯帕茨对20世纪20年代空军的发展非常重要。但若缺乏比利·米切尔(Billy Mitchell)对空军领导的无私贡献的记录,这段历史将不完整。

米切尔对航空的兴趣最早展现在他对操纵军事气球的分析上。作为一名长期身负陆军航空责任的通信兵,直到1916年秋天米切尔才自费开始飞行员的训练。1917年1月战争部决定送他去欧洲担任航空观察员。这个机会及其所获得的经验扩展了米切尔的航空知识,使得潘兴将军将他晋升为上校,并让他在盟军远征军中担任战斗指挥职务。

潘兴认识到米切尔具有高超的作战以及战斗领导能力。他是一位名副其实的美国航空部队指挥官。潘兴对他非常欣赏,并推荐他晋升准将。1918年12月米切尔回到美国担任军事航空处处长(director of military aeronautics),但该部门在战后因为陆军重组而被解散。

米切尔在“一战”中获得的经验与成长,使他发展出了对空权的愿景。他看出航空在下一次战争中所担任的重要角色,因而投入了在这个领域的准备。对米切尔而言,空战和地面战或海战一样重要,因此他坚信应该有独立的空军。

米切尔在“一战”后最被铭记的贡献是他坚持飞机具有击沉海军船舰的能力。为证明这一点,他不顾海军的恼怒,在1921年

7月22日击沉了德国战舰"奥斯特弗里斯兰德号"（*Ostfriesland*），在8月击沉了一艘美国过时的战列舰"阿拉巴马号"（*Alabama*）。

战后，米切尔经常上头条新闻。不管是他的朋友或对手，都承认他对其目标的奉献以及专业能力。并不是所有人都认同他对空军重要性的看法，也只有十来个人具有他独特的愿景与热诚。战后，米切尔有许多高潮与低谷。这些最终累积到了一个摊牌时刻。

1925年9月5日发生了一个事件，这是建立独立空军的一个重要转折点。当时米切尔召开了一个记者招待会，这个记者招待会的影响永远不会被空军历史遗忘。我不会详述随后带出的军法审判，而只指出其主要议题，因为它们影响着空中力量——包含一个独立的空军及其领导者——的未来。

1925年9月1日及3日发生了两起海军飞行员的悲剧。9月1日，约翰·罗杰斯（John Rodgers）中校及其四位同僚在从旧金山飞往火奴鲁鲁的途中在太平洋上失踪。大量的公众报道将失事归因于顶风飞行造成的油料不足。当时驻扎在圣安东尼奥市（San Antonio）的米切尔在9月2日通过无线电台称罗杰斯等人为"烈士"（martyrs）。

9月3日，当罗杰斯及其机组人员还未被找到时，"谢南多厄号"（*Shenandoah*）——一艘大型硬式飞艇——撞进了一个暴风，其指挥官及14名乘员都坠机而死。这一损失的悲伤因一个谣言而加剧，据说其指挥官因为天气恶劣而反对这次飞行，但被命令继续执行任务。让情况变得更糟的是海军部长对此事显示出的漠不关心。他想降低两起悲剧的冲击，因此公开表示这是为了国家安全而牺牲空权的证明。这样冷酷无情的言论，无法被空权的拥护者及失去亲人的家属所接受。

这些悲剧使比利·米切尔无法再保持沉默。米切尔在9月5日于圣安东尼奥市召开记者招待会，引爆了几年来他和其上级间的一个争议。他指控这些"可怕的悲剧……是由战争部和海军部对国防无能、可耻的疏忽和背信的管理直接造成的"。

毋庸置疑，米切尔的行为要面临军法审判或记过。他的指控严重到不能被置之不理。认识他的人相信，他想以军法审判来赢得对他争取用先进且有远见的政策取代古老过时的空中政策的支持。他相信如果他能自军中退役，将更有机会推进航空发展。

光是记过无法达到米切尔的一个目标——引起国会调查。在他的记录里加上记过处分，无法解决他说的军事航空是操控在一群"愚蠢"的上级手里的指控，这些人"一点儿都不懂飞行"，而且他们让飞行员像过河卒子一样去进行愚蠢与不当的冒险。

一次军法审判可为米切尔证明他的指控提供一个机会，或是被踢出陆军。在审理中，他可以依据法律程序提出他自己的证据和证人，并能交叉检验政府的证人。这样可以让争议浮现出来。卡尔文·柯立芝（Calvin Coolidge）总统决定以破坏良好秩序与军事纪律，不服从和发表藐视上级言论的偏差行为起诉米切尔上校。

军法审判的记录有七大册。虽然自从"一战"结束后有过20多次对空军的调查，但都没引起大众的注意。这次则是吸引了全国的目光，举国重视。

关键的争议议题有：（1）是否该有统一的空中军种，也就是独立的空军；（2）航空的发展与进步是否因为陆军和海军的保守而迟缓；（3）对陆军航空兵军官是否有待遇和晋升上的歧视；（4）在地面以及海上的战斗中，航空兵有何重要性。

在辩护中，米切尔指出："在陆军中我们完全没有空中兵力，不管是物资（飞机和装备）、人员（飞行员、观测者、炮手、机械工）或战法（使用的方法）……而我们现有的飞机都已破烂不堪，它们都非常危险，没有能力执行任何现代空军的功能。"

依米切尔所言，人员和物资的不足是因为"空中事务是授权陆军和海军来负责，并由非飞行军官主宰其运作与管理。他们不只对航空几乎一无所知，而且视其为现行活动的附属品，而不是国家军事装备的主要力量。他们对空中事务的证词可说是毫无价值，更严重的是，有关支持空军的声音还没发出就被扼杀掉了"。

他补充说，比起选了解航空的将领来解释空中需求，"他们通常是依'泰德（Tag，应指随便一人），就是你了，你去和国会谈谈航空'的原则处理"。

米切尔对陆军招募和训练机械工的制度有很严苛的批评，他说"制度执行的如此差劲，可以说是用飞行员的性命来训练这些人"。他预言性地争论说不只要现代的独立空军，更要求重组战争部和海军部，使它们成为国防部下陆军、海军、空军三个部门。

支持米切尔的人更提出反诉，控告这次军事审判是参谋本部排挤米切尔的努力，审判前米切尔一再被警告，如果他不停止支持空军的作为，他将被逐出部队。

陆军参谋长海恩斯（Hines）少将就极力反对米切尔所鼓吹的独立空军。对他来讲，空军是陆军或海军重要的一部分，但必须依附在地面部队或船舰上。海军的立场是，统一的空军将破坏作战时所需的指挥与平时的训练。

米切尔的抨击收到了各种各样的反应。他的一些同僚对他所作的无能、玩忽职守与叛国罪的指控感到愤怒。也让那些相信米切尔上级的动机无可置疑与为了我们国家的安全已经尽可能做到最好的人感到不舒服。

新闻评论员更不友善。一篇《纽约时报》（New York Times）的社论就讽刺地说："米切尔上校完全是'自找的'，既然这样就给他吧，虽然他还妄想这会增加他的荣耀，并获得明智的人的尊重。"这篇社论评论他的证词会破坏"他仅存的声誉"。

1925年9月7日，《纽约时报》的一位新闻评论员说："他使用的战术并没有全然使他的一些好朋友喜欢。他们认为他所用的一些鲁莽、不顾后果与不正确的说辞将破坏他的原意。"

米切尔在圣安东尼奥市的宣言震撼了整个国家，因为他冒着天打雷劈的风险。陆军不再能对他的挑战视而不见了，因为这将对陆军士气造成灾难性的影响。

虽然如此，仍有相当多的军官认同米切尔的努力，例如两位出庭作证的军官，他们也将成为"二战"重要的空军领导者，即亨利·阿诺德和卡尔·斯帕茨。他们两人被警告不要出庭作证，否则将有损或结束他们的军旅生涯，但两人都没有屈服。

审理时，阿诺德的证词证实了一项争议，也就是陆军和海军军官给了国会错误和误导的信息。阿诺德说他的上级在外国空中力量现况，以及外国军种组织结构有分开与独立的空军等事务上提供了错误的信息。

米切尔回顾这个插曲时说："站在我这边阵线奋斗的是这样一位军官，他的信念与勇气将帮助我们的空军在下一次战争来临前建立起必需的战力。他就是亨利·阿诺德，一位无惧于其顽固、有偏见的上级的军官。"

军法审判后米切尔被判有罪，但阿诺德仍不想放弃努力。他在回忆录中写道："最先想要持续推动这场战斗的是赫伯特·达阿格（Herbert Dargue）和我。在华盛顿服务多年后，我们在国会和媒体都有很多朋友。我们继续前往米德尔堡（Middleburg）的米切尔家以及国会山进行接触，并写信来延续这场战斗。

"刚开始并没有引起太多回应。经历比利·米切尔的种种问题以及不受欢迎的结局后，大家并不想让任何火花继续存在。我终于了解到柯立芝总统本身是主要的指控者。我们两人都被叫进他的办公室回答我们有关改变空军地位状态的'不正常的'信件联络。达阿格得到了申诚；我如媒体所报，被'放逐了'。"

　　造成他被放逐的议题在军法审判一年后再次被提起，一则对陆军航空兵团非常推崇，但对陆军参谋部则非常严厉批评的新闻稿很秘密地开始流传。伊拉·埃克（Ira Eaker）说："陆军监察长寻迹追踪到阿诺德使用政府的打字机和纸张，所以他被依不当使用政府财产进行不利于陆军的计划加以起诉。监察长建议对阿诺德进行军法审判，但在梅森·帕特里克（Mason Patrick）将军的仲裁下，他被解除空军参谋的职务，驱离华盛顿，改调堪萨斯州莱利堡一个骑兵基地去指挥一个空军中队。"

　　埃克上校告诉我当他还是梅森·帕特里克少将的行政助理时，他也亲身经历了这些困难时刻。埃克叙述了这次放逐事件："阿诺德为帕特里克贯彻其职责与职务。帕特里克认为他是一位聪明、有能力的军官，并对他执行的工作完全满意。然而，除了（阿诺德）对帕特里克的公务责任外，他的其他公余活动全投入在帮助米切尔——这些我们都认为是对的……而且我们也在做同样的事……我想阿诺德一向认为帕特里克对他很严格。"

　　帕特里克对媒体的一段话说明了问题的核心是他们四处散播传单，鼓吹对立法的支持，而这些军官的行为是"不为其所知，是错误的热情"。针对有许多空军军官牵涉其中的指摘，帕特里克回答说："调查发现我的办公室只有两位军官涉及以我不认同的方法试图影响国会立法。两人都受到了惩戒，其中一人（阿诺德）已经不受我的办公室欢迎，将要被调到其他基地。"

　　不可否认，阿诺德的一些同僚军官的态度会影响他的反应。阿诺德回忆在他到达莱利堡后，"当孩子在我们的新住所就寝后，碧（Bee）和我很沮丧地走向基地指挥官布斯（Booth）将军的住所，这是我们的第一个公事拜访。他的房子灯火通明。当我们被引入屋中后，看到指挥官正参与一个牌局聚会。起居室到处都是人。我们站在那里，当布斯将军从房间的另一头看到我们时，他起身走向我们。

然后他一只手和我握手，一只手搭在我的肩膀上……他热诚地说：
'阿诺德，我很高兴看到你。我很荣幸你加入这个指挥部。'然后他
提高音量让所有人都可以听到，他补充说：'我知道你为什么会在这
里，我的孩子。只要你在这里，你可以写或讲任何你想的事。我所
要求的是事先能让我先过目。'"

萨莫维尔将军成为阿诺德被放逐后的上级，他发电报给利文
沃思堡的指挥官，询问下一期的指挥与参谋学院是否可再加入一
位军官。回复说："可以的，是谁呢？"当阿诺德的名字被提出时，
对方答复他们不想要他，但如果他真的来了，他会被接受。

阿诺德说："在一封给费凯特（Fechet）将军的私人信中，利
文沃思堡的指挥官表示，如果我到利文沃思堡当学生，我将会被'迫
害'。虽然如此，我还是下定决心前往就读。我记得学校指挥官曾
经参与对比利·米切尔的审判，这可能影响他对我的感觉。虽然他
的信里缺乏友善，但我发现其课程非常有价值，我也没有遭遇许
多困难，课程对我来讲也不难。

"自然的，我并不同意学校许多有关对飞机的运用概念，我也
认为课程，尤其是有关航空军部分，可能并应该需要现代化。"

阿诺德在全期88位学员中以第26名毕业。

几年后阿诺德说："我在利文沃思堡时的指挥官是E. L. 金（E.
L. King）将军。后来我在1931年参加一次演习，当他告诉我他很
欣赏我离开利文沃思堡时写的文章时——文章概括了我对学校空
中行动教育的想法，我非常惊讶。他同时也恭贺我作为军需官对
工作的处理方式。这样的褒奖来自一位当初说如果我去当学生会
被'迫害'的人，让我感觉非常的高兴。"

另一个像阿诺德一样的关键军官，也在比利·米切尔的军法审
判中作证的是卡尔·斯帕茨。斯帕茨一度担心因在早期的争辩中公
然反对帕特里克将军，他会被调离要职。显然他低估了后者对他

的观感。1925年6月18日，他接到要他到华盛顿向空军参谋长（chief of air staff）办公室报到的命令。这是一个对他个人发展与生涯至关重要的职务。

在到华盛顿报到六个月后，他卷入了比利·米切尔争取空权的斗争中。虽然上级曾警告他出庭作证将严重危害到他的职业生涯，斯帕茨还是决定出庭。

辩护律师问斯帕茨说："你能否告诉法庭目前提供给空军的装备现况？"

斯帕茨回答说："空军的装备已经达到一个我们很难理解为什么我们还能继续飞行的地步……空军的大部分装备都已经非常过时或是将被淘汰的。"

在斯帕茨的证词中，他还被问道："在现有可用的飞机中，有多少可用在追逐战斗机的任务上？"

他回答说："我们现有的飞机都不能——我不希望开着现有的任何一架飞机参加战斗。首先，它们的维护工作非常的困难，而且已经使用了3年。我想大部分都已经至少进过一次基地维修后再重新分发给单位使用。"至于飞机的短缺部分，斯帕茨评估大概缺少355架飞机。

接下来的询问是有关人员的部分。斯帕茨陈述他们在战术单位缺少660位军官：夏威夷需要85位军官，菲律宾55位和巴拿马的54位。

米切尔的委员会很执著且步步逼人，在质询斯帕茨的律师时，他们一针见血地指向陆军说："参谋部的军官所受的训练与经验是否有资格给军事航空提供指导原则？"刚开始斯帕茨不能回答，因为这直接挑战其上级。经过强烈的抗议与费时的讨论后，才同意让斯帕茨继续回答这个问题："除了哈蒙（M. F. Harmon）少校和布兰特（C. G. Brant）少校外，参谋部的军官都没有空中服役的训练，但还在担任空中战术单位的指挥职务。"

随着审判的进行，斯帕茨从他在空军的朋友那里获得了鼓励。弗兰克·亨特（Frank Hunter）上校在1925年11月10日发电报给他说："好小子，干得好。"一位名叫皮克林（Pickering）的人说："为你的证词和胆识喝彩，这对米切尔很有帮助。有我可以效劳的吗？"

为获得正确的了解，我在与斯帕茨将军的几次面谈中讨论过这件事。斯帕茨解释说："我想最根本的原因也是历史上屡见不鲜的，那就是反抗变革。当你已经对你的专业训练非常熟练时，你不喜欢任何可能要你重新学习的事情发生，而且在你的专业历练越久，就越拒绝变革。当旧秩序的效益降低，职务与晋升偏向新的秩序，旧的秩序终会被新的秩序取代。基本上，这是军中反抗变革的一个心理上的集体偏见，我想这是一个亘古不变的现实。"

斯帕茨晚年说："我帮比利·米切尔作证，反对参谋本部的立场，而他们也没有对我采取任何行动。他们不能对你怎样。因为你在宣誓下回答问题时，你必须告诉他们实情。"

另一个空权发展的关键是在20世纪50年代，当时需要进行发展新战略轰炸机B-70的计划。这件事大卫·琼斯上将最有资格谈论，因为他的无私，他愿意挺身支持空权而暂时牺牲晋升准将的机会。琼斯回忆说："在20世纪50年代，当我还是中校时，我是战略空军司令部司令柯蒂斯·E. 李梅（Curtis E. LeMay）将军的副官，在这个职务上我清晰地了解到对战略空军的需求。后来我在李梅当空军首长时担任空军参谋，他要求我作一个对B-70需求的参谋研究，这是一种新的超音速战略轰炸机。我将这个研究向国防部长麦克纳马拉（McNamara）作了简报，关于此项需求，我们以为已经说服了他。但没过多久，他取消了这项计划，这令我们非常惊讶。

"接踵而来的一个很大的争论，是来自国会对取消此计划的考虑的强烈质疑。众议院军事委员会（House Armed Services Committee）由非常具有影响力的卡尔·文森（Carl Vinson）领导，他要我向该委员会提交我给麦克纳马拉部长的同样的简报。这份简报导致该委员会将4.91亿美元列入下一年度的拨款法案，并指示要求空军必须将该笔经费投入B-70的研发中。

"不顾麦克纳马拉部长的反对，参议院国防拨款小组委员会也坚持要获得同样的简报。国防部研发次长哈罗德·布朗（Harold Brown）找到我，和我一起修改简报。哈罗德·布朗和我对简报内容有许多争议，但我对他的才智与正直深表尊敬。我们最终得到一份两人都能接受的简报。当布朗将该简报送给麦克纳马拉核准时，他被一顿狠批。麦克纳马拉修改了简报，在空白处写了很多难以辨识的意见。更离谱的是他并没有修改图表，所有图表和文字有很多出入。当我拿到简报底稿，要赴国会都已经迟到了。

"通常向国会作简报都会有高层官员在场。这次只有一个人很不情愿地陪我，他是空军的助理部长布鲁克·麦克米兰（Brock McMillan）。听证会一开始，小组委员会主席罗伯森参议员先表达了对我们迟到的不满，然后说琼斯上校'要给我们他给众议院军事委员会的同样的简报，是这样吗？'他听到两个答案。一个来自我说的'不'，一个来自空军助理部长麦克米兰说的'是'。

"当罗伯森主席听到麦克纳马拉部长改过这个简报，他非常生气，没有接受简报就结束了听证会。麦克纳马拉还是展现了冷静的理智，并亲自到国会山交给罗伯森一份原本的简报，最后这个议题是由肯尼迪总统与卡尔·文森在白宫的玫瑰花园散步时解决的。他们同意取消B-70计划，但准备进行一个更先进的轰炸机的研究，这个研究导致了后来的B-1轰炸机。

"刚开始的指导是研究先进战略载人飞机（advanced strategic manned aircraft，ASMA）。我们很快改名为先进有人驾驶战略飞机

(advanced manned strategic aircraft，AMSA)。没人可以接受一个新飞机被称为因为呼吸疾病而无法呼吸空气。[①]

琼斯在听证会开始前被告知，他已经被空军选为晋升准将候选人，但他的名字在名单离开空军后被删除，我们可以合理地假设他的名字是被麦克纳马拉　除的。琼斯当然可以听从上意来保住他将得到的准将，但他的风格与对未来空权理念的执著却不允许他这么做。虽然他失去了一颗将星，但他的风格却使他最后还多出三颗将星。他的军旅生涯并未因此终止，后来更成为了空军参谋长，以及参谋长联席会议主席。

哈罗德·布朗部长最近提到当初他在麦克纳马拉时代当研发次长时，两位让他最头疼的年轻军官就是大卫·琼斯上校和海军艾克·基德（Ike Kidd）上校。布朗说这两位军官也是在1978年成为参谋长联席会议主席的两位候选人。讽刺的是两位常持不同意见的人会在国防部里担任最高领导职务。

当琼斯成为空军参谋长时，B-1轰炸机已经发展了一段时间。但是卡特总统大笔一挥又砍掉了其研发计划。这又引起了争议。国会的重要领导人要抵制这个决定。他们的策略是强制编列大笔经费用来再生产两架飞机。如果空军站在他们这一边，这两架飞机就很可能会被生产，但要恢复全部计划的机会很小。

当时的空军副参谋长是威廉·麦克布莱德（William McBride）将军，他很清楚地记得大家对宣布取消B-1计划的反应。"决定取消B-1计划的当天，信息办公室主任盖·哈里森（Guy Harrison）冲进我的办公室喊着，15分钟后总统将宣布取消B-1计划。我利用内部通话系统告知琼斯这个消息。大卫虽然难以置信，但他还是保持了理智，他说：'去了解总统针对这件事所说的真正语意，

---

① ASMA 的发音像气喘（asthma）的发音。

并准备向媒体说明。我们会被许多人询问我们的反应以及我们将如何处理。'很明显，在未来几天我们会一再地被问到我们计划怎么做。我们会抗拒总统的决定吗？我们会不会辞职？我们会不会接受这个决定？当时的情绪是，几个高层军官说：'该死，我将很乐意递上我的辞职信。'这时清晰的头脑可能更有用。

"在和包括主要指挥官在内的许多人谈过后，大卫认为抗拒这个决定没有道理。我们最好的结果只是获得再生产两架飞机的授权。政府当局不会支持生产80架飞机的计划。大卫说：'我比任何人都更努力在推动这型飞机，但现在总统已经作出决定，我将支持他。'"

琼斯上将收到参议院军事委员会主席约翰·斯坦尼斯（John Stennis）的一封信，询问他对此决定的意见。在他的答复中，琼斯写道："我相信继续现代化我们的战略部队将最符合我们的安全利益，这包含载人轰炸机……既然B-1计划仍然充满不确定性，继续消耗国防资源而没有增加战力，反而会让我们忽视更大的战略需求。我相信这将让我们在许多未来战略部队的关键议题上更难汇集我们集体的力量。"

在一次和琼斯上将的访谈中，我问他是否想过辞职以表示对总统决定的抗议。他回答："没有，我从没想过。如果对一个单一的武器系统的决定可能造成生死存亡的影响，那我们在军中的人将对国家帮倒忙。一旦总统下定决心，我不认为试图暗中破坏该决定是适当的。"

当琼斯在担任空军参谋长期间深陷B-1武器装备争议时，陆军参谋长爱德华·迈耶（Edward Meyer）上将对整个美国陆军也有同样的警觉忧虑。迈耶是卡特总统跳过许多比他资深的将领，直接在1979年6月被拔擢为陆军参谋长的。以此职位，他参加了众议院军事委员会人事小组在1980年5月7日的听证会。众议员霍普金斯询问迈耶上将："我前往诺克斯堡（Fort Knox）去拜访该地将军，参访过程很愉快。我也花了一些时间和士兵相处……我们谈得很实际，我问他全募兵制部队的运作是否顺畅。不出所料，所有人都说'不'，很多人要申请退役。他们说目前招募的士兵都是那些在街头贩毒的混混，而且仍然在贩卖毒品，事实上，他们就在诺克斯堡贩毒。如果我们的国家安全要靠这些人来保护，那我们的麻烦就大了。我个人也有这种感觉。我想改变这种现状，而我要你来帮我推动。"

迈耶上将的回答也许不像1776年在莱克星敦市发动革命战争一样的"震惊全球"，但很明显，他的证词发挥了作用，也吸引了相当的注意。他对霍普金斯众议员的答复是："我只要为80%的优秀年轻人辩护，他们可能来自你的选区、尼科尔先生的选区或其他人的选区，如果你能去看看我们前沿部署的区域，如柏林、欧洲或巴拿马——这些地方有充足的人员与武器，你将会看到不一样的景象。你所说的现象是零星存在的，基本上这也是我所说的今天美国的空架子陆军，因为我们没能提供所需的质量兼备的士官与人力，而这个法案正是针对解决这个问题的开始……"

迈耶的答复不只引起了行政当局的注意，1980年12月5日，迈耶被当时最受欢迎的晨间新闻节目——美国广播公司（ABC）的《早安美国》（*Good Morning America*）邀请上节目。节目主持人是大卫·哈特曼（David Hartman），节目的对话如下：

哈特曼："早安，迈耶上将。欢迎你来参加我们的节目。"

迈耶上将："早安，非常感谢你。我很高兴能来。"

哈特曼："不久前，你说美国有你所谓的空架子陆军。也有报道说10个作战师中有6个没有做好战斗准备。这很令人害怕，我想全国也同感震惊。你所谓的空架子陆军是什么意思？你是否仍坚持你的观点？"

迈耶上将："当然。我所谓的'空架子陆军'，是指当为了使我们海外的部队能维持高战备状态，我们必须抽调国内的军士官兵。所以为了让我们在欧洲、韩国、巴拿马、阿拉斯加……能有完整的陆军，我们必须缩减在美国境内的部队。因此我们国内有的连、排没有完全满编，而且我们也缺少可以训练他们的士官。"

我和迈耶讨论了其他军事领导人针对这类事情所面对的挑战。他很清楚地表达了他遵循文人权责的理念："我有过许多类似的经历（争取陆军需求），但当我告诉国会我们面对'空架子陆军'时达到了高潮。这是对陆军的攻击。幸运的是，我私下已经告诉过总统和布朗部长，所以他们知道我对这件事情的看法，但许多人并不了解。我的一位上级长官要求我收回声明。我说不，我不会收回，然后我回到办公室开始写我的辞职信。我并没有递交辞职信，因为他们忽然了解到，我们必须对我们的国家负责。我们宣誓忠诚的对象不是对总统，我们是向宪法宣誓表达我们的效忠。这表示我们对国会以及总统有同样的责任。"

后来，迈耶在1983年2月25日出席参议院军事委员会，为1984年国防预算需求作证。他在对委员会的开场白中说："我因为说我们有一个空架子陆军而卷入了许多麻烦。我只能说，过去3年国会给我们的1530亿美元让我们可以逐步建立一个稳定的基础，而在这个基础之上，我们可以建构未来的陆军。"

委员会主席陶尔（Tower）回应说："请容我这么说，将军，对这个委员会来说，你没有制造问题，你引起了我们的注意。"

弗吉尼亚州的约翰·W.华纳（John W. Warner）参议员接着说："我想表达的一点是，如果我们想在两年的时间内改变空架子陆军的现象，而我们现在必须削减预算，是不是应该建议这个 减落在现役部队而不是在现代化上，因为我们认识到你的大部分采办计划都需要5—10年的时间？"

这整个事件的意义是，迈耶上将直截了当与诚实的做法是否有用？我特别针对这一点问他，他说："这对陆军的内部与外部都造成了影响。对陆军内部来讲，这是向他们传达信息，表示高层领导人已经知道了他们所关心的问题，并会采取必要的行动来解决该问题。对外所传达的信息是，当领导人在国防部以及国会被问到我们所面对的真正挑战时，都有责任没有限制地表达真实状况。"

陆军在接下来的几年获得了改善其训练与战备缺失状况的大部分经费——这是我们军事领导人重要风格的另一个例子。迈耶虽然在国会语出惊人，但他之前已经告诉总统及国防部长他将要做的事。而且他不会退缩，因为他坚信自己立场的重要性，他甚至作好了辞职的准备，并能将陆军的福利置于个人福利之上。

描述阿诺德和斯帕茨为比利·米切尔辩护的事件有其道德意义：他们无私地将其军事生涯置于火线上。阿诺德和斯帕茨晚年时都提到米切尔应该留在军中，在制度内为空权努力。这也是阿诺德和斯帕茨的选择。

当阿诺德被放逐到莱利堡时，泛美航空公司曾邀请他担任总经理一职，但被他拒绝，因为"我不能在争议压力下离开军中"。关于此事我也问了斯帕茨将军，他告诉我就是这样，当时泛美航空也邀请他担任副总经理一职。

当卡特总统决定取消继续发展B-1时，很多人告诉琼斯上将他应该辞职以示抗议。但他没有，就像阿诺德和斯帕茨一样，他留在体制内努力，而且赢得了最后的胜利。同样的，接替琼斯空军参谋长职务的乔治·S. 布朗（George S. Brown）上将在B-1被取消时是参谋长联席会议主席，有些人也建议他辞去主席一职。

　　布朗上将的幽默感在一次出席国会时展露无遗。一位众议院议员忽然脱离了质询的议题问他："对了，布朗将军，你是空军的资深军官，卡特决定取消B-1计划，你为什么不从空军辞职？"布朗很没外交手腕地说："我当然可以这样，但这样对国家的影响可能就像你从国会辞职一样。"

　　我们的国家很幸运地拥有许多睿智的军事领导人，随时准备好在战时能保卫我们以及全球的自由。他们是大公无私的人，奉献一生为国服务，危机时则挺身而出。从各方面来说，整个军队是无私的，就像他们的家庭一样。他们必须忍受低待遇、缓慢的晋升、经常调动、长期与家庭分离和经常面临训练与物资补给的经费不足，有时候他们还要忍受官僚的愚蠢和政客的自私。他们经常不受重视或不被感激，事实上，有时还受到来自大众的敌意。有时候他们的家人必须接受低品质的医疗，他们必须忍受和牺牲儿女无法和朋友或学校建立长期的关系，因为他们必须随职务调动。

　　我和第一任空军参谋长斯帕茨上将的遗孀曾有一次很有意义的访谈，她回忆有一次她的长女大学二年级返校时提到："妈，你知道吗？这是我一生中第一次连续在一个学校上第二年的课！"

　　这些人无私的最高表现就是他们愿意在战时牺牲他们的生命来保卫国家；在和平时期，为了维持应付未来冲突所需要的战备而不惜牺牲军旅生涯。

第2章 决策：领导的本质

决策是领导的本质。

——德怀特·D.艾森豪威尔，陆军上将

在我与艾森豪威尔将军谈话时，他曾如此表示："我常常思考领导才能的问题，最终我想我可引用拿破仑曾说过的一句话作为谈话的开始，拿破仑说：'领导的天赋是当你身边的人忙得抓狂或至少歇斯底里的时候，他仍能正常进行一般工作的能力。'

"当你抽丝剥茧地来看领导的时候，领导才能当然离不开在生活的每一刻发挥影响力去提高士气与自信心等的能力，但是最能彰显领导才能的时刻，是当你最终必须去面对一个艰难的抉择与下决心的时候。此时你通常会听到各种不同且相互矛盾的意见，而且他们会建议你立刻采取行动。这种领导能力是社会大众难以察觉的……但是决策是领导的本质——也就是说，不管在战时或是和平时期，领导者常常要处理很重大的问题，当你作这些决定的时候，你并不是为了想要获得作秀般的效果。每天都有重大的决策产生，这是很平常的，你的结论通常是根据你所能看到的事实，根据你对所看到的各种因素的评估，以及这些事实间的关系得出的。更重要的是，你要让人信服地将不同的人放到不同位置，让他们的能力能够发挥。当你把所有这些因素都纳入考虑之后，你会作出一个决定。然后你会下决心并告诉大家‘我们就是要这样做’。”

指挥者是一个孤独的职务，尤其是你必须去作一个要面对生与死、成功或失败、胜利或战败的重大高层决策时。很少有人愿意承担如此大的责任，也少有人有资格担当。然而作决策是领导的一部分责任，同时，战时的将领如果没有作决策及正确判断的能力，他们通常不会久居高层领导之位。将领也是凡夫俗子，他们也像一般人一样会受到精神压力的影响，更何况他们所担负的责任比一般人重得多。他们一旦失误，可能导致死亡或 灭，任何人都必须为此承受很大的压力。

战时的将领每天都必须面对无数的难题与重大的决策。在这里，必须特别强调两点值得注意的事情：第一，在战争期间，高层指挥官通常必须作非常紧迫而且重大的决定，但他们决策时所依据的信息，通常不是事后历史学家根据“后见之明”所拥有与评估的资料。一位指挥官在作决策时，他只能根据当时手边拥有的信息来作决定。第二，对一位从未参与过高层决策的人来说，整个决策过程看起来蛮容易的。下属常常忽略指挥官问题的整体复杂性，所以每当他们接到一个迟来或不明确命令的时候，都表现得极无耐性。我们常常可以很简单地去批评，但当我们也担负类似的责任时，却很难做得更好。

有关高层指挥的决策问题，还须提到第三个要素。通常一位战时指挥官能够选择他的重要参谋人员，这些参谋人员很可能都是他认识非常久，而且是非常能干与投入的专业人员。每个人都不能忽视这些参谋的意见，当他们全部反对最高将领的结论时，整个的决策过程就变得更复杂与困难。

艾森豪威尔将军在“二战”时所面对的重大决策，是关于盟军进攻欧洲大陆的地点、日期及时间。除此以外，他还要决定是否要在登陆之前派遣空降师进入瑟堡（Cherbourg）地区等问题。这些空降师要保护英国与美国的登陆区。依据艾森豪威尔的参谋长沃尔特·比德尔·史密斯（Walter Bedell Smith）将军所说，这个原因是"很明显的，登陆区后的一大片低地布满敌军，只有几条路通过一片只有1.6公里宽的狭窄沼泽地。除非空降部队能降落在路端后面的硬地上，夺取道路控制权并与敌军防卫部队交战，否则通过那些狭窄泥泞的道路时，一定会在路上被敌人的炮火扫射。因此当我们的部队从海滩往内地推进时，会造成严重的伤亡"。

艾森豪威尔的资深空军顾问，英国空军上将雷-马洛里（Leigh-Mallory）就一直反对使用空降部队，因为他认为这将导致优秀的空降师作出无谓的牺牲。他的观点是，瑟堡强大的防空炮火以及狭小的空降区，会损失75%或以上的滑翔机及50%空降部队，将有数千人因此丧命。他认为这次任务会因为这些巨大的损失而失利。

1944年5月30日，雷-马洛里又来到艾森豪威尔将军的办公室，针对此次行动作最后一次抗议，在雷-马洛里将军阐述他的分析时，艾森豪威尔的脑海里浮现了以下的想法："若雷-马洛里的意见不被接受，为了保护他，我会命令这位空军指挥官将他的建议写在一封信上，并且告诉他会在几小时内收到我的答复。我没有再去找别人谈这个问题。专家的建议和意见已经帮不上我的忙了。

"我独自一人走进自己的帐篷坐下来思考。一次又一次地检查每个步骤……当然，我了解如果我故意忽视关于这个问题的专家建议，一旦他的说法被证实无误，我的良知将到死都背负一个无法承受的重担，即愚蠢、盲目的牺牲几千条年轻的生命。撇开个人的重担不谈，若是他的建议无误，则灾难恐怕不只在这里发生，也可能影响整个盟军。"

当艾森豪威尔考量应该如何做时，他衡量了下列因素：

1.他确信这次空降任务对整个进攻行动的成功与否具有关键地位。

2.如果无法登陆犹他海滩（Utah Beach），并立即在科唐坦半岛（Cotentin Peninsula）建立滩头堡，整个作战计划将过于冒险。

3.以他自己的判断，他不相信德军能够造成如此大的伤亡。

艾森豪威尔打电话给雷-马洛里，告诉他进攻行动将依计划如期进行。历史证明艾森豪威尔的决定是对的。第一批降落的伞兵损失不超过2%，整个行动的损失也低于10%。当时任艾森豪威尔助理的海军哈利·布奇（Harry Butcher）上校在他的书中提到，空军上将雷-马洛里以"典型的英国运动家精神"承认了自己的错误，并很坦白地说："人往往不容易承认自己的过错，但是这一次他却很乐意承认自己的判断失误。并恭喜艾森豪威尔将军能有这种作出明智指挥决策的智慧。"

艾森豪威尔将军还经历过一次与此十分类似的事件。阿登反攻行动失败后，同盟国开始重新集结兵力，艾森豪威尔希望继续扩大在莱茵河西岸的有效战役，因为他相信如此一来，在突破莱茵河防线之前，能够摧 希特勒的大部军力。陆军元帅艾伦·布鲁克（Alan Brooke）爵士非常反对这个策略，他认为这个行动将抽调蒙哥马利从北方穿过莱茵往鲁尔区（Ruhr）推进的兵力，使得盟军的兵力分散。布鲁克十分坚持自己的看法，但艾森豪威尔也坚持他的决定。数星期后，布鲁克向艾森豪威尔将军说："你完全正确，我为自己因害怕兵力分散而带给你的压力感到抱歉。感谢上帝，你能坚持己见。"

"二战"期间，为决定开辟第二战场的时间与地点，整整讨论了两年多的时间，这是艾森豪威尔在大战期间最困难的决策之一。当艾森豪威尔被提名为最高统帅时已决定战场的地点为法国。计划这个行动的参谋人员选择了 1944 年 5 月为进攻日期。艾森豪威尔的第一个改变就是日期。艾森豪威尔研究作战计划后，认为必须将进攻的突击师由 3 个增加为 5 个。为了完成人员及后勤的部署与调整（特别是他需要更多的登陆艇），日期必须从 5 月延到 6 月。这一个月的延迟关系重大，因为春天的好气候十分有利于进攻作战。

决定日期的关键因素就是天气。当艾森豪威尔将军要决定在北非"发动"或"取消"攻击的时候，天气是一个非常大的问题。尔后在西西里岛（Sicily）的气候问题则更糟糕。后来同盟国决定进攻，但就在进攻的前一天晚上，天气并非如预测的那样风平浪静，反而刮起每小时 64 公里的强风。这种强风会激起大浪，不但使许多军人晕船，也会让登陆行动格外危险。这种天气也令即将空降到敌军中央的第 82 空降师十分不乐观。马歇尔将军发出电报，他想知道"行动是否照旧或取消"。艾森豪威尔对自己说："我的反应是，但愿我知道！"然而决定权还是落在他身上。他再度孤身一人，再一次独自斟酌各种风险。如果他现在取消进攻行动，有哪些部队会发生哪种悲剧，因为他们已经因负责的特别任务先行出发，这些部队会因为延迟收到取消的信息无法折返而被屠杀。他们十分看重的奇袭效果也会消失无踪。他再次走到户外去感受风速，然后走进自己的办公室下令："按原计划进行。风浪虽大，但我相信明天必有好消息。"

但是随着夜幕的加深，风速也在增强。就在等待天明的寂寞又绝望的几个小时中，他只能把玩着他的幸运钱币。心中想着："除了孤注一掷的祈祷外，我们也无能为力。"

由于进攻诺曼底的时机需要正确地配合月光、潮汐和日出时间等因素后才能决定，当初选定的登陆日期是在 6 月 5 日、6 日或者是 7 日。会在这 3 天中的哪一天行动将依天气而定。艾森豪威尔谈到当时的情形："如果这3天的天气都不理想，那么随之而来的后果将不堪设想。我们将失去隐秘性。突击部队要后撤，之后他们会挤回到由铁丝网围住的原有集结区，那里将变得非常的拥挤，因为他们原先驻扎的地区已被预备下一波行动的部队占去。复杂的行动管制表将被 弃。士气必然低落。很可能得再等上至少14天，甚至是28天——这是一个让200万人悬疑不定的士气问题！主要战役所需要的好天气会越来越少，而敌军的防卫能力则会随之增强。"

原先暂时定在6月5日发起进攻。最后要决定这项决议的会议是在6月4日清晨4点召开的，虽然当时有一些先遣部队已经出发了。当时天气非常恶劣，云层很低、风浪很大，种种迹象都显示这次登陆行动会很危险，因为不可能进行空中支援，海军的炮火也会失准。艾森豪威尔将军请教他的主要顾问团：海军上将拉姆塞（Ramsay）从海军的观点保持中立立场，蒙哥马利赞成出击，空军元帅泰德（Tedder）则主张不应出兵。但是他们只能建议，终究该由艾森豪威尔来作最后的决定。他决定延后这次进攻的时间。

第二天早上参谋会议再度召开，天气预报说6月6日是一个好天气，但也许仅能维持36个小时。艾森豪威尔的参谋长史密斯将军很生动地描述了6月5日早上的情景：

当天早上所有的指挥官都出席了，当艾森豪威尔将军进来时，他穿着剪裁合身的野战夹克，脸上挂着因沉重的决策压力带来的严肃表情。蒙哥马利陆军元帅穿着他平日所穿的宽松灯芯绒裤及一件毛线衫，海军上将拉姆塞及他的参谋长都穿着整洁的金蓝海军制服。

气象专家们立刻被带进来。皇家空军上校斯塔格

（Stagg）——一位高大的苏格兰人，倦容上带着一丝诡异的笑容。

他对艾森豪威尔将军说："我想我们已为您找到一线希望了，长官。"我们每个人立刻洗耳恭听下文，首席气象学家接着说："从大西洋过来的锋面，其移动的速度比我们预期的还快。"他接着又保证将有24小时理想的天气。艾森豪威尔的顾问们开始快速地对这位气象学家发问。当他们问完后，全场持续了整整5分钟的静默，艾森豪威尔将军坐在房间后面整排书架前的沙发上。我从来没有意识到一位充分了解作战成败系于他个人判断正确与否的指挥官，在作如此重大决定的时候，竟然如此寂寞与孤独。他安静地坐在那儿，不像平常一样地站起来在房里快速踱步。他很紧张，考量着天气的各种影响，就像从4月起做的各种演习过程一样，同时他还要盘算着其他无法预估的因素。

终于，他抬起头望着大家，而且脸上紧绷的表情也消失无踪了。他迅速地说："好吧，我们上！"

历史记载这次登陆行动非常成功，但在一个指挥官的内心深处，他是如何度过这漫长的煎熬去作一个划时代的决定的？艾森豪威尔在回忆录中写到这件事："再一次地，我必须忍受从高层指挥作出最后决定后，到行动成败初步结果出现之间的煎熬等待。"

尽管在作决策的前、中、后都有许多人围绕在他身边，但我们也不难理解为何艾森豪威尔在战时写信给他的朋友说："高层军事指挥官最难受之处在于孤独……"

一些美国最高三军统帅所面临的重大决策挑战都落在杜鲁门总统的身上。在罗斯福总统过世前，杜鲁门只当了83天的副总统；自从他在"一战"以陆军上尉的军衔在欧洲服役后，就再也未到过欧洲；他从未被邀请到白宫西厢的作战室，听取每天让总统了解战争进行情形的简报；他没有被邀请参加雅尔塔会议（Yalta Conference）或听取相关简报；他并不了解美国和苏联对波兰的许多争议；他对原子弹的发展一点儿概念都没有；而且他从未上过大学。

在杜鲁门宣誓成为总统的第一个月中，他必须要作许多迫切而且重大的决定：是否要在日本投下原子弹，如何处理战败德国占领区的问题，如何说服苏联向日本宣战，以及如何处理苏联在华沙建立一个共产政权。不难想象，杜鲁门总统为何要将他的回忆录第一卷定名为《决定性的一年》（Year of Decision）。他在前言中写道："美国的总统承担了非常大的责任，这个责任是非常独特且无可比拟的。

"很少人有权为总统发言，更没有人能替总统作决定。没有人能够知道总统作重要决策过程中的思考程序与阶段。即使是他最亲近的参谋，或是他的家人，也不能完全了解总统做某些事情或得到某些结论的所有原因。作为美国的总统就是要能承受孤独，尤其是在作重大决定的时候更是如此。"

当时的助理国务卿迪安·艾奇逊（Dean Acheson），在回复一个朋友有关杜鲁门总统的领导风格时说："总统是一位非常直接、果断、简单，而且完全诚实的人。"这些人格特质都指出杜鲁门总统是一位非常有品德风格的人，这种特质对决策是非常重要的。

埃夫里尔·哈里曼（Averell Harriman）曾于"二战"期间任美国驻苏联大使，他曾与罗斯福总统和其行政当局密切地工作达14年之久。当他比较罗斯福和杜鲁门两位总统时，他对杜鲁门总统的评语是："你可以带着问题走进杜鲁门总统的办公室，出来时你就有了他的决定，我从不知道任何人能这么快速地作决策。"

有批评者指控杜鲁门总统在使用原子弹的决定时过于"草率"，

但事实上并非如此。杜鲁门总统曾说："我对于原子弹的知识来自上任后，史汀生部长向我作的全盘报告。他告诉我，当时此计划已接近完成阶段，预期在四个月内可生产出第一颗原子弹。史汀生部长接着建议我出面召集最优秀的人士组成一个委员会，并要求他们仔细研究新武器对我们有何冲击。"

这个委员会直接由陆军部长史汀生负责，杜鲁门总统接着写道："他们建议，一旦完成就应该尽早使用原子弹来直接对付敌人，他们接着建议在使用时不必有任何的警告，同时要能针对一个特定的目标明确地展现其雷霆万钧的威力。我当然也了解引爆一颗原子弹将会造成无法想象的伤亡，但从另一个角度来看，委员会中的科学顾问团指出，'我们无法提出其他有可能使战争提早结束的技术论证，除了直接的军事使用外，我们看不出其他可行方案'。这就是他们的结论，他们无法提出任何有可能结束战争的技术上的威力展示，例如投掷到一个无人海岛上。它必须是针对敌人的一个目标。

"然而，在何时、何地使用原子弹，还是须由我来作最后的决定。我视原子弹为军事武器，从未怀疑过它应被使用，我的军事顾问们建议使用，且当我与丘吉尔先生谈及此事时，他毫不犹豫地告诉我，假如使用它能有助于结束这场战争的话，他也支持我使用这颗原子弹。"

有些时候，杜鲁门总统在作重大决定时，也会将其最亲近的顾问所提的建议放在一旁。美国在1948年面临的一个重大挑战，就是建立一个独立的以色列共和国的决定。"二战"后，英国在财政与军事上几乎都破产了，而且必须放弃许多受它管辖或影响的区域，例如巴勒斯坦。负起这个受创且多难的土地的责任转移到联合国，最终又落在美国的身上。

杜鲁门总统对于犹太人的悲惨命运非常同情，尤其是当他想到"二战"期间，犹太人所受到的种种迫害与大屠杀，以及其许多幸存者在内心深处很想在巴勒斯坦定居下来，杜鲁门总统对这样的渴望非常敏感，这是出自对人道主义的关怀，而且他也相信这些犹太人应该有权有他们自己的国家。

杜鲁门总统最重要的顾问们都反对他协助以色列建国的决定，其中包括国务卿马歇尔将军、副国务卿罗伯特·罗维特（Robert Lovett）、国防部长詹姆斯·福莱斯特、杜鲁门总统的主要国务院顾问及苏联专家乔治·F. 凯南（George F. Kennan）、查尔斯·博伦（Charles Bohlen），还有迪恩·艾奇逊。他们相信，从美国国家安全角度而言，以色列建国将埋下一个很大的危险因素，特别是美国对阿拉伯的石油依赖越来越深。承认以色列建国，将是对阿拉伯世界一个极不友好的举动，而且可能挑起以色列与阿拉伯国家之间的战争。必要时，美国可能需要派军队去援助以色列，而此举可能将阿拉伯国家推向苏联阵营。

杜鲁门总统几乎都会听从外交政策顾问们给他的建议，但当英国的统治将在1948年5月15日结束时，他还是决定美国要承认以色列。

一位传记作家对于这个议题的主要会议的情形作了如下的描述：

马歇尔将军非常愤怒，他认为杜鲁门总统是屈服于政治压力，对这位老将而言，这是一种无法原谅的罪恶。于5月12日在布莱尔大厦（Blair House）进行的会议中，他听克拉克·克利福德（Clark Clifford）提出承认以色列的各种说辞时越听越气愤。他对允许一个像克利福德这样的政客参与这个会议，并讨论如此敏感的国家安全议题感到愤怒。克利福德回忆当时他很不安地看着马歇尔的脸由白转红。

　　马歇尔将军当着杜鲁门总统的面指着克利福德说："首先，我不知道为什么这个人会在这个地方。"当时房间里的所有人从没见过这位老将这么严厉无情过。他冷酷地对杜鲁门总统说："假如你附议克利福德的话，等到下次总统大选时，假如我还去投票，我一定投反对你的票。"杜鲁门总统从他认为是"当今最伟大的美国人"口中听到这番话，就如吃下苦得难以下咽的药一样难受。

　　罗伯特·罗维特提到，那天在会议中杜鲁门总统的表现"非常明显是政治导向打败了其决心"。马歇尔将军的传记作家福瑞斯特·C. 波格（Forrest C. Pogue）为当时的决策过程提供了进一步的解说："当马歇尔聆听大家的讨论，他能够看到罗维特的指控有其真实性，克利福德完全是以政治的角度在谈这件事——因为在美国境内有非常多的犹太人，承认一个新的以色列国家，将对美国总统大选非常有助益。他说这么做了，将会伤害到总统府。很可能是因为克利福德那天的言行激怒了马歇尔，所以马歇尔将军跟着说，这样一个议题不能完全从政治的角度来解决，今天如果不是为了国内政治的考量，克利福德也不会在该会议中。马歇尔接着建议，大家在 5 月 16 日之后再讨论这个议题。杜鲁门总统很快看出这个会议将要失控，他说他倾向于同意马歇尔的看法，大家可以再考虑一阵子。"

　　犹太领袖们在很短的时间内就知道了 5 月 12 日会议中讨论的内容，他们马上给杜鲁门总统施加政治压力，哈伊姆·魏茨曼（Chaim Weizmann）于 5 月 13 日给杜鲁门总统写了一封非常具有说服力的恳求信，这让总统大受感动，隔天杜鲁门总统就打电话给克利福德，要他去安排下午承认以色列的事宜。

　　罗维特的立场是，是否要承认以色列这个国家是总统的决定，而且要毫不犹豫地加以执行，他只是非常顾虑马歇尔会因此辞职，所以他先和马歇尔讨论了这件事。马歇尔的反应是，他"要向他的上级，也就是总统负责，他的意见在据理力争后还是未被采纳，现在他必须执行总统的命令"。一些马歇尔的朋友主张他应该辞职，但他没有这么做，他反而告诉这些朋友，总统有权作这个决定，而马歇尔的责任就是执行总统的决定。承认以色列为一个独立国家的决策过程，可以充分显示杜鲁门的决策风格，以及马歇尔虽然极力反对承认以色列，但他仍然无私地执行三军统帅的决定，马歇尔始终都是一位好军人。

马歇尔将军于1939—1945年担任陆军参谋长期间，必须比任何人作更多非常重要的决定。他是否遵循哪种决策方法与程序来帮助他作决定？答案是肯定的，而且没有比这个模式更好的了。

马歇尔依靠一群非常有才能的军官来协助他作许多必须作的决定。他建立了一个他称为"秘书处"（the Secretariat）的团队来帮助他决策。

当马歇尔将军在1939年，也就是"二战"前及战争期间担任陆军参谋长时，柯林斯少将说："当时需要由参谋长或其副手来作决策的研究报告通常由总参谋部相关部门先行准备。"柯林斯曾是"秘书处"成员，也在1949—1953年担任过陆军参谋长。他指出："根据这些研究产生出的行动报告（Action Papers），首先是送到瓦德（Ward）上校的办公室，然后由他分配给他的助理，准备向副参谋长或直接向参谋长报告。我们每人每天都会被分配到5—10份报告。当我在'秘书处'的时候，并没有给每人指派特定的主题。我们要审查分配到的报告，检查明显的错误、不完整或不清楚的部分，并对一些我们认为参谋长或副参谋长可能提出的问题进行厘清，然后再向他们针对每一份完成的报告进行简报。"

坊间出版了许多有关决策的书籍，但是没有一本能够超过马歇尔将军非常简单的决策方法。这种决策方法也是许多马歇尔将军所带过的优秀军官们普遍奉行的。这些军官中的许多人在日后都成为了美国的高阶将领。柯林斯写道："马歇尔将军要求所有参谋的书面报告，不论其议题有多复杂，都要缩减到两页或者更少。其格式也有严格的限制：第一部分先要描述问题的本质；然后是有关此问题的相关因素及其正反面看法；有需要时附简短讨论；结论；最后，也是最重要的部分，就是建议行动方案。需要提供较详细的背景、讨论或解释的附件可附在报告之后，但只在报告本文中加以简要注解。一个牵涉广泛的议题档案可能有大约2.5厘米或者更厚，但凡是要长官作决定的报告都要简化到两页或者更少。这种要求强迫其参谋要作更缜密的分析以及更明确的建议。"

柯林斯进一步回忆："在向长官进行口头简报时，我们使用最少的小抄，并且专注在报告的主要关键点上。我们必须准备回答任何来自参谋长或其副手的问题，以及提供任何他们想知道的问题的更详细资料。如果报告需要由参谋长亲自签署文件，或是该决策会影响到重要政策时，就必须直接向参谋长作报告。马歇尔将军从过去的共事经验中熟知每一位成员，并尊重我们每个人的判断。马歇尔鼓励我们对建议的方案提出不同的意见，或者提出任何我们认为有价值的建议。"

艾森豪威尔将军在欧洲战场的参谋长沃尔特·史密斯将军是另一位非常有影响力的马歇尔的下属。当奥马尔·布莱德雷少校在步兵学校兵器组担任少校组长时就开始注意到史密斯"绝对聪慧与具有分析能力的头脑"。马歇尔看过史密斯的一个课堂简报后立刻向布莱德雷说"这个人可以成为一位非常优秀的教官"。

1939年，布莱德雷当时是马歇尔参谋团的助理秘书。他想起在步兵学校表现优异的史密斯，并将他推荐给马歇尔，请他来协助处理马歇尔与外界往来的各种信件。史密斯没多久就成为马歇尔将军不可或缺的一位参谋，他非常清楚如何将马歇尔将军的想法写出来。

身为陆军参谋长，马歇尔和罗斯福总统有非常密切的往来，他不能忽视一些不可避免的政治问题。罗斯福总统对许多事情非常坚持要有决定权，同时又要避免干预纯军事方面的事务。这对马歇尔来说是一个非常大的实际挑战，因为罗斯福总统是一位三心二意、犹豫不决的决策者。罗斯福总统的白宫军事助理是埃德温·华生（Edwin Watson）少将。沃尔特·史密斯就是被分派到与华生将军对口，这项任务史密斯做得非常成功。具有外交手腕的史密斯能将白宫与战争部间的政治干预程度降到最低。

史密斯将军的传记作家曾写道："有能力去作决策，并有足够的自信能挑剔马歇尔的人在陆军部可说是凤毛麟角，但也是明日之星。"艾森豪威尔也提到一段马歇尔告诉他的话："战争部有许多非常有能力的军官，他们能作很好的分析，但是通常要把问题交给我，让我来作最后的决定。我需要的助理是能够解决他们自己的问题，并对我汇报他们做了些什么。"

马歇尔指示布莱德雷说："除非我听到所有赞成以及反对行动方案的意见，否则我不知道我是对的还是错的。"马歇尔将军也非常坚持，即使与他的意见不合，他的参谋仍然可以作决定，当然这些部属必须有足够的理由来支持他们的决定。就这样，马歇尔创造了一个独立思考的好环境。

亨利·阿诺德将军曾经在马歇尔将军麾下指挥陆军航空队。在其全盛时期，陆航部队有多达240万人与8万架飞机。阿诺德是一位活力充沛的决策者。霍华德·C. 戴维森（Howard C. Davidson）少将曾这样说过："我有一个非常好的机会去观察阿诺德将军，因为我在其麾下担任过第19轰炸群的指挥官，以及后来我担任航空部队长的执行官时，阿诺德为副部队长。阿诺德将军作决策非常快，虽然有时是错的，但大部分都是对的，因为阿诺德无时无刻不在搜集关于航空部队人与事的资料。即使是在一个社交场合，像是鸡尾酒会或是晚宴，他都会向人请教许多问题。假如有位飞行员从阿拉斯加来到华盛顿，阿诺德通常会邀请这位飞行员共同进餐，然后请教许多有关阿拉斯加的问题。"

阿诺德将军对资料求之若渴的态度对他的决策非常有价值。在"二战"参战前，他曾邀请一位驻柏林的陆军武官为空军参谋演讲。他把握住各种不同的机会，邀请美国的制造商访问欧洲以研究并搜集当地制造飞机方式的资料。在他去过德国之后，他曾经要求查尔斯·林白（Charles Lindbergh）先生对他作有关纳粹德国空军（Luftwaffe）能力的简报。在这次简报中他也特别邀请了陆军参谋部参谋以及战争部长参加。阿诺德将军希望由"孤鹰"（Lone Eagle，即林白）给大家口述他在德国的所见所闻，为的就是印证他所担心的事情——德国一直在增强其空军军力。

戴维森将军也提到在领导与决策上，"阿诺德是一位非常没有耐性而且脾气暴躁的人。他缺乏耐性的性格，促使他可以在很短的时间内将事情完成，幸运的是，不用四个小时他就会忘记何事让他如此生气。因为他没有耐性去读长篇大论，身为他的执行官，我会要求同事能将许多页的意见浓缩到一页之内"。

坚守决策

马歇尔将军于1947年冷战时期担任国务卿时，再一次肩负了许多重大决策的重责。1948年春天，负责计划部门的乔治·凯南向国务卿建议，针对"马歇尔计划"（Marshall Plan）向苏联释出一个和解示好的动作，也就是邀请苏联来谈谈他们所遭遇的问题。这个建议旋即被苏联接受，但不幸的是，也被苏联渲染成一个高层会谈。这件事让美国所有的友邦非常震怒，因为他们认为这次高层会议事先并未征询协调他们的意见。认为美国背着他们去和苏联谈判，他们要求美国出面解释。凯南说：

> 我记得有一段小插曲使得我对马歇尔将军的敬爱超过其他任何人。
>
> 我为所引起的骇浪感到无比的惊骇。有两个晚上我独自徘徊在福克斯豪村（Foxhall Village）的路上，试图检视整个事件的演变，想找出我们到底哪里做错了。第三天我来到将军的办公室，告诉他我的想法。他当时正埋首在一堆公文中。
>
> 我说："将军，我知道一个人要从错误中学习，而不该犯了错就哭丧着脸。我已经花了两天的时间，试着去找出我们到底做错了什么事。真的，我找不出来。我想我们是对的，那些批评是错的。但既然外面有那么多批评，我们一定是有什么地方出错了。"
>
> 马歇尔将军放下他手中的文件，缓慢地转动他的椅子，他的眼睛透过眼镜片注视着我。当时我在内心颤抖，不知道会发生什么事。
>
> 他说："凯南，你记不记得1942年我们重返北非的战役，刚开始登陆作战相当成功，因此头3天新闻媒体把我们捧成天才。但自从达尔朗（Darlan）事件发生后，连续3周我们连世界上最笨的傻瓜都不如。
>
> "你说的这个决定是我同意的，也送交了内阁讨论，最后总统也批准了。
>
> "这整件事唯一的问题，是你没有一位专栏作家所具备的那种'事后诸葛'的智慧与眼光。好了，你回去吧！"

许多批评都会跟随着负责任的领导者。每当作了一个重要的决策之后，总有好多来自"事后诸葛的媒体"的批评。

艾森豪威尔很清楚地了解，一旦下了决心就要支持与维护它。1943年6月11日，艾森豪威尔回忆起一位英国的盟军指挥官哈罗德·亚历山大（Harold Alexander）将军时说："他具有天生赢家的个性、丰富的战争经验、和别人融洽相处的能力，以及非常好的战术观念。他非常谦虚而且充满了活力。如果我们对他的资格有任何怀疑的地方，就是当他面对一些部属时，他表现出来的令人质疑的不确定感。有时他会改变原有的计划或是观念，只为了迎合部属的异议或建议，这样他就可以避免直接命令的方式。"

当其他人对某项决定产生怀疑时，艾森豪威尔将军通常会亲自前往视察状况。有一次英军对一个计划产生质疑，艾森豪威尔在1943年7月1日的日记中写道："计划发起进攻的地面部队是由克拉特巴克（Clutterbuck）将军领导的英国第1师。他对于计划中预期战况的发展并不是特别的乐观。因此他亲自来找我陈述计划的困难点以及他担心他的人员会伤亡惨重。的确，如果我们在潘泰莱里亚（Pantelleria）遭遇挫败，则连亚历山大将军都认同"赫斯基行动"（Husky）将会一败涂地。

"因为这些担忧和怀疑，我在登陆日前2—3天亲自从海上勘查了该地区，这次视察由海军将领坎宁汉（Cunningham）陪同。通过我们的勘查，我确信这次登陆作战将是一个简单的任务，敌人抵抗将非常微弱，因此我指示他们照原定计划执行。实际上，当第一批登陆艇到达海岸线之前那个地方就已经投降了，防守当地的指挥官后来说他根本没想到当天会有盟军步兵发起进攻。当天盟军掳获敌军约1.1万人。"

类似的情形也发生在进攻萨勒诺（Salerno）的时候。艾森豪威尔写道："在司令部经常有人对继续'雪崩行动'（Avalanche）

是否明智提出质疑。但我评估可能会收获非常大的战果，虽然所
分配的登陆艇仍然不足……我认为我们应该照原定计划进行。所
以，我就这样通知了参谋长联席会议。"

马歇尔将军也是一位非常冷静且超然的决策者。迪安·腊斯克
（Dean Rusk）当时是助理国务卿，他回忆说："每当他的顾问们对
一个政策有争议时，他们都不能单独见马歇尔将军本人，马歇尔
坚持所有有争议的人都要参加讨论会议。在罗斯福总统执政期间，
他的顾问们经常会以辞职威胁，企图以此赢得总统的支持，或者
在某项政策上对他施压。马歇尔认为这样的行为就是在勒索，他
绝不容许在国务院有这样的行为。马歇尔就任国务卿后，曾有一
位国务院的资深官员建议变更一项政策，他对马歇尔说，除非马
歇尔采纳他的建议，否则他将因无法体现其价值而不得不辞职。

"马歇尔立即回答说：'某某先生，不管你或我是否为政府工作，
这和我们讨论的这个问题没有关系。所以，让我们把不相关的事
放到一边，我接受你的辞职，立即生效。现在石头搬开了，假如
你愿意花几分钟和我讨论这个问题的话，我愿意听听你的观点。'
当这件事情传开后，就再也没人把'听我的，否则辞职'这一套
用在马歇尔身上了。"

艾森豪威尔在他1942年12月10日的日记中，记录了另一件
可以检视他决策方式的事，他写道："我经历了许多事情，也学到
了很多事：（1）对一个指挥官而言，等待别人有所表现是最难熬
的一件事；（2）对现代陆军、空军及海军的高层军官而言，丰富
的组织运作经验和一个有条理与逻辑的思维，是成功的重要因素。
对一些巧言令色，惯于哗众取宠的机会主义者，他也许能抓住上
报纸头条的机会并成为大众眼中的英雄，但当他真的身居要位时，
是没办法把事情做好的。反过来说，缓慢、注重形式与方法步骤
的人对重要职位也是没有价值的。重点是如何在两者间取得一个

适当的平衡，亦即说，一个人身处要位时，他需要有无穷无尽的精神力。他经常要从早到晚承受许多失望、不如意的事情，同时还要能在部下有质疑时，驱使他们达成他们认为不可能的任务。"

直 觉

虽然许多决策下达时都有参谋和指挥官们的意见，但一些领导者的能力和经验使得他们的直觉对决策有非常大的影响。是否能够根据直觉勇敢地采取行动，这往往是对这些伟大领导人的一个很大的考验，例如麦克阿瑟将军在朝鲜战争时的情况。

1950年6月，朝鲜军队开始进攻韩国，刚开始只遭遇了非常微弱的抵抗，当韩国军队在朝鲜半岛南部的釜山地区建立起一条稳固的防线时，才削减了朝鲜军队的锐气，并阻止了其向南推进。当时美国成功地向联合国请愿派兵防卫韩国，并挑选麦克阿瑟将军为联合国盟军指挥官。他计划在敌人的侧后方，从仁川用两栖登陆的方式截断朝鲜的补给线并包围在汉城南方的朝鲜人民军。仁川位处汉城西方约32公里处，是韩国第二大港。因为潮汐的关系，两栖登陆的时间相当重要，登陆必须在9月中旬实施。麦克阿瑟在其回忆录中写道："这意味着仁川登陆作战必须在很短的时间内完成，在现代战争中没有任何其他大型两栖登陆作战能在如此短的时间内完成。"

麦克阿瑟关于仁川登陆的决策是孤立无援的。他曾经在《回忆录》(*Reminiscences*)中写道："我的计划面临来自华盛顿军方非常大的反对……当时参谋长联席会议主席布莱德雷将军的看法是两栖登陆作战已经过时了，再也不可能有一个非常成功的两栖登陆作战……参谋长联席会议拍了一份电报给我，说他们将会到东京和我讨论这件事情。很明显，当他们一到东京我就看出他们真正的意思并不是要和我讨论，而是要劝我放弃这个计划。海军首长谢尔曼上将在会议中表达了他的看法：'假如我把所有地缘政治以及海军所有可能的不利条件列出来，仁川具有所有的这些不利条件。'"

当所有首长陈述了他们令人沮丧的建议后，麦克阿瑟回忆说："我可以感觉到气氛正在变得紧张。"他整理了一下思绪，对与会者说："我确信敌人没有对仁川进行必要与适当的防卫。你们所提出此计划不可行的种种论点也是我坚持奇袭敌人的论据……奇袭是战争胜利的最重要因素……海军基于潮汐、水文、地形以及实体障碍的反对是确实与中肯的。但它们并非是不能克服的……看起来我比海军对他们自己要更有信心。"

但麦克阿瑟对他的决定相当有信心，未因有如此多的有力反对声而退却，他仍依照原定计划付诸实施。他相信他的计划及直觉，并且这场行动取得了空前的成功。仁川登陆在战史上被称为最聪明睿智的战略决定之一，也是一个作为教育现在及未来将领的经世典范。

军事决策中的政治因素

当艾森豪威尔在菲律宾担任麦克阿瑟将军的助手时，他就意识到政治可能干扰到正确的军事决策。因为菲律宾陆军的财务资源非常有限，陆军顾问们在1936—1938年间想要以最低的价钱提供菲律宾恩菲尔德步枪（Enfield rifles）。这应该是一个非常简单的事情，因为这些步枪对美国来说已经过时了。艾森豪威尔在1936年1月20日的日记中写道："当华盛顿接到这个请求时，他们把它当作一个重要政策并送请总统裁决。我们当时真的很迷惘，这件事怎么会与政策有关联？到底这是一个国内的政策问题还是有国际的含义在里面。"

　　艾森豪威尔跟着写道："总统是不是会顾虑厌恶中央政府的和平主义团体？菲律宾人是否会在危机中转而反抗美国，并让美国背负以经费武装敌人的罪名？这是否会影响美国与日本的关系？国会是否会将之视为违反国会对武器禁运的意图，进而提出一个新的法案？"艾森豪威尔当天进一步表示："所有这些问题经过分析都无法提供一个满意的解释，在我们看来，这只是政府当局一个非常目光短浅的政策决定。"

　　艾森豪威尔从一个军人的立场，对政治现实作了如此结语："我们绝不能忘记，今天华盛顿对每个问题的处理都是基于如何在11月获得选票。如果完全依照我们的意思来处理并不能增加选票；但不同意我们的要求，并利用媒体加以渲染，则可能被认为能争取到和平主义团体与一些其他被误导群体的选票。"

　　他整理了那天的思绪后有了一个非常清楚的认识，这也是每一个美国军人都必须了解的：当高层长官作出一个决定时，"我们的态度……应该是我们已经对这个议题提供了最好的专业建议，不管最后决定怎样，我们都要准备好去执行这个决定"。实际上这就是职业军人的行为规范、准则与指令。

　　"二战"期间，艾森豪威尔的政治难题并非都来自英国，有一些是来自美国的政客。1942年7月，他非常惊讶地发现美国驻英国大使发电报给华盛顿，建议让他成立一个委员会来挑选战略轰炸目标。艾森豪威尔马上介入，在不伤感情的情况下非常巧妙地将这位美国大使排除在目标选择事务之外。

　　美军在越南的最高指挥官威廉·C.威斯特摩兰将军（William C. Westmoreland）就不像艾森豪威尔这样幸运。他原希望轰炸北越能提振南越军队的士气并帮助结束这场战争。但是如他在回忆录中所述："在华盛顿对战役进行方式优柔寡断的指示下……轰炸对北越继续作战的决心没有明显的影响。"在书中他严厉批评了华盛顿对他决策的干扰,他说:"我们原先计划全天候上千架次的轰炸行动,但是华盛顿只批准每周2—4次的轰炸,而且每次只有数十架次的飞机⋯⋯来自华盛顿的干预,严重阻碍了战役的进行。据说有一次约翰逊总统还夸耀说:'没有我的批准,这些人连厕所都不能轰炸。'华盛顿这些怯懦的政策,来自一位用意良好但过于天真的官员的建议,他的影响造成总统总是从政治角度来考量事情,他试图去讨好每一个人,而不是真正承担他的责任来作一些困难决策的取舍⋯⋯

"这些政府官员及一些白宫和国务院的顾问们,显然藐视职业军人的意见,而选择相信那些优秀的常春藤知识分子可以利用一些政治戏法,而不经军事武力就可以摧　敌人的作战能力。"

威斯特摩兰将军对不当干预的忍耐终于结束了。"几乎所有B–52轰炸机的目标都在人烟稀少的内陆,"他如此写道,"都是远离人口集中地,但通常都是军队集结区或营区。最初几个月,华盛顿详细检查每一个我们提出的轰炸目标,几乎到了荒谬的程度。当总统海外情报顾问委员会成员克拉克·克利福德在1965年访问西贡时,我对他拒绝让我们轰炸一个地区感到无比的愤怒,只因为在华盛顿有人从航空照片中发现目标区内有一个类似茅草屋顶的痕迹,并据此判断该区域有人居住。我要求克利福德带话回去,从这个事件可以看出,如果华盛顿对我不再信任,就请他们另请高明吧。从此之后华盛顿的干扰才停止。"

在乔治·布朗上将担任参谋长联席会议主席期间,所面对的最困难的抉择之一,就是美国当局要考虑与巴拿马签订一个新的《巴拿马运河条约》(*Panama Canal Treaty*),这个条约要把运河所有权转移给巴拿马政府。这个案例最能说明军队与总统间应如何维系适当的关系。任何要美国放弃对巴拿马运河及运河区所有权的协议都与美国国家安全密切相关。这个决策影响美国的国际地位，尤其是美国对中美洲地区的影响力。美国海军依靠这条运河，因为美国要安全地在两大洋间调动兵力就必须依靠该运河的通畅。

那些要放弃运河主权的人是这么说的：我们当初从巴拿马取得这片领土的手段并不是那么正当，因为我们越来越依赖第三世界国家的原料，而借由归还巴拿马运河主权，我们可以和这些国家进一步和解。

布朗上将于1977年9月26日出席了众议院国际关系委员会的听证会。他证词的重点是，对美国重要的是能有效地使用该运河，而不是它的所有权。他也代表参谋长联席会议认为，不管平时或战时，我们的军队都必须能使用巴拿马运河，因此必须能持续确保该运河的安全通畅。他也了解到必须透过美国与巴拿马两国的充分合作，才有能力维护这条运河，这也是新的条约中所涵盖的。

新闻媒体一直批评布朗及其联席会议的成员们，说他们被迫为这个条约背书，否则将失去他们的工作。为了回应这些指责，布朗上将向众议院的委员会说："主席先生，一位或几位专栏作家及一些人指责说因为三军统帅已经作了决定，所以参谋长联席会议的成员，尤其是我，才支持这项协议。如同国防部长哈罗德·布朗曾经所说的，我们不支持总统决定的唯一适当做法只有离开现职，然后才能有不同的意见和立场。

"但是事实还有另外一面。规则很清楚地指出，我们每次在国会作证时，必须针对质询的每个问题提供完整而且合于事实的陈述。许多年来我都是这样做的。

"假如您还记得，我曾为从韩国撤出美国的地面部队这件事在这个委员会作过证。公开记录可以证明，在1月时联席会议并未支持撤军的行动。我们研拟了一份备忘录给国防部长，再转呈给总统，备忘录中谈及我们必须包含三个条款：一是在能够维持而且不打乱军事平衡的情况下才可以从韩国撤军，二是应该公开声明继续维持与韩国间的相互安全协议，三是我们要继续维持在太平洋地区的影响力。这几点都被接受后，参谋长联席会议才支持从韩国撤军的计划，并且在随后的四五年间为这项撤军行动勤奋地规划以求能圆满完成任务。

"同样的，我们与高层对B–1轰炸机的判断不一致，这并不值得惊讶。我们认为B–1应该进入量产，而且也是这样建议的，但是最后的决定与我们相左。

"所以，指控参谋长联席会议一直都支持总统的所有决定是不正确的。大家可以很清楚地看到我们在国会作证的纪录，特别是在《巴拿马运河条约》这个议题上，我个人就非常勤奋地努力了4年来达成这个条约。我们请了达尔文（Dolvin）将军加入谈判代表团。我们（参谋长联席会议及美国南方司令部指挥官）针对所谓的陆地及水域问题的细节进行了详细的探讨，也就是说运河区内的哪些陆地及水域可以归还给巴拿马而不会影响我们对运河的防卫与操作。"

有位陆军现役的美军驻韩高级指挥官约翰·辛格布（John Singlaub）少将，他曾经公开批评卡特政府关于从韩国撤军的决定，并受到了总统的亲自惩戒。约翰·格伦（John Glenn）参议员在听证会中以相当长的时间来质询布朗，格伦提醒布朗，国会对辛格布事件仍记忆犹新，而且有4位退休的海军首长不赞同《巴拿马运河条约》的签订。但他看到几位现役的高级将领，像布朗你本人，就支持政府的立场，这不得不令人怀疑他们的动机以及他们是否可能无法真正地表达意见。

布朗答复说："我想针对辛格布事件作一个评论。我并不想在此重新讨论此案，但既然说起这件事，那我可以加以说明……你对于大家对此事件的了解是正确的。但大家都误解了这件事。他们忘了一个非常根本的条件，如果我们要有一个纪律严明的军事力量响应有关当局，我们就不能身处军中。就是说，当一个决策已经作出之后，你只能支持它，不然你就必须离开军中，然后再表达不同的意见。你不能在现役职位上加以抗争。这是我划清界限的地方。"

如何发展成为一位决策者

在回答如何发展成一位决策者这个问题上，大卫·琼斯上将在任参谋长联席会议主席时说："我过去以及现在都对从阅读、观察、聆听当中获取更多的信息有无法满足的渴望。举例来讲，当我接任第二空军司令部（Second Air Force）时，种族问题刚刚开始，我就专心处理这件事情。我大约读了8本有关种族方面的书，而且阅读了所有能够找到的资料，我也和一些黑人飞行员进行了非常广泛且深入的讨论……领导统御最重要的一件事情就是作决策，其中一个重要的决策就是如何挑选适任的人。因此，透过观察每个人在其工作上的表现以获得正确的判断，是非常重要的。

"你需要的领导人是愿意去作决策的人。最糟糕的领导者就是犹豫不决的人。有时候一些不好的决策比不作决策来的更好。

"当你从军事系统的基层慢慢往上晋升时，决策的范围都很狭窄。例如，作为一个中队长，你所面对的重大决策其实很少。也许你必须解除你作战官的职务，或者对你指挥部某些部下采取对其军事生涯不利的行动，你这样做是因为他犯了一些错，所以必须采取矫正性的惩罚。但大部分你所作的决策都是小决策。"

我曾经请教过诺曼·施瓦茨科夫（Norman Schwarzkopf）上将："假如你的上级是个非常糟糕的领导者，你会怎么样？"

他回答说："这将是一个非常好的机会，因为你除了可以从好的领导者身上学到一些东西，也可以从不好的领导者身上学到东西。对好的领导你会说：'假如我有机会的话，我会试图如法炮制。'当你遇到一位不好的领导者，你会说：'我绝不会像他这样做。'在陆军的早期军事生涯中，我认为最糟糕的领导者是不愿作决策的人——我的意思是，他们常常在问题上烦恼打转，就是不去下决心。一个不好的决策至少会让军队组织采取行动，这个组织能够承担这个错误决策的后果，然后他会自动修正，最终会作出好的决策。但如果你没有任何决策的话，整个组织就只会在原地打转。"

我接着问他："那你用什么方法？"

他回答说："基本上，得到任务后，你会进行任务分析，然后指导你的参谋。在作一个重大决策时，我通常会要求至少有3个行动方案。当他们进来汇报时，我会要求他们就3个行动方案作一个简单的叙述……然后再一起研究每个行动方案的优点与缺点。当他们告诉我这些不同的行动方案后，接着就是我的本职工作——下决心。我也可能说他们准备的不够好，要他们回去再规划与提供给我更多有关方案1、2或3的信息。很多时候我会选行动方案2A——这是行动方案2的修正版，最后还是会有下决心的时刻。我总觉得我有一个长处，那就是我愿意去作决策，然后付诸实施全力达成。即使这是一个不好的决策，如果你执意去达成，你也能够完成任务。这就回到我所说的，我绝不会轻视一项工作、预期它会失败。一旦我作了决策，在我的想法中，这件事应该是成功的。那并不意味着如果事情进行不顺利的话，你不能回到以前，重新反省和检查你的决策。当你在执行某项决策时，你当然必须谨慎地加以监控，看是否出了任何差错。这时候你就要说，让我们再来检查一次整件事情。总之，我认为一位好的领导者主要的风格之一就是愿意去作决策。"

在作决策时，施瓦茨科夫脑海里是怎么想的呢？"在海湾战争期间，我睡得很不安稳。即使在作战计划已经确定后，我每晚仍会躺在床上思索："我是否忘了什么？我们忽略了什么因素？哪些方面我们应该再加强？然后我会出去再一次的检视地图。我想，如果你真的关心这些士兵，你必定会受到这种煎熬。"

当被问到"直觉"及"第六感"的理念时，他的反应是："我想我有这种能力。在很多时候我都是根据直觉来作决策的。但这是依据经验和判断而来的直觉，而不是一种猜测。我就是很直觉地知道什么是正确的事情，而这样的直觉来自于多年的训练和经验。"

施瓦茨科夫上将的评语也呼应了艾森豪威尔上将曾提到的身为将领常常感到的孤独。参谋长联席会议主席柯林·鲍威尔（Colin Powell）上将在一场演说中讲道：

我说，指挥职位是孤独的，这不只是一个非常浪漫的陈腔滥调。在军中和上级谈论你的问题，不会被认为是你的弱点或失败，而是彼此信任的象征。但从另一方面来讲，他们并不需要让我作每个决策。"我对很多事情并不是那么在乎，"我这么说，"我并不在意你是在清晨5点30分或5点45分吹起床号。也请不要叫我替你作决定。"

我对忠诚的解释是这样的："当我们在辩论某个议题时，忠诚意谓着你会给我最真实的意见，不论你认为我是否会喜欢。不同的意见在这个阶段对我有很大的启发。但是当决策已定时，辩论也会停止。从此刻起，忠诚就是执行这个决策，就如同自己的决策一样。"

当国王一丝不挂时，他期望别人据实告诉他，他不想因为他的无知而被冻死。我告诉他们："如果你们认为有事情不太对劲时，一定要说出来，我宁愿越早知道这些消息越好。坏消息并不像酒一样会越陈越香。"如果他们能够处理这些问题，我就不会太早介入。但我也不愿太晚知道，当木已成舟时，我也无法作任何改变。"当你搞砸了，"我建议，"保证下次会做得更好。我不会耿耿于怀，也不会记上一笔。"

我接着说："我会告诉你什么是我要的，假如我说得不够清楚，你要告诉我。当我向你解释第二次或第三次以后，你还是不太清楚的话，这可能是我表达的问题，而不是你接收的问题。我不会认为你是聋子或很愚蠢。"我想最糟糕的事情是部下为了掩饰他们的迷惑而唯唯诺诺，结果把事情做错了。我告诉他们："假如当你离开我的办公室时，你还是不清楚我究竟要什么，那请立刻回来再问我一次。"

我告诉他们我会尽一切力量来争取他们完成任务之所需。"如果在法兰克福（Frankfurt）没有的话，那我会到美国陆军驻欧洲总部（USAREUR）找，假如欧洲总部还是没有的话，我会到华盛顿去要。总之，我将尽一切力量来支持你们。"

鲍威尔将军作决策的方式是什么？在一次访谈中我曾经与他讨论这个话题。"如果我有任何才能的话——你可自己判断我说的是否正确，那就是解决问题和领导大家的才能。我能够组织大家、激励大家以及解决问题。我可以依状况作各种层次的思考，不管是战略性的或其他层面的，但领导能力基本上是在解决战略或个人的问题。"

鲍威尔将军在其回忆录中提到此事：

我每天在白宫西厢都要作很多决策，然后把这些决策转化为建议呈给高层，这些议题包括从纽约一个峰会的最佳举行地点到协助草拟一份要在峰会中讨论削减核武器的协议。工作至今我已经发展出一个如何作决策的哲学。简单地说，就是挖掘所有可能获得的信息，然后跟随你的直觉作决定。我们每个人都有一种直觉，这种直觉随着年龄增长而更加可信。当我面对一个决策时，如指派某项职务的适当人员或是选择一个行动方案，我会搜集各式各样的资料与知识。我当面或用电话询问。我研读所有我能找到的资料。我用我的聪明才智启动我的直觉，然后用我的直觉判断测试所有的资料，我会想："嘿，直觉啊！你觉得这样听起来、闻起来、感觉起来对吗？"

但是，我们不能无止境地搜集资料。我们常常在还没有看到所有的资料前就必须作决定。关键并不是很快地作决定。我有一个时间分配公式，P-40到70，P代表成功的概率，数字40和70是代表已取得资料的百分比。当我估算我有的资料只给我低于40%的成功机会时，我不会采取行动。我也不会等到有足够的资料证明我是100%正确时才行动，因为那时几乎已经太迟了。当我搜集到约40%—70%的资料时我就会凭直觉下决心。

参谋长联席会议主席小威廉·克劳（William Crowe, Jr.）海军上将在他的回忆录里提供了一个有关如何有效作决策的深刻见解："回想起来，海湾战争中要求的一项最重要的人类特质是弹性思维。我们曾派一些有非常好的记录，风评也很好的指挥官去，但他们表现得过于僵化与教条化，不知变通……现实环境要求一位指挥官以他们的认知去检视每一种不同状况来作必要的调整。他需要有这种能力的部下，换言之，他们要愿意以不同于以往所学的变通方法来处理事情。我们的军事系统常无法让我们知道哪些人有这种特质，这也令我相当担心。目前唯一的方法，就是让这些人面对压力，再观察他们如何处理事情。通常能在需要高度弹性及创意的情况下做得很好的人，都无法在平时按部就班的工作环境里有好的表现，他们就在这种过程中被排挤而离开。

"当时这个想法让我深感忧虑，一直到现在还是。培养思维开阔的指挥官是一件最优先的事情，但我们经常无法做到。军中生活对这类人才有不利的影响，但缺乏这类人才将会为未来带来不幸……我在海湾战争面对这种问题的挣扎，让我相信弹性思维是我们目前最需要的。"

克劳上将早期的军事生涯提供了另一个决策要素的观点。当克劳上校有资格被考虑晋升为将军的时候，同时有1400人具有晋升将军的资格，但当时只有30个名额。对克劳、海军和国家而言都很幸运，因为当时海军参谋长艾勒默·朱姆沃尔特（Elmo Zumwalt）上将试图影响海军晋升"与众不同与想法特异"的人为将军。克劳曾说过："在军中选择高级领导人，最难的问题是如何让这些获得晋升的人能够具备高层指挥所需的独立思考能力。朱姆沃尔特上将本人是我看到的第一位在晋升到高位时仍能维持高度自由思考的人。在每一个军事组织中，我们都会看到一些特立独行的人能够生存下来，但数量实在是凤毛麟角。最大的问题是如何设计组织制度，让这类人能够获得晋升。朱姆沃尔特上将试着以制度来改正这个问题。朱姆沃尔特当海军作战部长时花了很多时间在选择将级军官上，他召开晋升委员会，同时立下指导方针让他们依循。虽然这个委员会依法独立行使其职权，但海军作战部长仍能影响大体的晋升政策。所以朱姆沃尔特试图利用指导方针来加快晋升标准的改变。他公布的晋升原则基本上说：'我要一些非典型的人。去年我们连一个这样的人都没有，今年我要两个人。不要给我同一锅里的青豆。'所以有些传统被晋升类型之外的人都被选上了，包括我在内。"

我问过鲍威尔将军，担任参谋长联席会议主席时，他最重要的决策是什么。他回答说："我会提起一个或两个，但我要提醒你，我不太愿意回答采访者要我说'最好、最多、最差、第一个或最后一个'之类的问题，因为那会使你忽视问题的本质背景。但是，既然你问起这个问题，我也不能让你完全失望。我印象最深的一件事并不是"沙漠风暴行动"，因为它就像顺水推舟一样是逐渐成形的。当它最后要发动时并不是太难的决策，我们知道它早晚会发生。巴拿马事件对我来说是一个较尖锐与紧迫的决策，因为它来得太突然。我们从一个非常宁静的周六晚上，在短短的12小时内决定派兵入侵一个国家。"

鲍威尔将军描述在1989年12月17—18日这个周末中，巴拿马总统诺列加（Noriega）国防军的一员如何枪杀了一位美国海军陆战队队员。当时，4位军官穿着便服开车到巴拿马市去用晚餐，他们在路上被巴拿马国防军设置的路障挡住。当这些巴拿马士兵要把美国人拉出车外时，车子的驾驶员猛踩油门想要离开，巴拿马士兵立即对他们开枪，导致一位陆战队少尉罗伯特·帕兹（Robert Poz）当场死亡。事件在随后的周末越变越糟。巴拿马国防军逮捕了一位亲眼目睹他们暴行的海军上尉和他的太太。他们把这位上尉毒打一顿，并且以死威胁他不可将此事宣扬出去。他的太太还被迫站在墙边，被巴拿马士兵猥亵到惊昏过去。

鲍威尔将军马上召开了参谋长联席会议，与会人员包括陆军的卡尔·弗诺（Carl Vuono）、空军的拉里·韦尔奇（Larry Welch）、海军的卡尔·特罗斯特（Carl Trost）和陆战队的阿尔·格雷（Al Gray）。鲍威尔将军立场很明确地表示巴拿马国防军的行为绝不能容忍。经过一番讨论之后，参谋长联席会议的成员无异议地接受了总部在巴拿马的美国南方司令部指挥官马克思·瑟曼（Max Thurman）将军的计划，也就是派军队进入巴拿马，推翻诺列加的政府，重新建立一个通过民主方式选举的巴拿马政府。

1989年12月17日星期日下午，鲍威尔将军到布什总统在白宫的私人办公室向他作简报。当时在场的还有国防部长迪克·切尼（Dick Cheney）、国务卿吉姆·贝克（Jim Baker）及国家安全顾问布伦特·斯考克罗夫特（Brent Scowcroft）。鲍威尔说："我一开始就表明我们的主要目标：我们要推翻诺列加和巴拿马国防军。如果这个行动成功的话，我们将治理这个国家直到建立一个平民政府和一支新的国防军。因为这个计划远超过只要把'诺列加赶出去'的单纯目标，我讲完后就停下来让大家有时间注意到整件事情的含义。

"布什总统坐在一把高脚椅子上，像个守护神一样观看我们的争辩，当时他所有的顾问们正严厉地检验这个议案。布伦特·斯考克罗夫特有一种令人必须努力调适才能接受的恼人锋芒，但是他也有令人敬佩的聪明智慧与良好意图。他不会给总统一个安心的幻象，斯考克罗夫特说：'这个提案会有伤亡，有人会因此而战死。'总统也点头表示了解，并让这个辩论继续。"

鲍威尔指出美国之所以要介入的理由有几点，诺列加正在偷运毒品进入美国，谋杀了一位美国陆战队队员，他也常拿美国在运河区的权益来威胁美国，并且藐视民主制度。

这个问题大家一再讨论，而且愈讨论愈深入，讨论的议题也快速转移，直到它好像正在偏离当前决策的主题。布什总统在听完每个人的意见之后，他扶着椅子扶手站起来说："好了，我们做吧。"

如同艾森豪威尔及其他将领有必须承担决定人们生与死的重责一样，鲍威尔也有焦虑与寂寞的时候："在派遣军队进入巴拿马的前一天晚上，我一个人独自坐在黑暗的汽车后座上，心中非常不安。我将要参与并促成发动一次战争，这场战争将会有人因之受伤流血。我的决定是否正确？我的建议是否合理？国内寒冷的天气是否会影响到空运能力？如果这样，我们将如何支援补给已经在巴拿马的军队呢？我们会有多少人员伤亡？有多少平民会在这场战争中丧生？所做的这一切是否值得？就寝后，这种自我怀疑仍整夜挥之不去。

"我在 12 月 19 日周二一早到国防部时，发现联合参谋部主任迈克·卡恩斯（Mike Carns）中将领导的联合参谋群及在巴拿马马克思·瑟曼的南方司令部参谋群对整件事都掌握得非常好。陆军中尉霍华德·格拉夫（Howard Graves）非常有技巧地把所有军事计划与国务院及国家安全委员会等政治与外交努力融合得相当好。所有可能疏忽的地方都被处理了。我们已经'一切准备就绪'了。我的信心快速恢复。我对许多事情的忧虑一扫而光，就像暴风雨前的宁静一样。"

从以上这些将军在实际承担领导责任时所经历的事件的回顾中，我们可归纳出哪些结论？在军队中，很多决策是牵涉到生与死的。高层决策是很孤独的，尤其当一些有能力而他们的意见也受决策者尊重的人对结论提出异议时。决策者更需要有一个坚强的意志，他们通常在事情开始之前及等待预期结果的期间，都会经历一个焦虑期。

杜鲁门总统像其他许多高层领导者一样精明，所以他在决策过程中，都会征询一些很能干的人的意见。柯林斯将军提到的马歇尔使用的简单决策方法不只适用在 20 世纪 40 年代，也同样适用于现在。虽然我们在形成一个决策前要搜集所有可能搜集到的资料，但通常我们只有很少的时间。经验与知识无疑相当重要，但直觉也是一个因素。麦克阿瑟、格兰特、巴顿、布莱德雷、艾森豪威尔及其他人都具备这项特质。但如艾奇逊所说："作决策的能力……是上帝赋予人类心智最稀有的礼物。"

　　但决策能力是一项可以发展的特质。当我问艾森豪威尔将军"如何发展成为一个决策者"时，他回答"在决策者的身边学习"和"书籍"。

　　"在决策者的身边学习"将在第6章《明哲导师》中论述。而艾森豪威尔对"书籍"的看法将在第5章《阅读》中探讨。

第3章 决策中的"直觉"与"第六感"

　　尽管在采访了100余位四星上将后,我深信在美国军中成功的领导者有某些特定的成功领导模式,但仍有某些人不同意我的看法。然而,即使是那些强烈反对此论点的人,也承认所有真正伟大的军事领导者都拥有一种"直觉"(feel)或"第六感"(sixth sense)。

　　在艾森豪威尔的决策过程中,与部队保持接触扮演着极重要的角色。就在艾森豪威尔从地中海地区被调往伦敦接任反攻欧洲的盟军统帅不久前,他正被安齐奥作战计划(Anzio project)困扰着。当得知自己在卡塞塔(Caserta)设立统一空军指挥部的计划被取消后,他感到不安。艾森豪威尔将军批评说:"这个决定对我来说,似乎意味着缺乏对状况的了解及最高指挥官在战场上应肩负的职责,先不论许多当务之急应被考量的重大问题,一个指挥官绝对不能丧失对他的部队的感觉。最高指挥官可以,也应该将战术责任授予下级指挥官,并避免干涉他们的职权,但他必须在有形与无形上和部队保持密切的接触。否则他必败无疑。而想要保持这种接触,他必须经常视察部队。"

　　艾森豪威尔并没有将所有的时间花在他的高级指挥官及参谋

们身上，相反，他经常探望其司令部内各级部队的士兵。在1944年秋天，他到前线与第29步兵师的数百位官兵话家常。他站在泥泞湿滑的山坡上对他们讲话。在结束讲话走回吉普车时，他滑倒了，全身沾满了污泥。所有在场的士兵看到此景不禁大笑，但艾森豪威尔并没有因此生气。他回忆说："从全体越来越高亢的笑声中，我确信在战争期间与士兵的见面中，没有哪次比这次更成功了。"

当艾森豪威尔完成设立盟国远征军最高统帅部的总部后，他的方针是分配1/3时间来巡视部队。当他这样做时，为了避免影响部队的正常训练与作息，他命令各级部队不准进行阅兵或安排正式的视察行程。他的探访通常没有媒体跟随，并且他很少花时间在高级军官们身上，而将注意力集中在士兵与他们的食宿问题上。

当排定某一部队的正式视察行程时，其标准程序是部队以展开队形列队，而艾森豪威尔以稳健的步伐一排一排地检阅。在检阅每一排时，他会停下来与其中一位士兵讲话。他与士兵的对话内容通常如下：

艾森豪威尔："你在从军前是做什么的？"

士兵："报告长官，我是种田的。"

艾森豪威尔："很好，我也是。你种什么？"

士兵："小麦。"

艾森豪威尔："很好，你一亩田收成是多少？"

士兵："哦，好年份时，大约35蒲式耳①。"

艾森豪威尔："真的吗？非常好，战争结束后，我要跟你讨份差事。"

然而，通常他跟士兵结束谈话的话题是："帮我一个忙，好吗？赶快结束这场战争，这样我就可以去钓鱼了。"

---

① 计量单位。在美国，1蒲式耳合35.238升。——编者注

他的吉普车上装有一个扬声器,让他可以同时对更多士兵讲话。为强调他们在战争中的重要性,他通常会说:"你们将是赢得这场战争的人。"并告诉他们,身为他们的指挥官是一项殊荣。他说:"一个指挥官和部队接触是在激励他们的士气,对我而言正好相反,我从你们身上得到灵感的启发。"

有一次,当盟军正准备横渡莱茵河发起进攻时,艾森豪威尔巡视前线并遇到一位沿着河岸步行的士兵,那位士兵看起来非常沮丧。艾森豪威尔问道:"孩子,你觉得如何?"士兵答道:"将军,我非常紧张。我两个月前受过伤,昨天才从医院归队。我觉得不太好。"

艾森豪威尔回答说:"嗯,我们两个真是天生一对,因为我也有点儿紧张。不过我们为这次进攻行动计划很久了,而且我们拥有足以击溃德军的飞机、大炮及空降部队。我们一起走到河边去吧,这样也许我们的心情会好些。"

艾森豪威尔的探访已经形成一种模式并有其目的。在突出部战役(Battle of the Bulge)进行期间,第13军司令小艾尔文·G. 吉仑(Alvan G. Gillem, Jr.)中将决定当危机解除后,休大约一天的假以调剂自己的心情。他到了巴黎,住进了丽兹酒店(Ritz Hotel),当晚吃完饭后去看了法式歌舞秀(Follies)。大约在凌晨1时左右回到酒店。当他进入房间时,收到了立即返回司令部的通知。经过危险的飞行及一段颠簸的吉普车旅程,他回到了司令部并急忙赶到部队餐厅。"当我到达时,艾森豪威尔将军跟数位参谋军官出现在我面前(刚用完午餐),我向他报告并表达了没能亲自迎接的歉意。他面带笑容地对我说,他的来访是未提前通知的,事实上,当司令官离营时,是视察司令部最好的时机,因为一支部队如果在这个状况下无法正常运作的话,那么表示它是一支没有效率的部队。他进一步指出他对部队的表现非常满意,也不会再回来视察了，因为他已得到想要的，同时他很遗憾现在必须离开。他对我的司令部及军团在最近战役上的表现表达了恭喜及欣慰之意。我们握手，然后他离开司令部。一直到易北河（Elbe River）的最后一天，他或其总部都没再视察我的部队。"

艾森豪威尔说："高层司令部视察部队的重要性，包括政府最高层官员的偶尔探访，对提高士气的价值几乎是无法忽视的。当士兵在任何地方看到非常高级的长官出现时，他们都会感到很高兴……"

艾森豪威尔探访士兵的作风已经发展成一种非正式及友善的密切交往。对他而言，他当然不可能探视其司令部内所有的士兵。但当他和其中的个别士兵或少数群体谈话时，无形中与那些士兵建立了亲密的关系，而参与聊天的士兵们就一传十、十传百地将他们的经历告诉了其他人。因此，这些话题就在数以千计的士兵间流传。当故事被传开时，总是被加以夸张地渲染，但在报道中艾森豪威尔将军是很私人化的人，他不是神，是一个人。当他从报纸读到有关其巡视部队的故事时，都会感到困扰。因为如果文章作者认为巡视部队的目的只是为了作秀的话，那么将丧失提升士气的效果。

但是艾森豪威尔将军的一言一行无法总是脱离媒体的注意。有一次，就在1945年1月，当部队正前往巴黎期间，他展现出了令人出乎意料的表演能力，这个故事经军中的《星条旗报》（*Stars and Stripes*）扩散到了世界各个角落的美国士兵中：

> 上周在盟国远征军最高统帅部，一条呼吁捐献O型血，并需立即送至前线的消息传到总部。
>
> 几天后，自愿献血的官兵在医务所前面排队。起初并没有人注意到一个军官走进房间。他躺在担架上，一个护士急

忙在他手臂上绑上压血带。

躺在隔壁担架上的士兵懒散地东张西望，并向旁边看了一眼，然后惊讶地再仔细一看，结果发现躺在隔壁的那个人是艾森豪威尔上将。

其中一位军医康拉德·J. 西格林（Conrad J. Segrin）说："与其他士兵一样，并没有什么特殊之处，艾森豪威尔走进来输完血，然后喝了一杯咖啡就离开了。"

在排队中有一位士兵看到艾森豪威尔走出来，他向旁边的人说："嗨，如果那一袋血输在我身上，或许我就可以当上将军了。"

艾森豪威尔听到他的话，转身并面带微笑的说："如果你真被输了我的血，我希望你不要遗传到我的坏性格。"

在发动大规模进攻之前紧锣密鼓的准备时，艾森豪威尔将军下属的高级指挥官同样会巡视部队。在对欧洲进行大反攻之前的4个月，从1944年2月1日至6月1日，艾森豪威尔总共视察了26个师、24处机场、军舰及无数的厂库、医院和其他重要设施。布莱德雷、蒙哥马利、斯帕茨和泰德等将军也都效法艾森豪威尔，采取同样的行动。他们视察部队的行程都是从无数研讨会及参谋会议中勉强安排出来的。虽然这些高级将领有众多的工作要处理，但他们总是尽量抽空去巡视下级部队。

艾森豪威尔的朋友有时极力劝告他放弃或至少缩短探访士兵的时程。他们告诉艾森豪威尔，他能亲自谈话的人，充其量也仅是全部士兵中的少数人而已，但却使自己疲于奔命、成效不彰。但艾森豪威尔并不同意或听从这些善意的劝告。他说："首先，我觉得从官兵的谈话中，我可以准确地了解士兵的心理状态。我与他们几乎无所不谈……只要我能使士兵与我对话。我认为，这可以鼓励士兵与他们的长官交谈，而这种习惯可以提升效率。"他相信，如果士兵知道他们能跟高级将领交谈的话，那么他们自然不会害怕与他们的排长、连长讲话。他希望自己的范例可以鼓励低级军官多与士兵接触，并从他们身上了解更多的信息。艾森豪威尔说："战场上带着步枪的众多士兵中，可以说是人才济济，充满主动性与创造性。如果他们可以自然及无所限制地跟其长官交谈，那么他们所贡献的才能智慧将对全体有很大的助益。"他最喜欢问士兵的问题之一是：你的班或排上最近是否有发现任何可以改进战斗效率的新花招或小玩意。他这样做的最终目的是在促进"彼此间的信任，大家同是一个团体的感觉，这是团队精神中所必须具备的基本要素"。

1944年12月，因为盟军间的某一决定有利于英国，艾森豪威尔得知某些美国士兵正在传言"艾森豪威尔是英国拥有的最优秀将领"。这个事件令他很困扰。当这谣言刚开始流传后不久，他就到前线巡视。巡视之后，美联社特派员韦斯·加拉格尔（Wes Gallagher）递了一张便条给布奇上尉，部分内容是："我想你可能想要知道，将艾森豪威尔最近到前线巡视一事与最近美国部队的谣传联想在一起，结果显示出'（艾森豪威尔）是英国拥有的最优秀将领'的流言似乎已完全不攻自破了。"

从1942年春天接任欧洲战场的最高统帅到1945年春天欧战结束回到美国为止，艾森豪威尔在视察部队的行程上从未迟到。在他的信念里，就是不应该让他的人等他。

1945年5月，霍默·凯姆哈特（Homer Capehart）参议员与艾森豪威尔一起到某部队视察。他们在机场要经过一个位于巴黎的美国陆军部队营区，当他们正在经过的时候，艾森豪威尔在这里的消息在士兵间传开。然后一群士兵蜂拥而上，使得他们寸步难行。最高统帅在人群中与每隔四个或五个士兵进行简短的谈话。然后那位士兵就会转身并激动地告诉其他人谈话的内容。有人评论说："士兵确实支持艾森豪威尔将军。"当参议员凯姆哈特看到这种景象，他说："我希望那个家伙永远不要到我的州跟我竞选参议员，他必定稳操胜券。现在我终于了解士兵为什么崇拜他了。他使用士兵们的语言来沟通，没有一般高级官员的官架子，而且他们之间都知道彼此所面对的问题。"

艾森豪威尔亦重视医院受伤士兵的慰问工作，在那里他会与每一位士兵握手，询问每一位士兵的名字、如何及哪里受伤、希望何时回到部队等问题。在第二次世界大战期间，将一些医院及营区的设施专门留给因自残、罹患或假装歇斯底里、精神性神经病及蓄意感染性病等士兵使用是有必要的。艾森豪威尔将军相信："指挥官去探访这些场所、与士兵谈话，了解那些从根本上造成士兵的迷惑、恐怖与失败主义的影响，这对指挥官是很有助益的，虽然他们认为他们是对死亡心存恐惧，实际上他们是害怕人生。在这些病患当中，有很多人常因一句简单的鼓励就振作起来。当他们感受到别人的关心时，就会有正面的回应，其中不止一位士兵立即对我说：'将军，让我离开这里，我要回到部队。'严厉的言语通常会使士兵的病情更加恶化，然而体谅他们所面临的处境将有助于病情的治疗。我的看法是，如果运用得当，也可预防大部分的病情发生。"

艾森豪威尔在回忆录中记载他关心部队的主要原因是："士兵喜欢看到指挥他们行动的指挥官本人。他们非常厌恶感受到指挥官对他们的疏远或冷淡，因此对长官的视察，即使是走马看花，他们都会认为这是长官对他们的关心。因此指挥官对于视察部队的工作，切勿畏缩不前或因感到厌烦而放弃本身的职责。指挥官应经常和下属见面，与士兵谈话，在体力许可的范围内尽量参与他们的活动。这对提升部队士气有非常大的助益，相较影响战争结果的其他因素而言，士气是最重要的。"

在艾森豪威尔的某次巡视中，他从巴黎到达安特卫普（Antwerp）北方海岸线上的瑟堡（Cherbourg），然后回到总部。当乘坐的汽车到靠近安特卫普的一个法国旧港口时，他注意到一群正在上船的士兵。他停下来与少数人交谈，得知他们是正在等待上船轮调回国的军人。不到5分钟的时间里，大约有400余人围在他身旁。他向他们祝福并希望他们的朋友都平安快乐，回国后玩得高兴，并得到充分的休息，然后再回到他这里来做另一番大事。这时他注意到一位上尉军官，有人跟他说这位军官已经受过5次伤，他问上尉回来后想到哪里，上尉回答说："长官，回到我原来的岗位。"艾森豪威尔将军喜欢他的态度与精神。当最高统帅的车子开到离上尉军官的位置不到50米时，艾森豪威尔以非常关切的语气向坐在身旁的本·李尔（Ben Lear）将军说："李尔，那位上尉已经有过5次死里逃生的经历了，可否请你斟酌一下，让他不需再去冒这样的险了。"

能察觉到某些事情有不对劲的地方是"直觉"的一种特殊能力。如陆军参谋长马歇尔将军经常视察部队。马歇尔夫人说："虽然他以随行军官都很难跟得上的步伐来巡视部队，但他很少有遗漏，事实上是几乎没有。"有一次，当他在诺克斯堡视察部队时，她注意到他很快地走过两排士兵，然后停下来与最后一排的一位士兵交谈了数分钟。

马歇尔夫人写道："我问他为什么特别挑选那位士兵，他回答说：'我看到那位士兵的眼神时发觉事有蹊跷，我想去找出原因。'"

她问："你有发现什么吗？"

他回答说："有啊，每件事情都有问题。那个人一开始就不应被征召入伍。他的年纪过大，有一个大家庭，而且体能状况也不符合现役军人的要求。他是一位好士兵，也想尽他的责任。我必须花点时间多问他几个问题才找出他的困难所在。征兵委员会（The Draft Board）征召那位士兵时有所疏忽。"当天他就安排那位士兵回到了自己家人身边。

第二次世界大战中的空军战斗指挥官柯蒂斯·李梅将军开始实施从队员中来"精挑干部"以领导每一次任务的政策。在一次面谈当中，我问他是如何挑选这些干部的？他回答说："我从所有的队员中挑选最好的人员。不要问我是如何知道谁是最好的，因为我也不知道我是如何做到的。我可以在出任务之前，从一排队员的面前走过，然后告诉自己：'这个家伙会被打下来。'再往前走并告诉自己：'这个家伙将被打下来。'后来事实证明我的直觉是正确的。我对这事变得很迷信并尽量不要再去想它。"

巴顿将军在第二次世界大战时的副官查尔斯·R. 科德曼（Charles R. Codman）上校写道："在西西里战役（the Sicilian Campaign）后半段的某一天，巴顿将军突然接到通知，要求他作一个重要决定，或询问他的看法。这个决定是如果猜对了，则其他人得分，如果猜错了，则你要单独承受责难。当然，他的决定是正确的，而且他不是用猜的，而是靠本能与信念组成的第六感才能达到的，这是造就一位伟大领导者所不可或缺的。"

布莱德雷说："巴顿拥有那种特殊的感觉。我记得当第3军团往北沿着莱茵河到科隆（Cologne），然后向右到被我们右翼的美国第7军团牵制的敌军的后方。巴顿连续前进两天，仅遭遇到象征性的抵抗，然后部队的行动突然停顿下来。我的一些参谋问道：'为什么他不继续前进呢？'我说：'他意识到某些我们感觉不到的事情，因为我们没有所有的信息。'次日，德军3个师向他发动攻击。然而，因为他已经停下来作好了准备，所以得以击退德军部队然后再继续前进。"

这种直觉或第六感是否是与生俱来的呢？巴顿称这种能力为

"军事反应"（military reaction），他在1944年6月6日写给儿子的信中提到："我的成功源于我总是很肯定我的军事反应是正确的。很多人不同意我的看法，他们是错的。在我们死后的研究记录中，公正的历史陪审团将证明我是对的。

"注意我所提到的'军事反应'。没有人一出生就具有这种能力，就像没有人带着麻疹生下来一样。就算你天生就具备作出正确军事反应的心智，或你天生就具备能让你长得身强力壮的体质，但仍必须经过后天的努力，才能将这两种优势发挥出来……"

布莱德雷将军针对他在决策中的直觉指出："我的理论是，当你在搜集信息时，一点一滴的资料进到你的脑海里，就像信息进到IBM 1401型的计算机里一样。信息储存在里面，但你没有意识到它的存在。在电话中、地图上、阅读及简报中你都会听到或看到部分的信息。这些信息均潜藏在你的心里，当你面临一个决定时，你不会再回头找出每一个片断的信息，而是直接思考与决策有关的重要资讯，然后就像你在电脑上按个键一样，答案就出来了。当知识进来时你已经将它储存在脑海里，当你在战场突然面对一个状况并需要下决心时，你就能用到它。当有人打电话告诉我一个状况时，我就像在电脑上按个键一样，答案马上就出来了。你不能犹豫并在研究地图上花两三天的时间后再下决心。"

当问题出现的时候，解决问题所凭借的不仅是靠感觉而已，其中也包括直觉。柯林斯在一次探讨有关直觉所具有的特性的研讨中提到："也许真的有'直觉'这回事，但我不相信它全然是直觉。我认为它是以足够的信息为基础，来仔细评估状况的一种能力，以了解可能会发生问题的症结所在。就我所知，所有优秀的领导者都具有这项能力，他们可以预知可能会发生问题的地方并亲临该处。他们到那里是为了确定当问题发生时可以有所作为。如果真有直觉这种东西，那么它首先必须依靠的基础是知识，知识可以让你了解能够运用的工具。你必须了解自己的职责所在。你唯有像年轻人一样努力工作与学习才能深入了解自己的工作。"

当辛普森将军陈述他对直觉的认知时,也提出了类似的结论。他表示,直觉是"来自多方面的,其中之一是你的训练背景。当我回顾我的长期军旅生涯及在前8年或10年所从事的基本工作时,任少尉时经历过7个漫长且枯燥乏味的年头,那个时期学到的知识与经验对我熟悉后来的各种状况助益甚大。我认为少尉时期的经历是使我具有预判未来可能会发生事情能力的启蒙。"

卢西恩·特拉斯科特将军认为:"知识是直觉的基础。你的训练、进修、识人之道,以及对部属工作能力的了解、他们的体能极限与对军纪的反应等,这些都是需要对人有兴趣才可以做到的。"

韦德·海斯利普(Wade Haislip)将军亦有同样的看法:"我认为直觉是教育的产物,是完完全全地知道自己的专业。1944年,当我在爱尔兰带领着一个军团时,我们在那里待命及训练,准备进攻欧洲。因为我的部队被安排在登陆欧洲的第二梯队,所以在7月9日到8月1日期间,我能够静观战争的进行。当我的部队在训练待命期间,我获得上级的批准到意大利进行观光考察。此次旅行对我有非常大的助益,对我而言那里已经没有任何神秘了,并印证了我的毕生研究是对的。所以当我的部队开始采取行动时,一切行动准则均如同先前在指挥部推演的过程一样,没有改变。据我所知,整体行动过程中唯一的不同是有敌人攻击我们。"

安东尼·麦考利夫将军亦持相同的见解:"一个作战指挥官对其部队进行各种广泛训练与领导所属的下级指挥官时,必须像一位心理学家。某些官兵只要拍拍其肩膀就可以表现得很好,但某些人则需要采取紧迫盯人的鞭策方式。我认为这些能力是一个人在经年累月的军旅生涯中学习来的。它需要对人性的了解。经验也扮演着重要的角色。在军旅生涯中,你可以阅人无数及学习识人之道。"

所谓的直觉、第六感、军事反应或其他任何名称,并不局限在战场状况上。布莱德雷将军说:"马歇尔将军是一位伟大的人。他具有先见之明,具有想象力。要去定义这种想象力是很困难的。它是一种预知某件事将会发生及可能造成后果的能力。在战场上,你可以称之为对战场的直觉或第六感。"

斯帕茨将军拥有这种能力。斯帕茨的密友、知己及敏锐与精准的观察家,陆军部掌理空军事务的助理部长罗伯特·罗维特,认为斯帕茨拥有一种对战略的直觉,通常他的认知是正确的。斯帕茨不是一位有系统的规划者,其通常是运用直觉来作正确的决定,他的参谋劳伦斯·S. 库特(Laurence S. Kutter)准将说:"斯帕茨将军个人很厌恶参谋研究。当参谋研究完成后,将军会立即要求将研究后的结论、选择方案、建议及谁来执行任务等重点告知他……而不会阅读整份参谋研究报告。他所要知道的是结论、结果、选择方案与一些额外的重点。"

乔治·布朗将军亦拥有这种能力。他的军事生涯大部分都在战斗单位,在1973年接任空军参谋长一职前,他被调往空军系统司令部(Air Force Systems Command)——空军的科技部门。他的属下杰里·库克(Jerry Cook)少将向我提到:"尽管将军的自信心很强,但他并不自大傲慢,当其调任至系统司令部时,他所做的第一件事是告诉司令部里的人,他不了解他们所做的事,他来这里当他们的指挥官,并提供维持各单位任务正常运作的一个对上的通道。他会说:'但是我不了解你们的工作。事实上,来到这里而不了解你们的工作让我觉得很羞愧。'他是一位非常谦逊的人。

"但他把它当作一种力量。当专家向他作简报时,他通常会说:'现在,对于任何有关工程细节或规格的相关问题,我无法提出任何问题。但针对你告诉我的这些事情,我可以就个人直觉来提供意见。'他有时会说:'那里有些不对劲的地方。'进而挑出明显错误的地方。当他指出简报人的错误后,他会给他们机会改正。他的做法使那个被找出错误的人能从中获得成长。"

特拉斯科特中将是盟军进攻意大利时马克·克拉克将军麾下的一位军长,在他的回忆录中对"直觉"有独到的见解:"克拉克一直是一位非常优秀的参谋军官,他的执行与行政能力特别卓越。然而,他缺乏亚历山大在高级司令部中的训练及经验,他首次在司令部服役的经历是在萨勒诺———一次艰难的经历。当克拉克视察我的指挥部时,他通常会带着记者与拍照人员随行。他的公关军官要求所有发布的消息应加入'克拉克中将的第5军团'的用语,甚至在安齐奥的时候亦不例外。他对个人公关的重视是其最大的缺点。我有时认为这可能会影响其对'战场的直觉',这种直觉是最高指挥官必须拥有的特质。虽然广泛的个人宣传对巴顿及蒙哥马利似乎没有产生很大的影响。几乎没有人的个人魅力可以超过克拉克,也没有一个高层指挥官对其部属执行任务的支持胜过克拉克。在我的记忆中,他从未拒绝过我的请求,并且总是不知疲倦地立即推进任何后勤或战术上的问题。"

"直觉"是否为与生俱来的能力呢?我问前陆军参谋长"腼腆的"爱华德·迈耶将军,他答道:"它是一种与生俱来的天赋与后天努力的综合体。我相信它主要是被逐渐培养出来的。上帝赋予人类许多东西,如大脑、基因、有没有头发(他正在 头)及各式各样的天赋,某些人发展出特有的能力而某些人没有。培养这些特有能力的方法之一,就是观察其他人的行为。培养与发展这些能力的机会造就了伟大领导者在上位时的成功领导。"

我问了前参谋长联席会议主席约翰·沙里卡什维利(John Shalikashvili)将军同样的问题。他答道:"我不知道它是从何而来,但我觉得在我内心深处对于事情的对或错,甚至在我周遭的大部分人均提出不同意见时，我自有一种直觉或定见。我不知道为什么会这样，而我是否认为在我心里天生有那种直觉？不，我认为这种能力部分源于自信心：当一个人历练到一定程度后，自然就会发展与培养出那种本能。当我是一位中尉时，我从不知道那种东西的存在。那时无论长官说什么，我都知道那是对的。后来情况变了。现在我唯一能告诉你的是，我拥有的这种直觉是来自于信心。"

从我的访谈中可以明显看出，指挥官视察部队对其在决策中的"直觉"扮演着重要角色。关于美国在收复菲律宾的进攻行动中，当时担任远东战区对抗日本的第8军团司令罗伯特·艾克尔伯格（Robert Eichelberger）中将指出："在马尼拉时，麦克阿瑟无论如何都静不下来。自从他的家人到达以后他都没有离开过该城市。他说他需要南方作战的"一个直觉"。因此，他在4月到距离首都东北方32公里远的马里奇那山谷（Marakina Valley）视察克鲁格的部队，该部队正与3万名躲在壕沟里的日本兵作战。6月3日开始，他花了12天带领他的许多参谋登上"博伊西号"（Boise）军舰，展开他称之为第8军团战场的"伟大之旅"，最后参与了汶莱湾（Brunei Bay）的登陆。

当艾克尔伯格接掌第8军团时，他立即展开了视察并发现了令人担忧的现象："部队的仪容很糟糕，士兵们留着又脏又长的胡子，衣服破烂，鞋子保养不佳或磨损。他们的日需配给严重不足，而且没有军纪或军中礼节……当马丁（Martin）跟我一起去视察一个团的战斗部队并观察他们应该要发起的进攻行动时，我们发现该团指挥部距离前线有大约7公里之远，团长与其参谋几乎没有从该指挥部位置往前视察过。

"部队沿着至前线的小径零散地聚集着，计划中他们应该是在进攻行动中，结果大家都在忙着吃东西及睡觉，在前线只有两个连的部分兵力，人数加起来有约150人。

"除了前线散兵坑里的150人之外，其余在该战场上的2000人也无法作为预备队使用——因为组织他们需要花3—4个小时，而后才能开始执行任何的战术任务。"

随着进攻行动的进行，艾克尔伯格对这些缺乏军纪与组织的部队进行了整顿，他描述了他如何了解其所负责的广大的作战区域："到4月底，我变成了东方最忙的空中通勤者。第8军团在许多地方进行战斗，而我就像一位忠实的商业推销员，试图到各处视察我的部队。对我而言，飞机就像魔毯一样。我可以一早起床，7点钟搭上飞机到马尼拉参加总部的会议，在日落之前回到我的办公室召开参谋会议。总是充满问题及矛盾的战场报告，常常困扰着必须作战略决定的指挥官们。拜飞机之赐，我可以快速地抵达莱特岛（Leyte）的绿色山脉，降落在三宝颜（Zamboagnga）、宿雾岛（Cebu）、内格罗斯岛（Negros），或是降落在棉兰老岛（Mindanao）地区12座临时草皮机场中的一两个简易机场，以便亲自了解战场上的状况，在1945年春天的90天中，我有70天待在空中。"

在朝鲜战争中避免美军战败的马修·李奇微（Matthew Ridgway）将军，认为其之所以能成为一位成功的领导者与决策者，视察部队扮演着非常重要的角色。"如果指挥官完全依赖他的参谋，他将打败仗，你必须与你的参谋保持最密切的关系，尤其是参谋长。但你下属的指挥官必须直接对其下级的主要指挥官给予指导。他必须亲临所属部队，到了那里他可以感觉及核对他自己原先对部队的印象。并且综合他在部队听到与看到的第一手资料及参谋所提供的报告。但有些指挥官因为过度依赖与信任参谋而导致仅能获得第三手的信息（当然在大部分时间里，有时可以获得第二手但绝不是第一手的资料）。就一个师级大小的单位而言，发生这种依赖参谋的情形是没有道理的。通常一次仅会发生一个危机，而除了极不寻常的特例外，师长都可以预料到并亲临指导。所以他应该在事情未发生之前就到那里，然后他可以掌握最佳时机，并在完全不干涉属下权责的范围内，尽可能地协助将问题解决。他可以在部属提出要求之前就先预知他的需要。"

李奇微将军坚定地说："我不认为自己有在任何重要战斗上作过决定，除非展开行动时我正好在现场，或我已事先向我委任并熟悉的该任务指挥官咨询过，而他也已经熟悉此任务的状况。换句话说，当他认为有能力可以执行该项任务时，他就可以完成任务。现在如果你这样做了，加上知道该指挥官不会要求其部队去执行他自己没做过的事，那你就不会遇到挑战。"

在法国的攻势行动中，李奇微将军当时是第82空降师的师长，他坐小型飞机视察部队。"当我乘飞机在空中侦察时，我问我的飞行驾驶麦克是否可以将飞机降落，可以的话就落地。我们可以在小飞机上互相传送纸条，有时我们会决定低飞穿过电线，并将飞机降落在小市镇的街道上。然后，感谢上帝，我们以相同的方式离开。同样的，我也搭乘小飞机前往联系正在检查破坏桥梁的炸药是否已解除的工兵巡逻队。后来，我们降落在各种地方，如干河床，或是在光线消失的最后一刻才降落到地面。在那里不可能会有灯光导引的简易机场可供降落，但麦克是一位优秀的飞行员。"

李奇微将军于1950年在韩国担任第8军团司令时经常主动视察部队。哈罗德·约翰逊（Harold Johnson）上将当时是一位团长，并于1964—1968年接任陆军参谋长，他指出："当李奇微将军走进来并准时召开指挥官会议及视察我们的部队时，一个很大的改变发生了。参加该会议的包括部队中所有连级以上的指挥官。李奇微将军对我们讲话，光靠他的个人魅力就让我们大幅转变。他确实做到了。他亲自作了许多检查以察看情况确有转变，他没有耐心也无法忍受迟缓的改变。他以身作则，和参谋居住在我们的指挥所，甚至与我们的部队一起用餐，早上来，晚上再回到主指挥所。他早睡早起，都是利用白天的时间来视察部队。我从他身上学习到很多，我跟随李奇微将军的左右以学习他向部队官兵所说的金科玉律。这被证明非常有用并助益甚大，特别是我可以简练地向其他指挥官描述一件事情发生的经过及其要旨。"

柯林斯将军在第二次世界大战期间担任军长，他在自传中提到："比起蒙哥马利，李奇微跟我更亲近部队，更能正确地掌握部队的状况，蒙哥马利太信任其派驻在我们指挥部的'有名无实'的英国低阶参谋军官所提供的每日报告。"

当大卫·C.琼斯在担任空军参谋长时，也经常到部队视察。他的侍从官罗伯特·巴克斯特（Robert Baxter）中校亦跟随在侧。他描述琼斯的视察方式是："当他视察一个基地时，他有一套程序。我认为他是一个很不可思议的人。他为视察发明了一套技巧或本领。在他到达所要视察的基地之前，他会深入了解有关该基地的一切事情。参谋会准备许多有关该基地的背景资料及相关的议题与问题，例如环保抗争的问题，如果空军想要获得更多物资的现行问题与任务执行所延伸出来的各种议题等。他有一组人来为他准备及规划相关的工作，如优秀的企划家阿博特·格林利夫（Abbot Greenleaf）将军与柯里（Currie）。他只是走进基地，并在当天结束前开始提出相关问题的解决方案。不可避免的，这将会引起基地某些人的反应，但这种方法看起来好像是有效的。

"有一次，当我们到达马奇（March）空军基地时，他观察到某些不正常的现象并公开提出。我问道：'你是如何知道的？你走在基地附近的街道，然后只是看一下就能提出如此精确的评估，你到底是如何办到的？'他回答说：'问的好，这来自经验。如果你经历过许多不正常的现象，最后你对不对劲的地方就会有直觉。'

"例如，他试图去合并拥有很多冗员与重复功能的全天候工作中心。他想要让不同的区域执行不同的功能以提升效率。这段时间正是他调整空军编组，以强化效能及节省预算的时候。

"他在基地视察时所表现出的直觉，永远令我叹为观止。对许多人而言，很多事情是具有争议性的，他总是要求基地做更多的工作，这些是其他人认为不可能达到或不应该做的事情。他经常要求增加设施的承载量。有时，他会对一个已经具很效率的基地继续寻求改进并增加额外的功能，以便可以使其执行其他可以被关闭的基地的原有任务。"

在你与长官的关系中，拥有对事情的直觉也是非常重要的。琼斯说道："在我担任李梅将军的副官时，从第一天报到开始，我就能了解他的肢体语言。我知道何时他正为一个大的议题而陷入沉思，这时我要确定他不会被干扰；或当他无聊得要命时，那就是我要引起他注意某些事情的时刻。时间的选择是很重要的。"

琼斯在处理官僚政治时亦同样具有这种直觉。空军战术司令部前任司令克里奇（W. L. Creech）将军提到："大卫·琼斯是一位非常有政治头脑的人。这是一种赞美，因为他非常了解其他人的看法，包括个人与大众的想法。他了解偏见与歧视是如何产生并存在于哪里。在评估各种可能的民意潮流及决策可能对民意产生的反应等方面，他可以说是一位大师。当他决定某事应该做时，他就有勇气去执行，即使这可能不是一个很受欢迎的决定。观察他的所作所为，我个人认为他从不去做那些会被官僚政治纠缠不清的事。他只会做他认为对的事，即使其他人认为不应该这样做，也不会令他困扰。他对于什么是该做的拥有自己的主见，而且他一定会去做。我想强调一点，他的这种做法不是因为他不在乎，而是因为他很在乎。也不是因为他不懂，而是因为他很懂。他只是勇往直前将其付诸实施罢了。"

施瓦茨科夫将军提供了一个非常值得参考的有关"直觉"的真实案例,这是他在越战中与越南军官相处所得的经验。那位军官是吴光士(Ngo Quang Truong)上校,施瓦茨科夫说他外表看起来不像是一位军事天才(但事实上是)。对于那位军官的外貌,施瓦茨科夫描述说他身高大约1.7米,年龄大约45岁,瘦小的身材,缩成一团的肩膀,对身体来说头是太大了,消瘦的脸,他并不俊俏且嘴上几乎总是叼着烟。"但他确实受到官兵的敬重,并且也受北越指挥官的敬畏。"

有一个事件发生在德浪河谷(Ia Drang),被打败的北越军队溃逃并打算进入柬埔寨。吴上校被南越陆军参谋长指派去阻止北越军队,而吴上校指定施瓦茨科夫担任其美军顾问。施瓦茨科夫说:"看他指挥作战是一次令人难忘的经历。当我们行进时,他会停下来研读地图,偶尔他会指着地图上的位置说:'我要你们炮轰这里。'"第一次施瓦茨科夫以怀疑的态度呼叫了火力进行轰炸。当部队到达该区域时,他们发现了许多尸体。以简单的观察地形及15年来与敌人作战的经验判断,吴上校在预测敌人的行踪方面展现出了令人不可思议的能力。

当晚他提出他的作战计划并指示:"在拂晓之前派遣一个营的兵力部署在我们的左翼,作为山脊与河川之间的阻敌兵力。大约在明日早上8点时,他们会与敌军大部队接触。然后派遣另一个营部署在我们的右翼。他们会在11点左右与敌接触,所以炮兵的火力应待命轰炸我们前方这个区域。"然后他说:"我们的第三及第四个营将往河川方向攻击,届时敌人将在河川之前被我们的部队包围而进退不得。"

施瓦茨科夫指出:"我在西点军校从未听说任何有关这类的知识。我在想,关于8点以及11点的预测到底是怎么一回事?他怎么能够以这种方法来规划一场战役?然而我也认识到了他的计划要点：吴上校运用的是公元前217年汉尼拔（Hannibal）在特拉西米恩湖（Lake Trasimene）岸包围及歼灭罗马兵团所使用的战法。"

　　施瓦茨科夫说吴上校发布他的攻击命令后，就坐着抽烟及研究地图，反复检查作战计划，想象着作战的每一个细节直到深夜。然后到了隔天的拂晓，他们派出第3营。第3营到达阵地位置，到了8点呼叫及回报与敌大部队接触。吴上校派出第5营到右翼。11点他们也报告与敌接触。就如吴上校先前预测的一样，在第3营阵地下方的丛林，敌人遭受阻击。吴上校已经预测到了敌人的行动并给予痛击。他看着施瓦茨科夫说："叫你的炮兵射击。"他们开始轰炸我们下方的区域约半个小时。然后他命令两个预备营沿着山脊向下发起进攻。当我们跟随他们前进时，听到了许多射击声。然后吴上校下令："好了，停止攻击。"他挑了一个干净的地方，然后跟参谋坐下来一起用午餐。施瓦茨科夫说用餐到一半时，他放下碗，然后通过无线电设备下达了几道命令。他命令他的部队搜寻战场上的武器，并说："我们杀了许多敌人，而没有被杀死的敌人则　下武器落荒而逃。"惊讶的施瓦茨科夫回忆道："现在，他完全没有看到战场的状况！所有的行动都被丛林掩盖住了。然而那一天，我们与其他的人留下来待在那块干净的地方，随后他的部队每个人都抱了满手的武器，一堆又一堆的放在我们面前。我很激动——我们获得了一次决定性的胜利！但是吴上校只是坐在那里抽他的烟。"

　　施瓦茨科夫将军是一位视察部队的信仰者。在越战期间，当他是一位中校军官时，他被委任指挥一个野战营。他与即将离职的营长进行交接，该营长被士兵形容为"一位没有定见的老家伙，中等体型，身材瘦，下颚后缩"。施瓦茨科夫将军本来期望能与他讨论两三个小时，以了解该营的状况，但该营长仅告诉他该营军纪涣散且任务差劲儿。那位即将卸任的营长说："祝你好运。"然后，握个手就离开了。

施瓦茨科夫想要了解实际情况，所以他前往指挥所。营执行官向他敬礼后说："长官，我们已准备好向你作简报。"

"我现在不想听简报。我要到各连去看看。"

"长官？"

"我要到各连去看看。难道我们没有指挥与管制用的直升机吗？"

"长官，我们有，但直升机在李少校那里。"李少校是营作战官，"事实上，直升机一直由他使用。"

"你是什么意思？指挥部直升机不是营长专用的吗？立刻把他叫回来。"

此时作战中心里充满着凝重的气氛。执行官说："长官，我可以在外面向你说明一下吗？"我们一起走出去，然后他解释说："我知道这是很不平常的事情，但直升机现在不在这里，因为前任营长从来不到各连队视察。"

把直升机调回来需要半小时的时间。施瓦茨科夫就在作战中心等待直升机的到来，并发现作战中心里没有他的位置——没有桌子、椅子，什么都没有。他走回到他的小屋并极力思索下一步应该怎么做，他问自己："这个部队到底是怎样运作的？是谁在负责？"最终，他的直升机终于回来了。他走回作战中心并无意中听到有人说："你们这些该死的家伙把我找回来做什么？我在那里有很多工作要做。"这位就是威尔·李（Will Lee）少校，他是一位热情、富有经验及服从命令的军官。他在缺乏真正的领导者时努力维护作战的进行。施瓦茨科夫说："在自我介绍后，我告诉他我想到各连看看，他兴奋地说：'好极了，长官！我们走！你想先看哪一个连？'"

施瓦茨科夫发现的是一个很糟糕的情况。连上的帐篷配置凌乱，人员穿着马虎，没有散兵坑，机枪生锈且没有弹药。他说："我了解到我必须制止这种军纪散漫的情况，以避免造成无谓的人员牺牲。我把连长叫到我旁边——这家伙穿着红短裤。现在这里的一切将有所改变，上尉。就是现在！在我的内心里是想解除你的指挥权，但我不会这样做，因为显然过去是有什么容忍你把部队弄成这样子。我现在告诉你：你知道应该如何做，我要看到成果。首先，当你在某处停下来的时候，你必须派出安全警戒，我指的是有用的警戒。第二，我要求所有手提收音机从营区消失。第三，我要求部队里的所有武器保持干净，并且最好不要再让我看到有人没有随身携带武器。永远要把武器带在身上！并且携带干净的弹药！第四，我要求所有人把仪容整理好，从你开始以身作则，刮胡子、梳洗干净并且穿着制服，戴上钢盔！最后，这些士兵在今天晚上绝对无法在执行设伏巡逻时保持清醒，因为他们现在都很清醒。"

施瓦茨科夫回到指挥部的部队餐厅，在餐厅门口正排着长长的队伍——一群士兵站在雨中排队。他就排在队伍的最后一位，一位伙食中士看到了以后，跑过去向他报告："长官，你不需要站在这里排队，我们有特别为军官安排的位置。"

施瓦茨科夫回答说："中士，如果我的士兵必须在雨天中站在这里排队，那么我也要站在这里排队。"所有的士兵不约而同地望着他。然后他们开始跟他讲话，这是他第一次感觉受到了鼓励。某位士兵问："你是新来报到的营长吗？"另外一位士兵问："你准备要在这里做许多改变吗？"第三位士兵说："长官，这是我们第一次与我们的营长讲话，能跟你聊天真好。"随着队伍的前进，当他走进餐厅时，他发现军官们的用餐时间与士兵们不同。他们一直等到部队用完餐后才坐下开始吃饭。他派人去叫营执行官过来并告诉他从现在开始，所有的军官与部队一起用餐。

对于视察部队的角色与有关"直觉"的形成,"腼腆的"迈耶将军的看法是:"根据我在朝鲜战争与越战及担任陆军参谋长的经验,我无预警地视察部队,没有先行告知所属各单位。大约在出发前半小时左右,我会通知前往视察的部队并告知我们已在路上了——我不想各部队专门为我摆出排场。你必须到现场去体会各部队在做什么,不论是对补给库、战术单位或研发部门都是一样的。不管是什么单位,如果你想更深入探究他们的工作对整体组织有什么贡献时,你就必须以现场视察的方式来了解他们平时的工作场所及运作情形。所以,现场观察与到各地视察部队是获得'直觉'或'第六感'所不可或缺的。"

引人注目的技能

拥有引人注目的技能可以让你接触到指挥部中最低阶层的士兵。巴顿将军在写给其在西点军校中的儿子的信中提到:"你应特别的耀眼,而且不仅是耀眼而已,更要引人注目。你想想我为什么会这么注重服装仪表,原因是什么?把你的衣服熨平整!当年我在努力争取学生实习干部时,我总是有一套制服平整得没有坐下来过的痕迹。"

巴顿对身上所穿军服的要求是十分讲究的。对所有的领导者而言,这是非常重要的部分,而且巴顿用它来吸引部队的注意。在获得"直觉"方面,它是很重要的。巴顿将军身着定做的完美且合身的野战夹克并搭配黄铜色的纽扣,在左边口袋上方别着四排的作战绶带和勋章,双肩及衬衫领上均挂着特大号的将星。他的裤子是由马裤呢布料所做的马裤。脚穿长筒马靴,擦蜡擦得像镜子般闪亮并配有马刺。他的腰上系着一条手工雕刻而成的皮带,并配上一颗闪闪发亮的铜扣。两边还配挂一对象牙握把的手枪,握把上也装饰着将星。他的手上持着马鞭，他的钢盔被擦得闪闪发光。你第一次看到他的感觉会是："哇！"毫无疑问，他身着制服的外表的确十分引人注目。他的装扮似乎在说，我是巴顿——我是本军团或其他任何军团中最优秀的将军。

每当攻陷一个城市时，尽管还有狙击手的子弹和尚未爆炸的炮弹的危险，巴顿总是第一批进入该地的一员。一次两栖进攻行动后，在登陆艇仍未靠岸之前他就跳下海，在枪林弹雨中涉水而行，一边走上岸，一边大声地鼓励士兵、激励士气。当他的部队移往法国和德国时，他涉过很多河川。他甚至为了脸部表情做了许多练习。有一次他妹妹妮塔（Nita）问他："为什么你的照片看起来这么刁蛮与严肃？"巴顿笑着回答说："那是我的战争脸。"

战争期间有个下着雨的寒冷下午，巴顿遇到一群正在修理被敌人炮火击中的坦克的士兵。由于到前线战场的交通非常拥挤，所以那辆坦克被拖到离路边大约10米的地方。巴顿看到此景，就叫他的驾驶员停下来。他从吉普车上跳下来，走向那辆损坏的坦克，并且爬到它的底部。两位正忙着修理坦克的技工，看到这位星光闪烁的将军躺在泥泞中，把他们给吓坏了。据负责此地区的一位副师长说，巴顿在坦克底下待了25分钟，当他回到吉普车上时，身上沾染着泥泞和油污。他的副官问道："长官，到底出了什么问题？"巴顿回答说："我不知道，但我可以确认的是我躺在泥泞中修理坦克的事将会传遍整个师。"

有些时候，巴顿将军引人注目的效果来自于简单化。就在战争刚结束后不久，巴顿与朱可夫（Zhukov）元帅在柏林分别代表自己的国家参加一个苏俄战争纪念堂的落成典礼。朱可夫元帅的制服上衣两边完全挂满了勋章。相比起来，巴顿将军的胸前仅挂着少许的勋章。一位参加那次典礼的人提到："巴顿看起来是如此的简单整洁，比一辆苏联的大坦克更具有致命的杀伤力。"

巴顿将军引人注目的能力，对他自己或军中领导阶层的同仁而言，都不是一件新鲜事。早在20世纪20年代他还是个骑兵时，因为他在马球与骑术上的滑稽动作，已有"乔治马"（Horse George）的绰号了。有一位朋友说他与巴顿的关系时说："我们好像一直在向前冲刺。"当巴顿接任第2装甲师师长时，为装甲兵设计了一套特别的绿色制服，这件事让他得到了"绿色大黄蜂"（Green Hornet）及"飞侠哥顿"（Flash Gordon）两个绰号。一些人则认为火星人巴克·罗杰斯（Buck Rogers）及"铁裤"（Iron Pants）等名字更适合他的个性。在一次演讲中，他告诉手下的士兵，赢得一场战争只需要两种能力——热血与胆识。这件事又为这位陆军作战指挥官赢得"血胆将军"（Old Blood and Guts）的绰号。对他而言，这类绰号代表他引人注目的能力非常成功，他认为这种风评的绰号对于军队的领导是非常重要的。领导成千上万的军官与士兵，巴顿必须将其领导统御的能力扩散到远处，而这种耀眼的绰号可帮助他扩散出他想让士兵看到的印象。

第65步兵师的师长莱因哈特（Reinhart）少将在德国执行巴顿的作战行动时写道："当时我们的行军速度非常快，几乎和追击没有两样，导致我们的侧翼没有任何安全屏障，并有被敌军包围的危险……事情严重到我的3位步兵团团长一起向我提出非正式抗议，他们不喜欢部队目前所处的态势。'我们一路驱车赶至这里而留了一个尾巴在后面（意指部队暴露的侧翼）。'他们以这种说辞表达他们的意见。"莱因哈特反问他们：如果情势真的坏到不能再坏，他们被重重包围时，他们难道不相信"乔治"将杀出重围将他们救出吗？莱因哈特将军说："这个说法似乎完全说服了他们，从此我再未听到他们口中提起这类事情。"这些军官从未见过巴顿，但他们知道巴顿将军的声誉。纵使从远处看巴顿，他也是一位名声响亮及个人色彩浓厚的将军，他能够创造出个人领导的光环。

　　艾森豪威尔形容巴顿将军引人注目的魅力时说："他的魅力是一个经过不断细心雕磨的贝壳。"巴顿所做的每一件事都有其目的。他相信一位领导者为了使部队所有层级的官兵都能认识他，应该展现一种个人主义，制造机会让官兵谈论他。他的官兵都知道他独特的处事风格，而他也尽全力来维持这种形象。1943年在北非时，巴顿告诉罗伯特·C.梅肯（Robert C. Macon）少将说："在训练期间，我腰挂两支象牙握把的左轮手枪。他们叫我'双枪巴顿'。所以当我上岸来到这里时，也不会让他们失望，我还是带着那两支手枪。"

　　亲近巴顿将军的人都认为他是一位演员。他可以依据状况的需要来决定是否该展现个人魅力。在追悼阵亡将士的典礼致辞上，在表扬官兵的演说中，在对表现不好的部队的训话中，他都有不同但适当的表演行为。但他并不是不真诚，他展现出的引人注目的魅力一点儿都不矫揉造作。毫无疑问，他穿着一套舞台装，却是一套剪裁良好、十分合身的戏服。

　　有关巴顿引人注目的能力所起的作用及其行为的基本原由均详述于1931年发表于《步兵期刊》（*the Infantry Journal*）的文章中，其标题为《战争中的成功》（*Success in War*）：

　　　　在讨论成功领导统御的特征（自信心、热诚、自制、忠诚及勇气）后，巴顿总结道："勇气、道德、体魄几乎是所有前述特征的同义语。它孕育出战场的决断力及肩负重责大任的能力，不管它是成功或失败……但就像圣光一样，如果这些特征被隐藏起来，它们就是没有军事价值的。"

　　　　一个难以相处的人将永远无法激发信心。沉默冷淡无法引出热诚，因此，对于他人来讲，应该将自己内心与精神上的魅力透过一种外向、清楚可见的方式表现出来。

　　这表明领导者必须是一位表演者,这是一个不争的事实。但对他而言……除非他亲身奉行,否则将不具说服力。

　　这些可以经过学习而获得吗?巴顿认为是的,他说:"人是否可以培养及展现出这些特性呢?答案是他们有这些能力,他们可以的。'只要一个人认为他可以,他就能做得到'。有勇往直前去获得它的决心,赢得荣誉或为其而死是战争成功的秘诀。"

　　道格拉斯·麦克阿瑟拥有许多令人对他产生英雄崇拜的特质。他英俊、潇洒,更有一副好口才。虽然他拥有魅力十足且引人注目的表演天分,但他同时也是一位隐士。他很少出现在军队面前,但他一旦视察部队,他带着神秘气质的魅力总是很吸引人注目。

　　他吸引大众注意力的关键是一种独特的简洁。在整个"二战"期间,他都身着一件简单朴素的卡其制服,衬衫不扣风纪扣,长裤烫得笔挺。除了四星上将的军阶外,他上衣没有配挂任何勋章,头上还带着帽舌绣有黄金穗的便帽。除此以外,他唯一的配件是由玉米穗轴制成的烟斗及一根竹杖。有时候,他嘴里叼着一支长长的黑色烟嘴,烟头朝上,手上挥着一把咖啡色有圆弧手把的手杖。

　　麦克阿瑟那富戏剧性的表现,常使他与众不同。他代表盟军在美国军舰"密苏里号"(*Missouri*)上接受日本投降的表现就是一个典型的例子。事情发生在1945年9月2日,星期天早上。日本的外交与军事代表团于8点55分抵达。在场等候他们的有美国、英国、中国、荷兰、法国与苏联等国家的代表。日本代表团的11位成员都身着晨礼服或挂满勋章的军服。几分钟后各代表都已就位,麦克阿瑟将军才从船舱走出来。他身着整个战争期间一直穿着的典型卡其军服,衣领打开,没系领带,没有配挂勋章,头上则以惯常的轻松方式戴着野战元帅帽。当他致辞时,他还笔直地站着,但在宣读预先准备的文稿时,他的手却颤抖起来。然后在签署投降书时全场鸦雀无声。9点8分，在典礼正式开始后才13分钟，就结束了所有的仪式。

麦克阿瑟对受降书的签署让人联想起总统的签名惯例。他使用5支笔，其中一支笔是他自己的。他用第一支签"道格"（Doug），第二支笔签"拉斯"（las），第三支笔签"麦克阿瑟"（MacArthur）。他用另外两支笔签署第二份文件。因此，他可以将具有历史意义的笔送给他的朋友。其中一支保存在他心爱的西点军校的博物馆。

在受降典礼中，麦克阿瑟展现出了前所未有的吸引大众目光的能力。在科雷吉多尔岛（Corregidor）投降之后，巴丹（Bataan）的死亡行军成为盟军在第二次世界大战中最惨痛的事件之一。被日本俘虏的盟军部队在这次行军中造成了很大的伤亡。战犯集中营的人在和时间竞赛，但所费的时间比预期来得长。麦克阿瑟在回忆录中写道："当他们一知道盟军登陆日本本土时，立即开始将战犯从日本集中营中释放出来，第一批被释放出来的人有温莱特（Wainwright）与珀西瓦尔（A. E. Percival）两位将军。他们被关在中国东北的沈阳，并从那里飞回马尼拉。我立即指示，把他们两位接回日本参加在"密苏里号"上的受降典礼。当我正要坐下吃晚餐的时候，我的侍从官通知我他们两位已经到了。我立即起身前往大厅迎接他们，但在我到达之前，门已经打开了，站在眼前的人正是温莱特，他体态憔悴、苍老了许多。穿在瘦弱身体上的军服呈现出许多的褶层，他挂着拐杖困难地走着，眼睛凹陷，脸颊上有许多疤痕，头发雪白，皮肤看起来像旧皮鞋的皮革。当我拥抱他的时候，他努力想对我微笑，当他试图讲话时，他却发不出声音来。"

1945年9月2日，当日本在美国军舰"密苏里号"上签署投降书时，站在麦克阿瑟后面的正是温莱特与珀西瓦尔两位将军。此次安排对温莱特是别具意义的，自从成为阶下囚后，他都生活在精神的煎熬中，承受着极大的痛苦；如果战后他还活着，他还必须面对因在菲律宾率领美国部队投降一事，而接受军法审判的残酷事实。但没有什么事情可以阻止麦克阿瑟让他出现在受降典礼的现场。

1945 年，麦克阿瑟以一位征服者的身份搭乘闪亮发光的银色 C-54 运输机飞抵日本。当他在厚木（Atsugi）机场降落时，随着舷梯的缓缓下降，乐团开始奏乐。麦克阿瑟将军是第一位从这架命名为"巴丹"的飞机舱门中走出来的人。他走下舷梯几步，点起玉米穗轴烟斗，然后戏剧性地伫立不动。他是日本历史上掌控该国家的第一位白人。在他环顾四周几分钟后，继续走下舷梯来，亲切地与先头部队中的老朋友握手。

当美国的代表团抵达美国大使馆时，麦克阿瑟下令："艾克尔伯格将军，请把我们的国旗展开，让它以所有的荣耀飘扬在东京的阳光下，象征被压迫者的希望，也代表正义终将获得最后胜利。"这面国旗正是 1941 年 12 月 7 日飘扬在美国首都华盛顿特区的那面国旗。

所有我所采访过的四星上将均一致认为高级领导者拥有一种"直觉"或"第六感"。艾森豪威尔认为一位领导者"绝不能与部队的感受脱节"，并专注整体的"直觉"。他也说过："与部队接触需要经常到部队视察。最高司令视察部队，对提高士气的价值几乎是无法估量的。"因为，"当士兵在任何地方看到非常高级的长官出现时，他们都会感到很高兴"，"当士兵被鼓励与他们的长官交谈时，视察可以增进效率"，"视察可以鼓励低阶军官从士兵身上获得更多的信息"，"战场上带着步枪的众多士兵中，可以说是人才济济，充满主动性与创造性"，视察是"长官对下级关切的表现"，视察是"指挥官所必备的基本工具之一"，而"关心官兵是成功的关键"。

　　是的，纵观历史，有天赋的军事领导者均具有直觉或第六感，然而它是天赋才能还是可以被训练开发的呢？本书强调它是可以被训练发展的。巴顿视其为军事反应，他认为这种能力不是与生俱来的，"其必须靠后天的努力才能具备"。布莱德雷认为他的经验是被"储存"在脑海里面，当突然面临一个决定时，他将"按个键……答案马上就出来了"。柯林斯说直觉"主要来自知识"及"像年轻人一样努力工作与学习才能得到的"。

　　辛普森说帮助他了解即将发生的状况的能力来自训练背景与经验。特拉斯科特说"知识是直觉的基础"及"需要对人有兴趣才可以做得到"。海斯利普说直觉是教育与完全了解自己专业的产物。麦考利夫说："一个人在经年累月的军旅生涯中学习来的。（直觉）需要对人性的了解，经验也扮演着重要的角色。"

　　布朗成为了空军系统司令部的指挥官，但他不是一个工程师或科学家。在一次会议中，他告诉作简报的军官他无法针对工程细节提出批评，他可以根据"直觉"对所听到的提出建议。

　　沙里卡什维利说他有一种"直觉时常存在我的心里，我知道事情的对或错，我认为这种能力部分源于自信心，当一个人历练到一定程度后，自然就会发展与培养出那种本能。"——再一次证明直觉是来自经验。

　　而视察部队是关键的因素。李奇微指出一位指挥官必须"亲临所属部队，到了那里他可以感觉及核对他自己原先对部队的印象"。在部属提出要求之前，就应先看出他的需求，这是很重要的，而且身为一位顾问及陆军指挥官，他从未下达过一个作战决定，除非他在"展开行动时正好在现场"。

　　琼斯到部队视察并提到他的观察是来自经验，如果你仔细观察每一个角落及细节，你就会感觉到不对劲的地方，并且他还可以解读肢体语言。

引人注目的能力是视察及获得部队现况直觉的一部分。巴顿说一位领导者应该"注重外表(打扮鲜艳)"及"引人注目"。他当然也是身体力行,腰配象牙握把手枪;闪亮的钢盔上、衣领及肩上配挂超大的将星;脚穿马靴、手持马鞭。他说如果把特征隐藏起来,将失去军事价值,并认为"只要一个人认为他可以,他就能做得到"。他需要以吸引大众注意的能力来与所领导的50万官兵保持接触,而他也的确做到了。

艾森豪威尔必须接触多达150万的部队官兵。当视察部队时,他头戴船形帽,身穿量身定做的俗称"艾森豪威尔夹克"的短夹克——后来成为标准的陆军配备——及马裤、马靴与马鞭。艾森豪威尔的微笑很自然,且比两个师更有价值。所有这些高级将领都各自拥有引人注目的能力及自己与部队接触的方式,重要的是他们都具有这种能力并能实际的运用它。

第4章 憎恶"唯唯诺诺的人"：
具备挑战的风格

　　1940年，乔治·马歇尔将军指定奥马尔·布莱德雷少校担任参谋本部的助理秘书，向马歇尔简报待决定的文件是他的任务之一。这个任务执行数周后，马歇尔把布莱德雷及他的助手叫进办公室。他说："先生们，我对你们很失望，你们从未对我所作的任何一个决定发表过不同的意见。"布莱德雷回答说："报告将军，那是因为一直没有不同意的理由。当我们对您的决定有不同意见时，我们会向您报告的。"这个插曲清楚地反映了作决策时最重要的重点之一——确定你的参谋中没有"唯唯诺诺的人"。

　　不成为"唯唯诺诺的人"是马歇尔生涯中的一个转折点。第一次世界大战期间，他在欧洲最初的职务是担任第1师师长威廉·L. 赛伯特（William L. Sibert）少将的参谋。

　　当时有数个师正在接受训练，潘兴将军经常以视察来评估他们的进展。1917年9月，他以一个小通告宣布他将陪着法国总统雷蒙德·庞加莱（Raymond Poincaré）前去视察赛伯特的师。事实上，视察命令在视察行程前一天下午很晚才收到。该师的军队已散开超过方圆48公里，他们必须整晚行军才能到达法国的　得蔻特（Houdelcourt）接受检阅。马歇尔上尉被指派负责安排视察的有关事宜，但因为通知过晚，他必须在晚上选择检阅的地点。在黑夜里，他看不到所选的地点在山坡上，该地已被经常在此训练的部队踩得稀巴烂，泥泞深及脚踝，加上这个师的人员大部分没有什么军事经验，而且只接受过一个月的训练，检阅的结果当然糟透了。马歇尔回忆说，潘兴将军"让每个人像下地狱一样"，并说这个师没有任何训练绩效，未能善用时间，也没能遵守指令。这对马歇尔而言似乎很不公平，特别是潘兴"在所有军官面前，当面严厉指责赛伯特将军（师长）"。潘兴接着向赛伯特询问了一些事情，但由于赛伯特在视察前两天才到任，这些事情都是由马歇尔处理，所以他对这些事不甚了解。潘兴粗鲁地解除了赛伯特的职务并要求他离开。传记作者福瑞斯特·波格在马歇尔的传记中指出，一如预期，马歇尔的反应激烈：

> 马歇尔对明显的不公平感到震惊，他把一个初级军官在类似场合中应有的谨慎的认知与行为抛诸脑后。他决定不管代价是什么，他必须作些解释。他开始说话，但潘兴不想听，耸耸肩膀掉头就要走。马歇尔"气急败坏"地伸手拉住了将军的手臂。

> "报告潘兴将军！"他说，"有些话我想在这儿说，而且我认为我应该说，因为我待在这里最久。"

> 潘兴停住脚步："你想讲什么？"

> 发怒的上尉究竟说了哪些话并无准确的记录，事后他也不记得了。后来一位当时在场的同事说，那个生气的上尉讲话速度很快，并以"一连串的事实"让他的对手没有回话的机会。马歇尔自己回忆道"当时他灵光一现"，但站在他身边的同僚却"余悸犹存"。当他讲完，潘兴将军保持着平静。他在离开时对马歇尔说："你一定能体谅我们（晚通知）的

问题。"

马歇尔了解到"他已经让自己陷入水深火热的窘境"，但仍然不放松地说："是的，将军，但我们每天都有这些问题，而它们必须在晚上之前解决。"

潘兴将军离开时气已经消了。赛伯特将军对马歇尔为了他而趟这浑水感到非常抱歉。一些马歇尔的朋友确信他完了，而且"马上会被开除"，但马歇尔本人并不后悔。他对那些想要安慰他的人说："就我所见，我可能会被派赴战场，而不能再当参谋，但这是我所要的伟大成功。"

但是并没有惩罚，相反地，从此以后每当潘兴来视察这个师，他经常把马歇尔带在身边，并征询事情进展的状况。接下来的数个月，他很明显地受到了将军的尊重，且好感与日俱增。马歇尔发现潘兴一直都愿意听取他人诚实的批评，并可让自己从旁观者的角度来审视事情。"你可以跟他讨论他自己，就如你在讨论另一个国家的人一样。他从不认为你在反对他。我从未见过其他指挥官能做到这一点……能够倾听意见是他最伟大的力量之一。"

因此，马歇尔不但没被开除，而且在一年之内晋升到上校，在战争结束之前还成为了潘兴将军的作战官。战后，潘兴成为陆军参谋长，马歇尔协助他并担任执行官，在他身边工作了4年。在那个时代，一般助理的任期时间只有两年。

当马歇尔任职于马林·克雷格（Malin Craig）将军麾下，担任陆军副参谋长时发生了一件类似的事情。1938年11月14日，罗斯福总统召集他的内阁成员及军事顾问举行研讨会，目的是讨论建构制造1万架战斗机的计划。马歇尔起初以为这些飞机是美军要用的，但随着会议的进展，他才了解原来总统企图把它们送到英国及法国去协助对德国的作战。列席的军官都没注意或多加思考这件事，马歇尔非常惊讶竟然没人敢挑战总统的想法。罗斯福征询大家的意见，他转向马歇尔时说："乔治，难道你不这样认为吗？"马歇尔注视着他的眼睛，并回答说："非常抱歉，总统先生，我完全不同意您的看法。"

在场的一位观察者提起这件事时表示："总统脸上掠过一丝震惊的表情，他似乎想要问为什么，但随即一想并没有追问，就突然结束了会议。随后，其他的人……一个接一个走过来与马歇尔握手。"特别是财政部长亨利·摩根索（Henry Morgenthau），他对马歇尔说："嗯，很高兴能认识你。"正如其他人一样，摩根索认为马歇尔的率直已经　了他的生涯，他在华盛顿的工作将告结束。

但事情并未结束。罗斯福在1939年决定挑选马歇尔担任陆军参谋长。由一颗星跃升为四颗星。马歇尔接受了，但他再次表明不会成为一个"唯唯诺诺的人"。马歇尔回忆说："总统是在书房召见我，并告诉我这件事的。这是一次有趣的面谈，我告诉他，我希望能有权利说出心中想讲的话，而且这些话可能不太好听。'这样可以吗？'他回答说：'可以。'我再追问：'你愉快地说"可以"，但我将来所说的话可能是令人不愉快的。'"罗斯福认识到，不能开除勇于陈述想法的马歇尔，面对国家难以置信的诸多困难，他不能也不应冀望找一位"唯唯诺诺的人"。

马歇尔要求他的参谋及指挥官们一样真诚。第二次世界大战期间，部队出发去作战前，师长收到作战简报是一个标准程序，而这份作战简报包括与马歇尔的谈话。某师长描述了该简报："我本来预期简报是有关作战整备标准的建议与指导，然而，他所有时间都专注于痛斥那些隐瞒困难事实、歌功颂德、讲长官想听的话的军官。由于发生了一些特殊事件，他当时的心情并不好。令我们印象深刻的是，他强调身为一个军官要有道德勇气陈述事实，也许它们可能令人不愉快，但能让指挥官听到，总比让他对坏消息一无所知要好。”

马歇尔提供了他经历中的一个特殊例子，当时是1944年，他正在欧洲访问。视察途中他停在荷兰的贺尔仑（Herrlen），该地是由少将师长查尔斯·H. 柯莱特（Charles H. Corlett）所指挥的第30师师部。他停了下来，因为该师只有部分单位完成了整备，这让柯莱特很忧虑。各师的人员补充进度对当时的陆军指挥官而言，是个主要的问题。因此，马歇尔问柯莱特如果人员补充以整团的方式进行，对合并已在欧洲的各师是否有帮助，柯莱特未加思索即表赞同。马歇尔严厉地注视着他，并说：“柯莱特，你给我赞同的回答，只因为我是参谋长，是不是？”柯莱特对自己被指责是一个“唯唯诺诺的人”而大发雷霆，这让马歇尔不再怀疑，知道柯莱特给他的是一个诚实直接的答案。马歇尔对“唯唯诺诺的人”极度反感。他坚持要求撰写研究或参谋报告的军官要出席该报告的提报。他告诫所有在场的人要陈述己见，不要顾虑眼前长官们的态度。

马歇尔当参谋长期间曾与国会有过争执。其中一次在1941年秋天，当时他要采取行动整顿陆军届龄与不能胜任的军官，他在该年9月15日的战争委员会中向史汀生部长作简报，报告有关行动，史汀生对该计划的回应是：“我预期会有麻烦。”

不久，麻烦就来了。史汀生在他的日记中写道：“我们几乎没有开完会议，当时得州的参议员汤姆·康纳利（Tom Connally）怒发冲冠，气愤地跑来，因为有两位得州国民兵将领被迫退休并退役。”其中一位将领是因年龄过高，另一位则是因不适任而被马歇尔勒令退休。他拒绝重新考虑此决定或向政治压力屈服。也就是这种革新的勇气、诚实的力量，逐渐为他赢得了国会议员们的信任。

约瑟夫·T. 麦克纳尼（Josehp T. McNarney）将军是美国空军将领，他在陆军航空队从陆军独立出来，成立自己的军种时被赋予 1A 的编号。他告诉我有关他与马歇尔第一次会面时的情形："战前，我在华盛顿的战争计划部门（War Plans Division）当参谋，当时我是中校，后来我被指派担任联合计划部门（Joint Plans Division）负责制订与海军联合作战计划的计划科科长。有一天，马歇尔派人来取我们正在做的某计划的一些资料，但我的上级主管不在，所以我就去见了马歇尔。这是我第一次见到马歇尔将军，而他也是第一次见到我。我们发生了一个争执，我回到办公室去取更多的资料，并带了一张我所需的地图来证明我的观点。我把地图摊在地板上进行说明，我们又起了其他的争论。

"我猜我是个性急鲁莽的年轻人，但我不会退让。将军一直问我问题，终于把我惹毛了。我说：'我的天呀！你不能这样！'然后他就让我离开了。我走出他的办公室，他的秘书是 1914 年班的军官，他轻拍我的肩膀并说道：'不要担心，老人家每次都这样，他刚才是在试探你。'"

麦克纳尼一定给马歇尔留下了极深的良好印象。他于第二次世界大战期间，在马歇尔麾下由中校晋升到四星上将。

麦克纳尼继续谈论马歇尔将军："他不喜欢'唯唯诺诺的人'，也不愿与'唯唯诺诺的人'有来往。任何人在第一次就与他意见一致，他就会以某种猜疑的眼光来观察这个人。当然没有必要经常表示这一点，因为要做的事情若是合适，也许你会与他意见相合。但他不喜欢一进来就马上同意他的人，他不是一位'唯唯诺诺的人'，也不喜欢他底下的人是那一类人，他想要的是你坦诚的观点。"

马歇尔当了国务卿后一如往昔。在 1947 年 1 月 21 日，刚履任新职，他便要求助理国务卿迪恩·艾奇逊扮演如同国务院参谋长的角色。艾奇逊对此事的反应，提供了洞悉马歇尔对担任他参谋的人的预期："我对这突如其来的告知内心偷笑，也了解这将对国务院产生的冲击，我解释这项安排不能如他所描绘的轮廓来运作，但我迅速向他保证我了解他所想要的。还有别的事吗？

"有，我常回想马歇尔将军的话，因为它们非常有代表性，他说：'我期待你最大限度地诚实坦白，尤其是对我个人有意见时。我不会感情用事，我的感情只留给我妻子。'这是他给我的指示。这位将军关于他欠缺敏感性的说辞很快就要接受考验。"

道格拉斯·麦克阿瑟是赫伯特·胡佛（Herbert Hoover）总统选任的陆军参谋长。因为经济大萧条，日子并不好过，财源也受到限制。不管麦克阿瑟怎么努力争取，在他任内的陆军预算总是一再地被削减。

预算被砍已经够糟了，但最严重的挑战之一，是国会中的"和平—孤立主义者"（pacifirst-isolationist）团体想要大刀阔斧削减陆军常备部队的军官团，灭性地动摇美国的国家安全。有人提议强迫大量军官休假，剩余的则薪俸减半。为了阻止这个议案，麦克阿瑟在众议院军事事务委员会公开表示说："国家安全的基础是正规陆军，而正规陆军的基础是军官，他们是这个系统的灵魂。要是你们必须对国防法案进行削减的话，军官团应该是最后一个被考虑的。即使你们必须使每一个战士退役，即使你们必须 弃剩下的，我仍将以专业的立场奉劝你们保留那1.2万名军官。他们是整个机制的主要动力，在战争初期他们每个人将抵得上1000人，他们是唯一能控制这些由不同背景组成的集团，并使他们成为一个同质团体的人。"

麦克阿瑟的论点深具说服力，致使该项攻击性的提议被搁置下来，行政部门遂动议大幅削减正规陆军的预算。

战争部长乔治·德恩（George Dern）是前犹他州州长，在未加入罗斯福内阁之前是一位成功的企业家，他熟谙国防问题，对国会提议的预算削减感到不安。有次德恩、麦克阿瑟及他的助理参谋长休·德鲁姆将军、工程处长莱特·布朗（Lytle Brown）将军与总统举行了私下会谈。会谈进行得并不顺利，因为他们向总统报告了德国及意大利正快速武装部队，而日本正在侵略中国，因此，大幅削减军费将会是个致命的错误。

德恩部长是个讲话温和的人，他听到罗斯福尖锐的评论后噤若寒蝉，但麦克阿瑟并没这样。他对这事的反应，如同在他回忆录里所说的："我认为极力辩护是我无可旁贷之责。坦白说，国家安全正处于危急关头，而总统却将装满讽刺的药水瓶倒在我身上。当他被刺激时就会变得尖酸刻薄。这是我有生以来第三次，也是最后一次，感到麻痹恶心、气急败坏。我感到情绪非常低落，情绪激动、不顾一切地说了若干当我们输了下一场战争时的情景，美国士兵的腹腔被敌人的刺刀贯穿，躺在泥浆里，敌人的脚踩着他垂死的喉咙，他吐出的最后诅咒，我希望他诅咒的名字不是麦克阿瑟，而是罗斯福！总统脸色铁青，他咆哮说：'你不可以这样对总统说话！'当然，他是对的，在我最后一个字还没说出口时我就知道我错了，于是，我说对不起并向他道歉，同时我感觉我的陆军生涯已经结束了。因此，我向他口头请辞参谋长一职。当我走到门旁，却传来一阵冷静、公正无私的声音，十足反映了总统超凡的自我控制力，他说：'别傻了！道格拉斯，关于这件事，你与预算必须达成一致。'

"德恩马上来到我身边，以很欢欣的语调说'你拯救了陆军'，但我只是在白宫的台阶上呕吐。

"总统与我从未再提及那次的会谈，但他从此站在了我们这一边。他经常派人来找我过去，并时常询问我对他的社会计划的意见，但他很少再询问我军事事务。有一天晚上用餐时，也许是一时的好奇心怂恿，我问他：'总统先生，为何您经常询问我对于正在考虑中的社会改革的看法，我对这些完全不权威，但却很少问我专业所在的军事领域？'不料，他的回答让我恍然大悟。他说：'道格拉斯，我所提的那些问题，并非要听你的建议，而是要看你的反应，对我而言，你是美国人民良心的象征。'"

再一次，我们有了一个军官的风格力量来自于他拒绝成为一位"唯唯诺诺的人"的例子。麦克阿瑟不只使自己免予被开除的厄运，还成为三军统帅的一项重要资产。

虽然有些人会质疑这个观点，但有人证实麦克阿瑟在第二次世界大战期间，任远东地区美军指挥官时并不欣赏"唯唯诺诺的人"。有一个人说："麦克阿瑟不愿接受忠告是他最大的缺点，这导致他事必躬亲。"亦有人说他才华横溢，可凭直觉获知，因此，他不需要别人的忠告。但这些都不是事实。无独有偶，也有人批评第二次世界大战期间，麦克阿瑟身边的参谋充满了"唯唯诺诺的人"。这也不是事实。他征询参谋并听取他们对所有重要决策的建言，他坚持诚实的意见，他很快就能摆脱任何虚假或奉承同意他的人。

大多数说法来自媒体与某些历史学家对麦克阿瑟在第二次世界大战期间与海军不睦的报道。事实上，在麦克阿瑟的领导下，军种间的竞争一直控制在最小的程度。"公牛"威廉·哈西尔（"Bull" William Halsey）上将——之所以被如此称呼，是因他顽强、直言不讳的个性，他就被麦克阿瑟具有说服力的口才及逻辑所吸引。哈西尔回应说："整个地区的战略都掌握在麦克阿瑟手中，但参谋长联席会议则将在所罗门群岛的舰队交给我指挥。虽然这项安排是明智且令人满意的，但却造成一种奇特的结果，那就是让我这一阶层同时有两顶"帽子"。我原来的"帽子"在尼米兹（Nimitz）麾下，他控制我的部队、船舰与补给，现在我又有一顶"帽子"在麦克阿瑟麾下,他控制我的战略。

"为了与他讨论新佐治亚计划(plans for New Georgia),我要求与他在位于澳大利亚布利斯班市(Brisbane)的指挥部见面,因此我在4月上旬从努美亚(Noumea)飞过去。过去我从未见过麦克阿瑟,但我们却有一点渊源:我们的父亲40年前在菲律宾是朋友。我报到5分钟后,便感受到我们仿佛是一生的知己,很少见到一个人能那么快速、强有力地建立别人对他的良好印象。他当时63岁,却看似50岁左右。他的头发乌黑、眼睛清澈、身体笔直,即使他穿上老百姓的衣服,我仍可立即知道他是个军人。

"从那天下午起,我对他的尊敬在大战期间一直与日俱增,在他掌理投降后日本的事务期间依然如此。记忆中我们之间的关系没有任何问题,虽然我们难免会有争执,但总能和气收场。他身为我的上司,却从未将他的决定强加给我。在某些场合,我俩意见不一时,我会如实告诉他,然后我们针对该争议进行讨论,直到其中一个人改变主意为止。我可以想象这样一个情景,他会在办公室里不停地踱步,几乎在空荡的书桌和面对他的乔治·华盛顿画像间走出一条轨迹。他手里拿着玉米穗轴烟斗(我很少看到他吸过),最后他以我前所未闻的措辞提出他的主张。"

然而,要说服麦克阿瑟必须要非常有说服力。一次,麦克阿瑟跟哈西尔面谈有关他与海军间管辖"地盘"的问题时,哈西尔写下了这段会谈的经过:

> 当抽完烟,他用烟斗柄指着我,并问我:"比尔,我错了吗?"
>
> 汤姆·金凯德(Tom Kinkaid)、米克(Mick)、菲力克斯(Felix)与我齐声回答:"是的,长官!"
>
> 麦克阿瑟微笑并愉悦地说:"既然有那么多优秀的绅士不

同意我，我们最好再次检查这个提案。比尔，你的意见呢？"

"报告将军！"我说，"我完全不同意您，不仅如此，更进一步地说，如果您坚持现在的命令，那么我们对战争所作的努力将被您阻碍。"

他的参谋倒抽一口气，我想他们从未想过会听到审判席另一边的说辞。我告诉他，我对曼尼斯（Manus）的指挥权一点都不在乎。要紧的是对基地的快速建构。我一点都不在乎肯尼、澳大利亚人或一个骑兵来管它，只要在我们的舰队开入新几内亚（New Guinea）战区，并继续向菲律宾挺进时，已经完成一切的准备就可以了。

这场辩论由17时开始，于18时散会，当时我想我大概已经改变他的心意了。但第二天早上10点，他要我们回到他的办公室（他保留了从10时到14时及16时到21时或更晚的这段不寻常时间）。他似乎又彻夜发飙，而且对这项工作的限制已经下定了决心。我们把昨天下午的辩论又重来一遍，几乎一字不变，一小时后我们还是得到同样的结论：这项工作将继续进行。就在我要跟他说再见并飞回努美亚时，他忽然问我是否能在17时返回，若我们不再进行第三回合的辩论，我将被诅咒！还好，这次真的结束了。他给了我一个迷人的微笑，并说："比尔，你赢了！"并向萨瑟兰（Sutherland）将军说："迪克，这件事你放手去做。"

在处理战争中盟国间的领导力与风格方面，约瑟夫·史迪威（Joseph Stiwell）将军是一个极好的例子，尤其是他拒绝成为一位"唯唯诺诺的人"。1941年12月7日珍珠港被偷袭时，在美国陆军中只有少数现役人员能像史迪威那样熟稔亚洲事务并说一口流利的中文，他能说亦能读中文，也了解中国政府及中国人的心理。

此外,他还是位能力极强的军人。当美国被卷入第二次世界大战后,马歇尔将军选派他第3次到中国,并担任中国战区领导人蒋介石的参谋长。1942年,史迪威第一个任务是试图阻止日军夺取缅甸,但未能成功,在失去缅甸后,滇缅公路这条中国与西方盟国重要的通道就被切断了。蒋介石命令史迪威指挥中国的第5军与第6军,这是个令人沮丧的命令。中国军队不愿听令发动进攻,这是因为蒋介石身边的中国将军都是"唯唯诺诺的人",他们还经常在暗中破坏史迪威的威信。

日本在缅甸打败了中国与盟国军队后,史迪威必须解救他所负责的美国及中国陆军人员。但当时铁路已不通,他们必须步行离开缅甸,历尽千辛万苦——疾病、丛林的困境、敌军、野生动物、饥饿,筋疲力尽。他们熬过来了,这要感谢史迪威不屈不挠的领导特质。

史迪威相信只要给予中国士兵适当的训练及领导,他们就能成为有效的战士。当他接管后,他发现士兵们不但挨饿、病弱,而且装备不足。多数的中国军官是有能力且正直的,高级军官才是问题的根源,因为贪污与腐化是这里运作的方式与途径。

美国给了蒋介石数百万美元的武器及信用贷款。在史迪威与蒋介石意见不同时,罗斯福总统及马歇尔将军都一致地支持他,因为罗斯福与马歇尔相信史迪威的领导将使中国军队变成能实际作战的部队,所以罗斯福甚至建议由史迪威来指挥全部中国军队。但因史迪威拒绝成为一位"唯唯诺诺的人"而激怒了蒋介石,他坚持史迪威必须被召回。最终,在1944年10月,史迪威返回美国。这个结果非常遗憾,因为史迪威非常了解中国士兵的内心想法,并能激励他们迸出智慧的火花,而这是中国军官做不到的。历史事实表明,他穿过缅甸丛林撤退,并领导中国军队占领米奇亚纳(Mykikyana)的行动是个战术计划与执行的杰出典范。

　　史迪威拒绝成为一位"唯唯诺诺的人"是其与蒋介石之间不睦的原因。蒋介石是位独裁者，身边被一群"唯唯诺诺的人"围绕着，同多数的独裁者一样。史迪威在他的日记里写道："平心而论，要蒋介石尝试允许一位仅短暂相识，对其知之甚少的外国军官来领导中国正规军的所有战斗，可能是一个过分的要求，这种事以前从来没有发生过。话虽如此，但我后来发现，即使完全明确地授权给别人，他仍有方法有效地加以限制。这严重影响到中国的高层指挥，也加重了我赢得他们信任的负担。"蒋介石虽远在2600公里之外，但他经常干预，一再对史迪威指示该做些什么，"都是一些以支离破碎情报为基础的荒唐的战术观念。他认为他知道……每一件事，却又朝令夕改他的每一个行动主意……他不断干预我的权责……致命的问题是，军长与师长一直在做他们认为蒋介石要他们做的事，他们为什么要服从我？"

　　史迪威的性格可由他在1942年4月1日所写的评论中一见端倪："蒋介石在中国掌权如此之久，周遭有那么多'唯唯诺诺的人'，使得他误认为他绝不会失败。我唯一关心的是告诉他实情并继续做我该做的事。如果我不能用这种方式做事，那就去它的。很显然，我没法与围绕在他身边的一群阿谀奉承的寄生虫竞争。"

　　1942年6月7日，史迪威在由重庆寄给他太太的一封信中写道："我呈了一份报告给老大（蒋介石），告诉他实情，但却因此冒犯了他。然而，就我所知，除了我以外，没人敢告诉他实情……我不在意其他人——就是尽我所能，其他则任其自然发展。"

　　有时候，官员公开发表意见后马上被制压可能是较好的。例如，马歇尔在1945年10月由陆军参谋长一职卸任后，由艾森豪威尔将军继任。劳顿·柯林斯得知艾森豪威尔即将指派他担任战争部情报处处长，他很生气地去见艾森豪威尔，希能"拦住该项委任"。柯林斯在他的回忆录中叙述了他与艾森豪威尔见面的经过："将军友善地微笑着欢迎我，但我一开口表达我的来意，他表情丰富的脸随即皱眉蹙额。'我听到您要让我担任战争部情报处处长的谣传，但我很想让您知道，我不想要该部门的任何职位。'当他的笑容很快变成怒容时，我犹豫了一下，接着补充说：'我想我的专长是指挥部队。'

"艾森豪威尔对我咆哮说：'乔，过去两年来你一直在干什么？'我只好垂头丧气地匆忙退出。第二天，1945年12月16日，任命我担任战争部情报处处长的命令就发布了。"

艾森豪威尔知道他在做什么事情。柯林斯是一位有性格、直来直往且开放的人。当时陆军在处理裁军及德国占领的问题上，一直饱受媒体与国会的批评。由于柯林斯的诚实公正，他与许多新闻媒体发展了很好的关系，但有时他会失去耐心。艾森豪威尔送柯林斯到欧洲去处理一些与负面舆论有关的事。

有位记者询问柯林斯是否认为美国人已清楚占领的复杂性，他的回答坚定且坦白，他用自己的风格表达说：

> "不！"当再被问"为何不是"时，我说："因为你们这些家伙把大部分时间全神贯注在丑闻上，而忽略了占领时期苏联与同盟国部队间将进行冷战的重点。"
>
> 我的声明被所有新闻通讯社报道，可以理解这会激起在德国的美国记者们的愤怒。因此，当我到达柏林时，他们已经准备好用尖锐的文笔攻击我。1946年8月19日，我参加了柏林媒体俱乐部（Berlin Press Club）的一个不寻常的晚宴，出席者仅限该俱乐部的会员、我、还有我的一位助手。在用过一巡令人愉快的鸡尾酒及美食佳肴后，我受到柏林记者协会主席肯德尔·福斯（Kendal Foss）及其他人的攻击。他们表示，只要在我们的占领区内的军官与部属间有丑闻发生，

就该被报刊报道。我同意这种报道是应该的，但我坚守立场，表示丑闻的报道量与陆军所表现的一般特质简直不成比例，并掩盖了占领区的真正问题。

最后有个人表达了他的观点，并说他某种程度上同意我所说的，但我应该与美国国内的一些编辑们谈一谈。他说早在数月之前，他就递交了有关我们与苏联之间难题的报告，至今没有回音，但当他写了一则怀孕护士的故事，立刻就收到了回应："请送来更多相同的故事。"

我结束了讨论，并表明我这趟旅程的整个目标，是对我们的指挥官们强调，记者们在报刊中无法给出他们的实际表现应得的报道，这也许是一厢情愿的想法，但我觉得我与柏林新闻界互谅互让地意见交换，对他们与我们的军官团都有好处。

这个任务与柯林斯在该职位上取得的成功，对他最后的成功是有相当大影响的。"回顾起来，"他说，"虽然我当初抗拒担任情报处长，但假如我刻意选择某一职位，以锻炼自己成为陆军参谋长，我可能不会选到比这个更好的了。情报处长一职让我深入了解了国会、政府及陆军的情报关系，而这些我是无法从其他职务获得的。

"任职情报处长期间，我几乎每天见到艾森豪威尔，并私谊渐笃，这可由1947年秋的某一天他所告诉我的事情来说明，他想任命我当他的副手，这事完全出乎意料。我说，我当然很高兴，但我怀疑我们对许多事情的想法可能不大相似，是否找不那么直言不讳的人当其副手会更好——我的说法艾森豪威尔完全没有考虑。所以1947年的9月1日，我成为了陆军的副参谋长。任职期间，我做到了让参谋长对他办公室的例行事务不用操心。"

1947年，柯林斯被指定将继艾森豪威尔之后任陆军参谋长。当他被通知即将被委任下一任参谋长时，他致电韦德·海斯利普将军说："韦德，我已得知即将接任下一任陆军参谋长，我想请你当我的副手，你愿意接受这个职务吗？"海斯利普回答说："你为什么要选我？30年来，我们对任何一件事的意见都相左。"柯林斯说："这正是我选择你的理由。"

柯林斯不想要一位"唯唯诺诺的人"，没有一位卓越的领导者想要这类人。

但一个人不应该只为不当一位"唯唯诺诺的人"就表示不同意见。我问詹姆斯·杜立德（James Doolittle）中将，在第二次世界大战初期，艾森豪威尔将军不希望由他担任北非战斗时的空军指挥官这一决定是否正确，杜立德肯定了上述说法，并表示：在某个参谋会议中，艾森豪威尔对即将到来的北非入侵计划的构想作完简报后，接着询问在场军官们的观点。杜立德说："巴顿将军说了他将采取的行动，接下来艾森豪威尔要我表达意见……艾森豪威尔回应说：'第一件要做的事是占领飞机场。'我应该回答：'是的，艾森豪威尔将军，这是我们集团军在上岸后必须做的第一件事——确保飞机场安全。'"

杜立德接着说："显然，我那时做了一件蠢到极点的事。我继续发表我的论点并说：'将军，除非我们有了补给品、油料、汽油、炸弹、弹药、支援人员、食物及储存它们的设施后，否则飞机场对我们没有任何价值。'以上都是事实，但不是我应该说的；当时我所做的，只是突显了我的长官不知道他在做什么。与其说我说的那些话，我应该只说艾森豪威尔将军，您非常正确。我们需要做的第一件事就是占领那些飞机场，然后尽可能的运进补给品来完成任务。

"我说话时一直看着艾森豪威尔的脸，因为我知道我的大嘴巴闯祸了，我真想把话收回去，但已经太迟了。花了一年时间我才从这件事的阴影中走出来。我并非建议你成为一位‘唯唯诺诺的人’，而是建议你‘不该暗示你的长官在未同时顾及所有事时有些愚蠢’。我始终不相信‘唯唯诺诺的人’，但我确信要机敏地让人了解你的主意。”

当我问及在决策过程中，指挥官与下属之间应是什么样的关系时，空军独立后的首任参谋长斯帕茨将军的回应是：“我当然想受到下属们的尊重，但我不希望他们有任何的恐惧。我经常鼓励底下所有的参谋及各级指挥官，有任何事情想跟我讨论时不要拘束。同时，我喜欢至少有一个参谋对其他的人持反对意见。想要成为一位真正好的‘喜欢唱反调的人’（no man），那么他必须是一位非常聪明、能言善辩的人。”

当问及“喜欢唱反调的人”的观念时，斯帕茨回答说：“在决策定案之前提出质疑。但这些必须在决策定案之前发生，这也是我所谓的成功的指挥官与失败的指挥官之间的差别。如果质疑在决策之前没有出现，而在决策之后才出现，然后他又变得犹豫不决，这样的军事行动可能导致灾难性的后果。”

内森·F. 特文宁（Nathan F. Twining）将军是1952—1956年间的空军参谋长及第一位被选为参谋长联席会议主席的空军军官，他阐释了“喜欢唱反调的人”的概念，并建议决策者要坚韧且能忍辱负重。他以相同的脉络评论道：“领导能力的另一项特质是你必须照实地把心中的话讲出来。没有任何一个人能伟大到不用听别人的。某些人自以为是，结果作茧自缚。当然，有些人在钢琴、小提琴或其他类似的特别领域有天分，但这不是领导者，而是个人成就。就领导而言，你必须有能坐下来，倾听你的参谋或向你作简报的人讲话的能力，你要有勇气坐下来听，让他们畅言他们认为什么是对的，不要介意这些话的针砭之痛。你也需要一位当他认为你错了的时候，能进来直接告诉你的指挥官。这种事在我身上就发生了好几次，对我助益良多，我也相信如此才能超越自我。"

空军布鲁斯·K. 霍洛威（Bruce K. Holloway）将军对"喜欢唱反调的人"的观点与斯帕茨及杜立德的说法相同。霍洛威有个特殊的经历：他曾于第二次世界大战初期，在中国的飞虎队驾驶战斗机参战，击落13架日本飞机而成为空战英雄。在作战军需处任参谋主任期间，曾在许多空军飞机与飞弹系统的发展上扮演了举足轻重的角色，后来荣任第一个非长程战略空军司令部（SAC）的指挥官。在某次与我的面谈中，霍洛威针对"唯唯诺诺的人"这个议题，回答我问的"作为一个指挥官，你对下属领导才能所在意的是什么"时，他说："首先他当然要有成果。我既不喜欢任何有稍微表现出'唯唯诺诺的人'，也不喜欢任何一位沽名钓誉老是对我观点持异议，或他们相信必须这样做才能彰显其风格的人。周遭有这种过分的'喜欢唱反调的人'，他们虽是少数，但我如见瘟疫，唯恐避之不及。

"嗯，我猜你可能会说我所要找的是某种同时具有经验又聪明正直的人。就聪明正直而言，我的意思是，某人在内心真的不同意我时，就会表示不同意，但如果不通过思考就同意的人，他们也会立即同意我。而不是不管他反对与否都要表示不同意，为反对而反对，或是要当故意唱反调的人。周遭的确有少数这种人。"

霍洛威特别指名某位少将，无论是否真的同意，他都要反对。这个人惹恼了许多人，霍洛威评论道："假如有选择余地，基于上述理由，我将永远不会聘用那位将军。然而，有少部分人像他那样，极端地认为他们的不同意是一种特权。你也许能让他们信服并让他们忠心耿耿。你必须直截了当对这些家伙讲清楚，如果经过讨论之后，他们依然要争论，我将会说：'照着我指示的做，否则我将找

其他愿这样做的人来做。'

"我想假如一个人对他自己、对我都是真诚的,且试图竭尽所能去做我已下定决心要做的事,但如果不同意他也会告诉我,那么我将非常愉快地容忍较低水准的智商才能。我宁可要这类人而不要超级天才,那种人具有某种通常成为超高智慧水准的顽固自我,我就是不喜欢他们,而较喜欢那种意见态度相当持平的人。如果你发现他们,喔,孩子,你已经找到一座金矿了。在我的生涯中我遇到了多座金矿,我想这就是我过去能做得那么好的原因。我想就是这样没错。没有任何人聪明绝顶到能把所有加之于身的工作都做好,他就是无法办到。若有人认为他们可以独自完成大业,这些人通常都没有成功。"

爱德温·W.罗林斯(Edwin W. Rawlings)将军在空军成为一个独立军种后,独一无二地指挥空军物资指挥部(air materiel command)长达8年之久。期间,他作了花费960亿美元的决策。他说:"领导者在决策时,必须创造最好的指挥氛围。当我一直在经营空军物资指挥部时,我致力找出并委任所能得到的好部属,负责我手边特别关键的工作。如果你做得很努力,自然的,你会适才适用。因为好领导者的品质之一是不断训练一些接班人,如果在他必须离开时有合适的人能接替他,一切就会好过很多,如此开始便如滚雪球一样。

"领导的方法各式各样,不一而足。我每个月都跟我的指挥官们及重要参谋人员检查我们的工作。我们会注意我们所有的问题,每一个高位领导者都有机会解释他的人生观与态度,并让其他人了解他当时需要处理的问题。通常,这些人都比我们想象中的好很多。因此,我认为每个领导者的责任就是去创造让下属可以施展全部能力的氛围。此外,还要让他们知道高位领导者正在处理中的问题,有什么因素环绕着这些问题及领导者的个人哲学又是什么。但我不是指要'唯唯诺诺的人'。

"太多人告诉你他们认为你想要听的话，这是指挥的危险根源与坟墓之一。所以你必须非常用心地去创造他们愿意不同意你的氛围。这可不容易。如果你要采取果断的行动，他们会认为如果他们有不同意见，他们必须对此负责。我的哲学是需要让每个人说出他的想法，因为我们没有一个人聪明到能面面俱到的思考，假如我们知道某些人有意见和不同的看法，可能会改变初衷。但是，一旦你作了决策，就是另一回事了。这时你期望每个人都执行这个决策，如果他们不能，你就有麻烦了。但假如你已经创造了汲取众人意见的氛围，他们很可能会高兴，因为如果他们不高兴，就不会把事做得那么好。"

大卫·琼斯将军，1974—1978年的空军参谋长，试图建立能容纳发表意见的氛围。亨利·米德（Henry Meade）少将——后来任空军牧师，回应说："我曾很多次观察大卫·琼斯主持我们指挥官的讨论会，他们对他不会胆怯，甚至资深的领导人员也不会对他胆怯，这对他的参谋们来说是一种信任。他们会让参谋长知道他们的看法，而琼斯将军从未失去冷静，他从来不会表露恼怒……我记得有一次，当时有件与特别福利有关的事被抨击。琼斯将军扮演故意唱反调的人，向他的资深军官们挑战，要他们为这些福利辩护，他是在试图引出对那些福利的最佳辩护理由。琼斯将军无论何时都不会失去他的冷静，或表露恼怒、没耐心。他是自我控制的大师。4年间，我从未见过他被激怒，我想这是他非凡的成就。当然了，在你需要一个冷静头脑的时刻，那是人的言行举止的最有力特质，你不这样认为吗？"

查尔斯·加布里埃尔（Charles Gabriel）将军，1982—1986年任空军参谋长，也反对成为"唯唯诺诺的人"："你想替空军做最好的工作，就不能冀望你的参谋是位'唯唯诺诺的人'；但当你与某人意见相左时，也要注意你说'不'的态度。你需要若干能尽全力的人，你也要对你的人有所认知——他们的背景、经验、判断。你挑出最好的理由，你不必担心究竟谁站在你这边或另一边。

"我想特别强调在指挥官与其参谋间的关系中，可能发生最糟糕的事是（这些人）因为担心自己是错的而害怕说出某些事。许多指挥官因阻断了参谋成员的进言，导致自我拒绝接收适当的讯息。"

拉里·韦尔奇将军，继加布里埃尔将军之后任空军参谋长，他有同样的观点："当你只听到人们认为你想听到的事时，将会产生很大的问题，但你可以立即分辨出来。而那种人不是我们要替空军参谋本部挑选的人，我过去数年都在注意这件事。我们就是不挑选这类人。在空军参谋部里，你能获得'唯唯诺诺的人'的唯一方法是，由你将他们变成为'唯唯诺诺的人'，即你不能忍受不同意见，或你舍弃'喜欢唱反调的人'而给'唯唯诺诺的人'奖励。就我所认识的参谋长而言，迄今没有见过有人倾向于容忍'唯唯诺诺的人'。空军就是不会如此，这不是我们做事的方法。"

当施瓦茨科夫中校第二次志愿到越南任营长时，就已经展现了强烈的风格与领导才能了。作为一位作战领导者，他当然不是一位"唯唯诺诺的人"。他提到了一个经历以说明他在最近加入的部队："隔天，我被拂晓巡逻兵射杀了一个鬼鬼祟祟想渗入阵地外围铁丝网的越共的新闻吵醒。在尸体上他们发现了刺刀登陆区（LZ Bayonet）的详细草图——这是越共最具破坏性的战术之一，所谓的坑道攻击——所需的侦查方式。"

这件事引起了施瓦茨科夫的注意，他所接管的部队严重缺乏战备。他的旅长乔·克莱蒙斯（Joe Clemons）上校是国家的英雄，也是在朝鲜战争期间猪排山（Pork Chop Hill）战役中"优异服务十字勋章"（Distinguished Service Cross）的得主，他来拜访并视察施瓦茨科夫的部队。他惊讶地发现地下碉堡倒塌，环绕营房的铁丝网有缺口，敌人可轻易地由此穿过，而四周所铺的定向散镖地雷不只生锈还被转了方向，使得它们在爆炸时是将内部尖锐碎片喷向己方，会杀死并导致美军自己的战士受伤。

看了令人悲痛的设施后，克莱蒙斯转向施瓦茨科夫："这是耻辱，在我陆军生涯中从来没见过如此糟的状况。"施瓦茨科夫当然同意旅长的指责，他说："我们走过整个周边阵地，上校一路上对我严加斥责，我知道他是对的。如果之前在夜间有狙击兵突击，我的很多人都将阵亡。

"在他离开后，我马上就召集全营军士官，我们花了整天的时间确定沙袋都已装满、散兵坑都挖妥、定向散镖地雷重新埋妥，以防卫我们的营区。我们延伸了周边阵地，以将指挥中心及我的住所涵盖在里面，虽然我已决定两者最后还是要移进基地里面。克莱蒙斯的指责依然在我脑海里回响着，我决定不能在一个怀疑我能力的指挥官下有效地执行我的工作。因此，我致电对方并要求会面，他当晚在指挥部接见我时，并没提供位子让我坐下。

"我说：'报告长官，你有任何理由对今天在我部队里发现的事实生气，但我想要你知道我也很生气，我对该营的状况与你一样震惊。同时，我认识到未能在接管指挥权后立即检查整营的状况是我的过失。'

"当我在讲话时，克莱蒙斯瞪着我一语不发，我吸了口气，又继续道：'我不知道您对我的部队了解多少，但以我在基地只待过两天的经验，我可以告诉您，我可能接手了美国陆军最烂的营。我知道问题在哪儿，我会修正它，但无法在一夜之间扭转过来。如果每次都要紧盯着这些过失，不但对您没好处，也会让我变得迟钝。'

"他什么都不说，一直用他冷冰冰的蓝色眼睛凝视着我。最后他终于说：'施瓦茨科夫中校，我想告诉你，我也已经接手了美国陆军最差的一个旅。我愿意相信你知道该做些什么，现在就让我们一起去做吧。'既无笑容也不相互吹捧——我们两人都在枪下，必须尽快行动。"

施瓦茨科夫有另外一个越南经历可用来说明不成为"唯唯诺诺的人"需要付出一些代价，这次经历也强调当遇到弱势领导时应有的应对作为。有一天，一位助理师长搭机飞来告诉施瓦茨科夫说他的部队杀的越共太少。这个人的职业一直是在陆军工程兵部队，既不了解战斗又未曾在战壕里作战过，他作的决策突显他未能理解步兵作战的情境。施瓦茨科夫对此有所了解，告诉他这样行不通，并给了他理由。"这使得这位将军狂怒：'嗯，听你所言，我认为这是领导方面的问题！显然，你在这个营里必须更严格地控制你的人。'

"震惊之下，我几乎要说：'将军，很抱歉，但我无法服从您的命令。'

"幸运的是，乔·克莱蒙斯插手干预并说：'长官，施瓦茨科夫的分析绝对正确，您建议的不是个明智的行动路线。'这位将军面红耳赤地冲出碉堡，气得说不出话来。

"如果当时克莱蒙斯未介入，我的事业也许将止于该职位。因为那位将军用充满报复的口气说：'你这是抗命。因为你拒绝听从我的命令，你的指挥权被解除了。'相反地，克莱蒙斯站出来承受了这个锋头。这是在做对的事——当下属是对的时候，指挥官要支持他们——然而，这需要相当的道德勇气。"

施瓦茨科夫将军向我解释他对'唯唯诺诺的人'的看法："我将带的人，或想找来在我底下做事的人都不能受我的胁迫。当你是位将军时，当你是个身高1.95米、体重113公斤，且跟我一样对每件事都很热心时，你会渴望成功而不愿失败，你会威吓到许多人。有些人可能会在我面前屈服，而我希望留在身边的家伙是那些不会轻易屈服的人。这些家伙会说，等一会儿，长官，就这事而言，你偏左了或您错了，或我不同意您这一点，或我认为这件事您做错了。我不一定会同意他们，但重点是，你想留在身边的人一定是那些假如他们认为我正在犯错，或认为我已经犯了错时，会毫不犹豫告诉我的人。你让身边围着一些'唯唯诺诺的人'绝对是世界上最糟糕的事。"

我有幸与1979—1983年担任参谋长联席会议主席的威廉·克劳上将深入探讨"唯唯诺诺的人"的概念。我询问他有关坦率进言的价值，他答复说："我也是人，有时候'喜欢唱反调的人'会激怒我。你本来打算这么做了，结果有个脑筋灵光的混蛋站出来说，你的想法很愚蠢。那会让你坐立不安。但是这些敢说话的人可是扮演了重要的角色。可是对这些恼人的家伙很难填写好又适切的报告。

"但我确实遇到过一些并非'唯唯诺诺的人'，他们会做出自我伤害的行为。他们沉迷于为反对而反对，却未经深思熟虑。有很多方法让人知道你并不接受他们的想法，你认为你有更好的主意，而不会让他们觉得被逼上悬崖，这是一种艺术。

"国防部长会仰赖你的建言，如果他是个精明的人，将会仰赖你很多的建言，他会经常询问你的意见。但如果你进去，并告诉他所问的每个问题都是错的，你将失去你的可信度。他不必一定要征询你的意见。然后很快地他将会说，我不知道为何我想要与克劳谈这件事，他是个凡事都要反对的混蛋。国防部长可将主席完全　开在问题之外。

"与部长相处时……对一些无关紧要的事，你可以大部分同意他的意见，但如果事关紧要，你就要勇敢直言。这并不容易做到，你必须要在这方面下工夫，设法鼓起勇气把心里的话说出来。"

正如马歇尔、艾森豪威尔及麦克阿瑟当时所想，克劳认为他的事业可能将因他的坦率而就此告终。在我与他面谈时，他评论道："海伍德（Haywood）上将有一位名叫鲍勃·龙（Bob Long）的副指挥官，我十分赞赏他。在我被派到海军参谋首长办公室任职之前我并不认识他。他过去是核动力潜艇的军官。有一次他停留了约一星期，并打电话给我，开始告诉我一些与我工作有关的事，我真的勇敢地面对了他。他的执行助理是我的一位朋友，他说鲍勃·龙不喜欢那样，没人以那种方式跟鲍勃·龙说话。我对自己说，好吧，事情就这样结束了。我认为我完了，结果事情完全不是我想的那样。"

我与柯林·鲍威尔将军讨论"唯唯诺诺的人"的概念，他在生涯早期就能对上级长官坚持面对。鲍威尔时任科罗拉多州卡森基地（Fort Carson）的第4步兵师助理师长，师长是约翰·休达查克（John W. Hudachek）少将。鲍威尔同意我对于不成为"唯唯诺诺的人"主张的重要性。事情正如他的著作《我的美国之旅》（*My American Journey*）一书中的内容："我开始从同事那里听到抱怨说在卡森堡我们有一位地下师长。当休达查克将军监督他的属下时，太太们报告休达查克夫人也同样在监督她们。休达查克夫妇是对非常投入的夫妻，将军过去一直把他的妻子当作执行职务的搭档。安·休达查克在他设立的各种顾问会议中——如福利社、托儿中心及所有事——扮演重要的监督委员角色。她显然对她丈夫指挥的战士及其家庭的福利深感身负重责。摩擦来自夫妻两人直率扮演的角色，而我成了那些牢骚的避雷针。最后，我决定，是的，如果需要时，同时买他们两人的账。但这个情形在卡森堡已经太过火了，我持续观察了4个月，发现士气在消沉，我相信我有责任采取行动。"

鲍威尔去见休达查克的参谋长汤姆·布拉格（Tom Blagg）上校，

要求安排会面并表明为何要见休达查克。他被警告说："柯林……
不要这样做……我是在提醒你，你帮不了他，而且你可能伤到自
己。"鲍威尔还是毫不畏惧，正如布拉格所预言，他的进言不被赏
识，会谈也不顺利。

　　我曾多次对年轻的军官进行领导力方面的演讲，通常我在提
问与回答环节一直被问："假如你为对的事情仗义执言，却被处罚，
你会怎样做？"这正是鲍威尔与休达查克将军之间发生的事情。
鲍威尔说道：

　　　　1982年5月20日，我在卡森堡已待了整整一年。那个在
　　10个月以前就要把我的名字放上少将候选名单的人，把我叫
　　进办公室。休达查克说："坐下。"他是个香烟不断的老烟枪，
　　当他交给我一份两页的文件时，香烟在他的手指上颤抖着。
　　这是我的年度考绩表，我的前途就系于其上。我看完之后说：
　　"这是你经过考虑以后的评语？"他点点头。我又说："你知
　　道会有什么后果吗？这份考绩表可能会毁了我的前途。"休
　　达查克抗议说："不会的。"他保证不会有问题的。他明年还
　　会给我打考绩表的。他又说："明年的考绩表会给你打得好一
　　点。"我无法相信，起身告退。

　　　　当晚，我头昏沉沉地上了床。这是我在陆军服役24年来，
　　得到的最差的考绩评语。伯尼·罗杰斯（Bernie Rogers）在礼
　　仪学校（charm school）就提醒过我，我们之中有一半人无法
　　晋升为两颗星的少将。我现在知道我是属于哪一半了。在五
　　角大楼将官管理办公室（General Officer Management Office），
　　那些办理将官变动的年轻中校看到这份考绩表会想，这个一
　　帆风顺的家伙，终于吃瘪了。鲍威尔只不过是一个"政治将军"
　　（即在政治圈结交权贵而被晋升为将军）罢了，他无法承受

野战部队的洗礼。"腼腆的"迈耶将军看了这份考绩表会摇摇头说，柯林·鲍威尔离开部队太久了。下一次晋升评审委员会看到我的考绩表是那么的差，会想一向完美无瑕的鲍威尔到底发生了什么事？那晚我睡得很不好。

我和当时的陆军参谋长"腼腆的"迈耶将军谈论到年度考绩的事情。他告诉我，他听说了鲍威尔和休达查克之间的问题，而且设法将鲍威尔从该师调出，把他安置在一个两星少将的职位，这挽救了鲍威尔的前途。

鲍威尔和克林顿总统最初讨论的事情之一是有关军中同性恋的问题。鲍威尔说他对军中同性恋问题的看法和身兼三军统帅的总统的看法完全不同，所以当他和总统谈论这件事，"可能是他军旅生涯中最困难时刻之一"。

所有当局都说，总统就是想取消同性恋服役的禁令。你的看法是什么？我说："我的看法同我给前任总统布什的看法一样。假如克林顿总统想取消同性恋服役的禁令，那么他将给我们一个命令去取消禁令。但是，假如他询问我的意见，那将得到与上周我给布什总统的相同的意见。"这样的回答，引起了很大反响，我被控为"不忠的将军"，特别是不忠于总统。你可以想象，当人们如此批评你的时候，是一种什么样的感觉。在那段时期，我受到了严厉的指责，后来我告诉人们："瞧，假如总统当时决定改变一项政策，我会去执行。然而他并未取消禁令。他征询我的意见，我告诉他我的意见。如果，仅仅在两天之后我的意见就因为总统换了人而发生了改变，那才是最大的不忠。"

我问："报纸传闻你威胁要辞职。你或是任何一位首长有这样做的吗？"鲍威尔回答说：

> 没有。有一些将军写信告诉我必须为此事辞职。但是我说不。我从来没有为任何事情考虑过辞职。因为我不是三军统帅，克林顿才是。我的启发来自于马歇尔将军。马歇尔将军于1947年或1948年时，极力主张反对承认以色列，然而却失败了。当杜鲁门总统准备承认以色列时，一些人也认为马歇尔会辞职。

我采访了沙里卡什维利将军，他在1993—1997年任参谋长联席会议主席，我们谈到麦克阿瑟将军任陆军参谋长时，反对罗斯福总统的提议。沙里卡什维利将军说："我没有像麦克阿瑟将军任陆军参谋长时的那种戏剧性时刻。另一方面，我想我们之中的每个人位居高层职务时，都有面对不同意高层政治领导人物意见的时候，甚至不同意总统的意见。那是一个人必须表明立场的时候。在我任参谋长联席会议主席的4年间，所遇到的与高层意见不同的时候，从未像麦克阿瑟将军不同意罗斯福总统意见时那样的戏剧化，但是我遇到过相同的事，例如政府是否能提供足够的资源供军方使用。我记得第一次在国会作证，我提出军方的采购经费尚不足200亿美元，这件事情引起了很大的骚动。

"也有很多时候在其他事情上有分歧，例如我们部署在波西尼亚部队的真正任务，或是对于特殊武器的管制提议。但每一个事件，当讨论在进行的过程中，你都可以感觉到对于国家和总统的责任，即使在压力下，你也必须坚持自己的立场，给出你最好的专业军事建议，而不是最受一般大众欢迎的建议。最后，总统总是很清楚地表示，他想要我提供最佳的判断，即使你的判断和其他顾问的意见不同，甚至与他自己的判断相左。反过来说，你必须确定你已经作好了事先的功课，而且你的建议是实际上你能给出的最好建议。毕竟，你的建议可能对国家来说必不可少，且国家的生存必须依赖你的建议。关于这一点，我为那些在参谋长联席会议与我一起工作的同仁感到骄傲，他们把那些经常会遇到的困难事情处理得那么好。他们也总是乐意去捍卫那些他们相信是对的事情。"

1978—1982年参谋长联席会议主席是空军上将大卫·琼斯，他提供了一个在他从事参谋长联席会议组织重整时，一位军官拒绝成为一个"唯唯诺诺的人"的例子。对琼斯将军而言，这次改革导致了第二次世界大战以来美国军事组织的重大改变。这个变化，使我们前文提到的参谋长联席会议主席克劳、鲍威尔、沙里卡什维利，以及我们所有的军事机构均从中获益。

琼斯将军的例子要回到他军事生涯的早期。他告诉我："我第一次接触参谋长联席会议，是担任柯蒂斯·李梅将军的副官时。李梅将军告诉我，作为副官的第一个责任是'去学习'，几乎所有的会议他都带着我参加，甚至那些参谋长联席会议主席的会议。联合参谋系统内的程序复杂而缓慢，与战略空军司令部内快速、高效的行动有着天壤之别。我的想法是有人应该对联合参谋系统作些变革，却从未想到有一天我会置身其中。"

琼斯将军短期的前往越南去了解一个从未被提出来讨论的问题，即空权的误用，这使他十分关切联合参谋系统的功效，这个问题后来不仅是约翰逊总统要仔细研究的"目标清单"中的问题而已。数年之后，在1974年夏天，琼斯将军成为了空军参谋长，他说："我觉得许多冗长的联席会议，对我的时间是一大干扰。我必须说让我坐在那边开会是一件烦人事。我是一个好军人，如果没出差我就会去开会，但是我的心不在那儿。我相信我的同事同意我的看法，但是对于如何去改变这个现况，我们尚无法取得一致。"

有两个特别的作战行动突显了"改变"的必要性。琼斯将军说当他在越南任空军副指挥官时："我发现联合参谋系统真的无法掌握正在进行的事情。我们至少从事六种不同的空战：海军在北方作战、空军在北方作战、战略作战、空军在南方作战、越南人的作战、陆军直升机的作战……

"第二件是1980年4月25日代号为'鹰爪行动'（Operation Eagle Claw）的军事突袭行动流产及令人困窘的失败。这次行动是去救援被伊朗囚禁在德黑兰美国大使馆长达5个月的53名美国人质。这次救援因8架直升机仅有3架到达集结地点而被迫中止。"

琼斯将军所提倡的变革，最后是通过《1986年戈德华特—尼克尔斯国防重构法案》（Goldwater-Nichols Department Of Defense Reorganization Act Of 1986）付诸实施的。

琼斯将军在他任参谋长联席会议主席的第一个两年任期时，想和各军种参谋长一同对组织实施改革，但他很快发现各军种无法自行改组，因此必须从外部进行改革。一个军种的参谋长，如琼斯将军当年一样，是"首先自己是军种的参谋长。历史表明，一个参谋长，如果没能为其军种全力打拼的话，很快就会失去他的权威"。

琼斯将军知道他将使其他的军种天翻地覆，对五角大楼中各种"势力"而言，这将是一场"神圣的战争"，将会引起退役和现役军官的各种人身攻击。他将和五角大楼的同事分道扬镳，也知道军中同胞不会喜欢他所建议的改变，各军种不会愿意放弃他们任何的影响力，而琼斯将军将成了变节者（叛徒）。在美国军中，同胞对其高阶领导者提出批评，是很不寻常的，但是在反对改变的力量的反扑下，为粉碎琼斯将军的改革运动，传统伦理也被放弃。

此外,国防部内的文人组成成员因为"政治任命者"频繁的更换,造成人员缺乏连贯性和专业性,也感到五角大楼这个"帝国"在权威上受到了威胁。这种情况在军事幕僚方面也是一样,在参谋本部内,大部分人的平均任期为两年半。

琼斯将军小心地遵循军方与民政当局之间适当关系的游戏规则,亲自领军进行改革。他使参议院军事委员会和国防部长哈罗德·布朗了解他将在未来的两年,"尽快推动联合参谋系统的组织再造。布朗部长十分支持并且给予他所能给予的任何帮助"。

里根任总统时,国防部长是卡斯帕·温伯格(Casper Weinberger),当琼斯将军提醒温伯格部长此事时,"温伯格答复说他正期盼着我的建议"。当琼斯将军后来再提起改革的议题时,温伯格表示他不想去提出改组的事情,因为这将让许多人认为联合参谋系统已经是一团糟了,而且会对预算造成负面影响。琼斯将军说国会山的许多议员都知道联合参谋系统的问题,如果提出改组,将会获得他们的认同。琼斯说:"虽然温伯格部长在每次提到这个议题时都很有风度,但是我仍无法说服他。"

琼斯将军认识到,身为参谋长联席会议主席,按道理须设法进行改革,以完成这个组织的改组工作,特别是他任参谋长联席会议主席长达8年,是历任主席中任期最长的。关于他正尝试建立自己的帝国的谣传是站不住脚的,因为再过几个月他就将卸任联席会议主席的职务。显然,加强联席会议主席的权力,是为了他的继任者可以有更好的条件去执行他的任务,而不是为了他自己。他断定这个改革必须来自国会,而媒体必须参与改革的过程,以保持改革的前进动力,并且通过给国会施加压力去支持改革。

对于媒体,琼斯将军表示:"在我任期最后几个月,我仍将致力于参谋长联席会议的组织改革。坦白地说,我试着去建立改革所需的支援力量,我要谢谢你们(媒体)所给予的任何帮助。"

《纽约时报》在一篇社论中说："除非是相关权责的当局领导要求，军方的传统一向是保持沉默，以不变应万变，所以很少有军中的领导者会如此公开地去进行一项改革运动。"

琼斯将军表达了他的立场："虽然我遇到了很强烈且顽固的反对力量，但若不能再次阐明这个问题，并有望获得一些实质上的改革之前，今年夏天我无法心安理得地离开这里。"

经过琼斯将军不懈努力地协调奔走，《1986年戈德华特—尼克尔斯国防重构法案》的制定被誉为"可以说是自第二次世界大战以来最重要的国防立法"，"也是自1949年以来……国防部组织结构最重大的改变"。前众议院军事委员会主席与国防部长莱斯·阿斯平（Les Aspin）说这"是美国历史上的一个里程碑。自从1775年美国大陆国会创建大陆陆军以来，这是美国军事历史上最伟大的单一改变"。

本书研究的所有将军们的生涯都历经挫折，但也突显他们不是"唯唯诺诺的人"，也不能容忍他们的参谋中有这样的人。马歇尔还是一名上尉军官时，不顾一切地挑战潘兴将军，这是他生涯中的一个转折点，他告诉潘兴将军"有一些话必须说出来"，而且潘兴将军错怪了他们。马歇尔的同僚告诉他，他将会被"立刻开除"，但是马歇尔非但没有被开除。相反地，他成为了潘兴将军的作战官，并且在一年之内晋升到上校。

马歇尔挑战罗斯福是在他第一次参加内阁会议时，他告诉总统："非常抱歉，总统先生，我完全不同意您的看法。"当他们离开白宫时，财政部长告诉马歇尔"很高兴能认识你"。不到一年，马歇尔被罗斯福选为陆军参谋长。马歇尔告诉总统，他要有权说出他真正的想法，而且那"可能是令人不愉快的事"。当马歇尔任国务卿时，他告诉他的副手迪恩·艾奇逊："我期待你最大限度的诚实坦白，尤其是对我个人有意见时。"

当罗斯福1933年想要大幅削减陆军预算时，陆军参谋长麦克阿瑟将军以坚决的口气反对总统的意见。罗斯福告诉他："你不可以用这种方式对总统说话！"麦克阿瑟的反应是"我感觉我的陆军生涯已经结束了"，然而并非如此。

1949年，当劳顿·柯林斯将军将被任命为陆军参谋长时，他请韦德·海斯利普将军做他的副手。海斯利普回答说："你为什么要选我？30年来，我们对任何一件事的意见都相左。"柯林斯说："这正是我选择你的理由。"

当马歇尔将艾森豪威尔准将三振出局，并告诉他身为他的参谋是不会获得晋升时，艾森豪威尔立即反驳说："我一点都不在意你所提的晋升，以及你能晋升我的权力。"艾森豪威尔又说："从那天起他开始提拔我。"

大卫·琼斯将军在参议院军事委员会面前有滔滔而辩的性格，他挑战国防部长麦克纳马拉。结果他被从晋升准将的名单中除名。但是空军并未让这件事情结束他的军人生涯，琼斯最后成为了空军参谋长和参谋长联席会议主席。

施瓦茨科夫将军拒绝服从一位从未打过仗，而且不知道自己在做些什么的工兵准将的愚蠢命令。施瓦茨科夫告诉这位将军："很抱歉，但我无法服从您的命令。"幸运的是，他被他的旅长乔·克莱蒙斯上校解救，克莱蒙斯是朝鲜战争中猪排山战役的英雄。施瓦茨科夫的军人生涯得以继续，但是克莱蒙斯的军人生涯却因这次事件而终结。

鲍威尔准将反对他的师长约翰·休达查克少将的作为，因此休达查克将鲍威尔的年度考绩评得很差。鲍威尔告诉他："这份考绩可能会毁了我的前途。"然而并非如此，因为陆军参谋长"腼腆的"迈耶将军将鲍威尔自该师中救了出来，并且为他安排了一个两星少将的职务，从而挽救了鲍威尔的军人生涯。

克劳将军对他的上司鲍勃·龙将军直言不讳,一位朋友告诉他:"没人以那种方式跟鲍勃·龙说话。"克劳认为他大概会就此结束他的军人生涯。然而并未如此,他一直晋升当上了参谋长联席会议主席。

"腼腆的"迈耶挑战参议院军事委员会,告诉委员会我们拥有的是一个"空架子陆军"。他已经准备好提出辞呈,然而他并不需要这样做,他的直言不讳让他获得了所需的经费,以协助陆军重建武力。

琼斯将军挑战参谋长联席会议的组织结构,为此遭到了其他军种同僚的严厉批评。然而他却成功地使《1986年戈德华特—尼克尔斯国防重构法案》通过,前国防部长阿斯平说:"自从1775年美国大陆国会创建大陆陆军以来,这是美国军事历史上最伟大的单一改变。"

在美国,一个成功的军事领导者,必须有一些具备这种性格的下属,要能为制定决策提出引起争论的论点,并且努力执行决策,即使他不同意领导者的决策。最高的军事领导人必须具有接受挑战的性格,如克劳将军所说,即使有时"会有一个'喜欢唱反调的人'使我心烦意乱";特文宁将军说:"它会让你超越自我。"

第5章 阅读:终生学习

教育塑造一个人的风格。

——赫伯特·斯宾塞(Herbert Spencer)[1]

没有历史,只有自传。

——拉夫尔·瓦尔多·爱默生(Ralph Waldo Emerson)[2]

1940年,当德怀特·艾森豪威尔还是驻防在得州胡德堡(Fort Hood)的上校时,他任职陆军第3军军长沃尔特·克鲁格少将的参谋长。艾森豪威尔奉令前往华盛顿去见陆军参谋长乔治·马歇尔。他并不期待这次召唤,因为他害怕这道命令会将他带回华盛顿并担任参谋的职务,从而远离他梦想多年的陆军及热爱的部队。

在这次会议中,马歇尔请教艾森豪威尔对有关未来可能遇到的日本如何挑战美国在太平洋的地位,特别是对于当时还是美国领土的菲律宾群岛的看法。艾森豪威尔的一位传记作者曾作了这样的观察:"这个问题使艾森豪威尔感到震惊。他知道他在陆军已

---

[1] 赫伯特·斯宾塞(1820—1903),英国哲学家。——译者注
[2] 拉尔夫·瓦尔多·爱默生(1803—1882),美国散文家及诗人。——译者注

经获得了'谋士'的声誉，但是他知道马歇尔和他的作战计划处
也有他们自己的主意。他很清楚他们可能是为了一个职务在测试
他，这职务很可能就在战争部里面。"

　　身为一个足智多谋的人，艾森豪威尔提供了许多重要意见。
我请教他："一个人如何发展成为一位决策者？那是天生的才能，
还是后天发展而成？如果是后天发展而成，一个人是如何去成长
及进步的？"

　　他的回答有两点。第一，他强调在决策者身边学习的重要性。
在他的军人生涯中，他的确拥有那些经历。他曾在华盛顿及马尼
拉为道格拉斯·麦克阿瑟工作过，也为担任陆军参谋长的马歇尔工
作过。第二，他强调书籍的重要性，特别是历史和传记。

　　他在那本《闲暇时刻：说给朋友们听的故事》中，将某章命
名为《书房之钥》(*The Key to the Closet*)，但从他显赫的生涯
来看，该章应命名为《成功之钥》(*The Key to Success*) 可能更好。
在这一章中，他回忆："我最初的阅读嗜好是古代历史。在早年我
就培养了对人类记录的兴趣，我特别喜欢希腊和罗马的史料，这
些主题是那么吸引人，以至于我常常觉得自己忽视了其他科目。
从书房及那些书籍中，产生了一个奇妙的结果，甚至到了今天，
仍有许多看似无关的希腊和罗马的知识与日期铭刻在我的记忆中。
我有一种如定位般的记忆，当说话的人在一个事件中——例如阿
贝拉 (Arbela) ——谈到日期，并在时间上错了 1 年或 100 年时，我
常会打断我们的谈话；或是当作者不小心把年代写错了，我就会把
书放在一边，直到我又重新有足够的兴趣时再看。

　　"无论是马拉松 (Marathon)、扎马 (Zama)、萨拉米斯 (Salamis)
或坎尼 (Cannae) 战役，对我而言均是如此熟悉，就好像我与我的
兄弟和朋友在校园里的游戏一般。在稍后几年，电影教导孩子们，
那些坏人就是头戴黑帽子的人。另外一些人，如汉尼拔 (Hannibal)、

恺撒（Caesar）、伯利克里（Pericles）[1]、苏格拉底（Socrates）、地米斯托克利（Themistocles）[2]、米太亚得（Miltiades）及列奥尼达（Leonidas）[3]是我的白帽子（好人），我的英雄。薛西斯（Xerxes）[4]、大流士（Darius）[5]、亚西比德（Alcibiades）、布鲁特斯（Brutus）[6]及尼禄（Nero）[7]，这些人是戴黑帽子的，是坏人。白色的或是黑色的，他们的名字和他们的战役历久弥新，我无法将两千年发生的所有事情全记在我的脑袋里——或许比起古代的事件，我更应该多注意现代的事件。在所有古代的人物中，我最喜欢汉尼拔。

"从小时候起，所有的历史读物，尤其是政治与军事历史，总是能引起我极大的兴趣。我可能花一整晚的时间阅读某本写得很好且考证翔实的历史小说。近代领导者的战役——腓特烈大帝（Frederick）、拿破仑、古斯塔夫斯·阿道夫斯（Gustavus Adolphus），及所有美国杰出的军人和政治家——我都十分感兴趣。

"当我想到美国人时，华盛顿是我的英雄。我对他在普林斯顿（Princeton）、特伦顿（Trenton），特别是在福吉谷（Valley Forge）的功绩可谓百读不厌。对康威（Conway）和他的阴谋，我几乎怀有强烈的怨恨，而且无法想象会有人如此愚蠢，如此没有爱国心，想把华盛顿从美国陆军指挥官的位置上拉下来。首先，他让我钦佩的风格是他在逆境中的坚忍和毅力，以及不屈不挠的勇气、胆识和自我牺牲的情操。"

---

① 雅典政治家、将军及演说家。——译者注

② 雅典将军及演说家。——译者注

③ 希腊英雄，曾任斯巴达国王。——译者注

④ 波斯国王。——译者注

⑤ 古波斯王。——译者注

⑥ 罗马政治家。——译者注

⑦ 罗马暴君。——译者注

艾森豪威尔会提到华盛顿是很有趣的，因为华盛顿确实也是一位爱读书的人。在华盛顿去世时，他拥有的藏书超过900册，这在那个时代是一个相当大的数目。华盛顿很早就养成了阅读的习惯，他都是从伦敦整箱整箱地订购新书，他对军事、英国历史和农业方面的常识有充分了解，选择性阅读及研究书籍是十分重要的。他甚至阅读当时流行的英国小说，例如《汤姆·琼斯》（*Tom Jones*）。

最近一本命名为《国父：重新发现乔治·华盛顿》（*Founding Father: Rediscovering George Washington*）的华盛顿传记，相当值得一看。其中一章命名为《思想》（*Ideas*），详细地叙述了华盛顿的教育观点。该书作者理查德·布鲁克黑瑟（Richard Brookheiser）引用托马斯·杰斐逊（Thomas Jefferson）提及华盛顿时所说的话："他花时间从事的主要活动是阅读有关农业和英国历史的书籍。"

华盛顿不是一个大学生，虽然与他同时代的大部分人都是大学生，如托马斯·杰斐逊毕业于威廉玛莉学院（William And Mary），约翰·亚当斯（John Adams）毕业于哈佛大学。虽然在"制宪会议"（Constitutional Convention）中有24位大学毕业生，然而被选为会议主席的，却是主要靠自学的华盛顿。

他的阅读范围包含在当时引起争议的文学，特别是当时具有争议问题的小册子。传记作家布鲁克黑瑟说："虽然华盛顿作为总司令的经历使他赞成组成一个比较强有力的中央政府，但这主要是来自于阅读的指导。在讨论宪法时，他除了阅读《联邦主义者》（*Federalist*）之外，还阅读了6篇赞成或是反对的其他辩论者的论文，而且在就职演说的草稿中引用了那些文章的内容。"在他退休后，华盛顿鼓励免费报纸的想法，拜访者前往芒特弗农（Mount Vernon）去拜访他时，发现他订了10份报纸。

创意从何处而来？

《不列颠百科全书》（*Encyclopaedia Britannica*）对本杰明·富兰克林有这样的描述："在乔治·华盛顿之后，他可能是18世纪最有名的美国人。"富兰克林的父亲是一位肥皂与蜡烛的制造商，他在家中17个孩子中排行第10。尽管家世很平凡，但富兰克林在50岁时就积蓄了一小笔钱，并决定投身公共服务。他的诸多贡献有：撰拟《独立宣言》（*Declaration of Independence*），在美国革命时争取到法国的军事与财政支援，与英国谈判并使其承认北美13个殖民地为主权国家，起草宪法。

富兰克林对公共服务的贡献是很重要的，包括在宾州国民军任职上校，他也是以发明而出名的人。他的创意在何处开花结果呢？富兰克林用从阅读和思考中获得的灵感发明了"富兰克林壁炉式取暖炉"（Franklin stove）①，直到今天大家还在使用。他还发明了"避雷针"，在欧洲他以"电的实验与理论的研究"而闻名。他也发明了"双焦点眼镜"（bifocal glasses）。费城是他一生中居住最久的地方，他组织了第一支义务消防队（每次集会时，队员都必须带着自己的沙桶）。他创立了第一所公共图书馆、第一所医院、费城第一所学术学院（现在的宾夕法尼亚大学［University Of Pennsylvania］）。为了建议如何在人生中出人头地，他写了一本《穷理查德年鉴》（*Poor Richard's Almanac*），那是大家公认的一本"畅销书"，也为他赚了不少钱。

10本传记的作家凯瑟琳·德林克·鲍温（Catherine Drinker Bowen）在1974年如此描述富兰克林："在一个年轻人酝酿与支持革命成为特别标签的时代，重要的是我们要记得两百年前，英国君王们和欧洲很多地区所害怕的人，且被视为美国人中最危险的人就是本杰明·富兰克林——在他68—80岁那段期间。"

---

① 冬天屋内取暖用。——译者注

令人惊奇的是，虽然他有卓越的成就，但富兰克林的学校教育在他 10 岁时就结束了，他仅有一年的正式教育和一年的家庭老师教育。他的想法起源于何处？他又如何为背负如此重大责任的职务作准备？答案就是他喜爱阅读。

他的自传提供了不少关于阅读重要性的说明，阅读一直是他生命的一部分。他说："我不记得什么时候我不能阅读。"事实上，他的朋友们因认为他可能成为一个伟大的学者而鼓励他。"我从幼年时代就喜欢读书，我的零用钱全都买了书。"他父亲的藏书局限于"辩证法神学"（polemic divinity）。"我阅读了大部分。我很失望，那时我渴望知识，但是却无法获得适当的书籍。"

在年少时，富兰克林是一个印刷学徒。"现在我可以接触到比较好的书籍，我经常坐在房间里读书，当书是晚上借来而必须在早上归还时，我会花上大半个夜晚来读完那本书。害怕把书弄丢了或是人家会把书要回去。"

借着模仿其他作家的风格，他发展出了自己的写作技巧。他说："对自己未来可能成为一个还可以的英文作家的强烈渴望激励着我。我的写作练习和阅读的时间是夜间，在工作之后，或是在早晨上班之前，或是在星期天，当我设法独自一人留在印刷工厂的时候……"

1724 年春天，富兰克林前往英国并继续保持着对阅读的兴趣。他在自传中提到："当我住在小不列颠（Little Britain）的时候，我认识了一个叫威尔科特斯（Wilcox）的书商，他的书店就在我住所的隔壁。他有许多二手书，那时候还没有可以外借书籍的图书馆，我们定了一个合理的借书条件，不过究竟是什么条件，现在我已经忘记了。他所有的书籍，我可以拿来阅读，然后再还给他。我认为这是一个绝大的方便，而我也尽可能去利用这个机会。"

从英国回到费城，富兰克林组成了一个 12 人小组，他们每星期聚会一次，吃过晚餐后，开始讨论当晚指定的书籍。他劝小组的成员把他们的各人书籍集中在一个共同的图书馆，"以方便整个小组的成员，都可以使用所有成员的书籍，如此一来就好像每个成员拥有全部的书籍"。可惜的是，这个构想并未成功。所以他"发动第一个大众性的计划，就是会员制图书馆（subscription library）"。他说："这就是整个北美洲会员制图书馆的始祖。这些图书馆改进了美国人的一般谈话水准，使得普通的小商人和农夫说起话来，与来自其他国家的大部分绅士一样聪明、有才智，也许这对让殖民地人民能普遍站出来保卫他们的权利有某种程度的贡献。"这也就是这个国家免费公共图书馆的起源。

富兰克林进一步回忆："借着持续不断的学习，这个图书馆提供了让我进步的方法。为了学习，我每天安排一到两小时来读书，这在某种程度上弥补了以往我父亲想要我受教育的损失。阅读是我唯一的娱乐，我从来不把时间浪费在酒馆里或其他的嬉闹上。我不屈不挠地不断求知，且乐此不疲。"

在美国的历史中，美国最有名的军人之一就是亚瑟·麦克阿瑟，他是陆军上将道格拉斯·麦克阿瑟的父亲。老麦克阿瑟18岁时就在南北战争中获得了荣誉勋章，19岁时成为南军和北军中最年轻的上校。

在美国和西班牙战争之后，亚瑟·麦克阿瑟已是陆军中将，被任命为菲律宾的军事总督。当美国总统威廉·霍华德·塔夫脱（William Howard Taft）稍后派了一位文人总督后，两人之间产生了很大的摩擦。在战后统治菲律宾的确是件引起争议的事，因为美国对菲律宾这块领土的权力尚在争议中。参议院对这件事的调查，造成了共和党和民主党之间的冲突。

因为他军事总督的角色，麦克阿瑟很自然地被选为一个证人。在1902年的听证会上，他就政治理论和民主原则作证，并展现了宽宏的心胸和渊博的知识。当他被询问到美国是否应该将菲律宾并入版图时，他从政治、经济和军事上广泛地说明了这些岛屿的重要性，显示了他的远见。他认为菲律宾具有很大的潜力成为美国商品市场，在远东则是一个战略基地，可增加和中国的贸易，并且可以保护夏威夷的安全，亦可作为一个散播民主的政治基地。他说："它是一个指挥影响力的踏板——在东方政治、商业和军事的优势。"不超过高中学历的他，是一个白手起家的人，他的教育是通过独立阅读和终身的认真学习。

1904年2月8日，日本海军攻击在亚瑟（Arthur）港和中国东北大连（Dairen）港的俄国太平洋舰队，引发了双方的战争。老罗斯福总统提供斡旋，在1905年促成双方的议和谈判前，他派遣亚瑟·麦克阿瑟到日本和俄国考察这场战争。麦克阿瑟的观察报告对罗斯福总统而言是非常珍贵的。他的传记作者肯尼思·杨（Kenneth Young）在书中描述："30年来，他几乎读完了每一本有关东亚的书籍，他在菲律宾的经历加深了他对日本和中国的兴趣。"事实上，早在1882年，他就尝试着获得担任北平军事武官的派职。

在他研究亚洲情势时，亚瑟·麦克阿瑟的儿子，道格拉斯·麦克阿瑟中尉是他的副官。道格拉斯奉父命"购买他所能找到有关他们访问国家的每一本书，到了晚上，他们阅读、谈论并且分析经验，亚瑟要求道格拉斯好好地保存这些记录，他的阅读书单逐渐加长。在考察结束时，他们已经阅读了好几十本有关他们访问过的国家的书籍"。

在道格拉斯·麦克阿瑟整个军人生涯中，他力求自己成为像他父亲一样有辉煌贡献的军人，亚瑟的榜样作用是道格拉斯的军人生涯发展中的一个重要因素。南北战争之后，亚瑟·麦克阿瑟起初驻防在美国西部，一位传记作家描述他是"阅读其他人书籍的伟大读者，寄给他的书都是一大箱一大箱的，运费相当可观"。

他都读哪些书籍呢？在边界关闭的那一年，一份保存在人事参谋主任办公室的考绩表，记载着亚瑟从事美国历史上殖民与革命时期的政治经济学调查、美国和英国宪法的比较、中国文化和制度的广泛调查，还有有关吉本（Gibbon）、麦考利（Macaulay）、塞缪尔·约翰逊（Samuel Johnson）、托马斯·马瑟斯（Thomas Mathers）、大卫·李嘉图（David Ricardo）、约翰·斯图尔特·米尔（John Stuart Mill）、亨利·凯里（Henry Carey）、沃尔特·巴吉诺（Walter Bagenot）、托马斯·莱斯利（Thomas Leslie）及威廉·杰文斯（William Jevons）等作品的阅读。

1905 年之后，麦克阿瑟父子阅读的书目持续增长，他们对于书籍的渴望永远无法满足——希腊和罗马历史、中国历史与文化，以及任何他们在一个国家能够找到的有价值的书。他们连续考察旅行了八个月，旅程超过两万英里。

道格拉斯·麦克阿瑟在他的回忆录中记载着亚洲之行"毫无疑问在我的整个生命中占有重要地位……殖民系统的优缺点，如何带来法律和秩序，但是却没能发展大众教育和政治经济"。这些对在第二次世界大战后，负责占领日本并在那里建立民主制度的麦克阿瑟将军而言是一个非常重要的基础。

道格拉斯·麦克阿瑟在他父亲去世后继承了 4000 多本书籍。在他的人生中，遵循着一个严格的阅读时间表，选择那些涵盖主题范围甚广且不易阅读的书籍。

1919 年 6 月 12 日，从西点军校毕业 16 年之后，道格拉斯·麦克阿瑟被任命为他母校的校长。经由他广泛阅读的启发，他将历史和传记并入课程学习中。他发现西点军校正处于一个无秩序和混乱的状态，在第一次世界大战期间，因为对军官的迫切需求，学校 4 年的课程被缩短了。现在为了陆军未来的需求，需要新一代的军官。陆军参谋长佩顿·马奇（Peyton March）将军告诉麦克阿瑟："西点军校落后时代40年。"麦克阿瑟回应说："西点军校必须再生，课程必须重建。"

哪里有问题？需要什么样的变革？麦克阿瑟简要地说明了这些问题。

"对于课程的学习情况是一团糟，入学的教育限制大幅降低，学生团队的士气低落。"由于没有高年级学生，导致没有学生军官干部作为榜样，"在1919年6月实在看不出老西点军校的任何影子，老西点军校已经消失了，它必须被重建"。

麦克阿瑟利用夏季时间把学生带出去进行一般的野外演习。他希望让学生能直接接触实际的军队情况。他想改变一个所谓"遁世的，像是修道院般的生活"。他要求每一个学生都要参加主要的运动。

虽然这些改革是需要的，但最重要的是，麦克阿瑟决心扩充课程，增加了国际关系、历史和经济的课程，帮助学生建立一个全球性知识的基础。

威廉·曼彻斯特（William Manchester）在《美国的恺撒》（*American Caesar*）一书中描述，20世纪30年代，当道格拉斯·麦克阿瑟驻防在菲律宾时，他的太太珍（Jean）"经常寄给他美国南方联邦军们的传记，其中包括道格拉斯·弗里曼所写的四卷本有关李将军的生活、亨德森（Henderson）有关"石墙"杰克逊将军的两卷本著作和威勒（J. A. Wythe）写的《内森·贝特福德·福瑞斯特》（*Nathan Bedford Forrest*）"。曼彻斯特说麦克阿瑟是一位"速度极快的阅读者，他一天可以读完3本书"。

在离开菲律宾之后，1942年，麦克阿瑟奉罗斯福总统的命令前往澳大利亚组织联军，以夺回被日本人侵略并占领的土地。一位传记作家描述："麦克阿瑟晚上花很多时间待在书房里。这房子的前主人是一位很有学问的人，书架上放满了好几种语言的书籍……他所阅读的书中的句子，常会在他每天早上口述的'公报'（communique）中出现……他会引用莎士比亚、《圣经》、拿破仑、马克吐温和林肯的句子来解说一个单一的概念或想法。约翰斯顿（Johnston）也说：'他会引用柏拉图的一段声明，有时则是《圣经》上的句子。'"

一位曾在他手下服务过的军官描述麦克阿瑟在担任陆军参谋长时："他在办公室工作很长时间，而且心甘情愿地花费大部分的夜晚，在他位于波多马克河（Potomac）边梅耶堡（Fort Myer）的宿舍里阅读。他是一位非凡的阅读者和历史的学生。他在书房里读书就可以获得心情的放松（阅读他父亲留给他的书籍）……"

"阅读"在马歇尔、艾森豪威尔、华盛顿、富兰克林和麦克阿瑟等人风格的发展上，扮演了一个重要的角色。南北战争双方的伟大领导者，以及第二次世界大战中陆军和陆军航空队的领导者都热爱阅读，并因为阅读而获得了积极的影响力。

南北战争时，阅读对一些重要领导者所产生的影响是显著的。1862年，被林肯总统任命为"波多马克军团"（Army of the Potomac）指挥官的乔治·B.麦克莱伦（George B. McClellan）少将，在他早期的军人生涯中，阅读和学习对他名声的建立非常重要。麦克莱伦1846年毕业于美国西点军校，在全班59位同学中排名第2，他被派职于工兵部队，这是陆军最精锐的兵种。

麦克莱伦毕业后驻防在西点，他将大部分时间用于"马汉的拿破仑俱乐部"（Mahan's Napoleon Club），该俱乐部向大学以及对专业学习有强烈兴趣的军官开放。俱乐部经常聚会讨论会员们写的有关拿破仑战役的论文。麦克莱伦写了一篇1812年拿破仑入侵沙俄战役的论文。这篇论文被会员们称赞为出色的研究报告。

1851年6月，他被派往参与陆军工兵团在德拉瓦河（Delaware River）地区的一个计划，在那里他开始研究德国。1855年3月，他被选派赴欧洲研究"克里米亚战争"（Crimean War）。有两名军官——理查德·德拉菲尔德（Richard Delafield）少校和阿尔弗雷德·莫迪凯（Alfred Mordecai）少校——和他一起前往。

在随后的六个月，麦克莱伦研究法国、英国、德国和沙俄的军事设施和要塞，并访问了位于比利时的滑铁卢（Water Loo），观察这个著名的战场。经过深入、彻底的研究后，他写信给朋友说："现在我可以想象自己是当时这场伟大战役的观众。"

当他们三人回到美国，战争部长杰斐逊·戴维斯（Jefferson Davis）要求麦克莱伦以骑兵和工兵的观点来写克里米亚战争的报告。莫迪凯少校负责军械方面的报告，德拉菲尔德少校负责要塞方面的报告。麦克莱伦带回了200本书籍，书籍的主题范围自野战口粮到兽医医药。

麦克莱伦从这次的经历中学到很多。南北战争开始后，在寻求领导人才的各州州长及华盛顿官员的眼中，他是著名的战争艺术学者，也是一位专家。

1861年，一位评论家写了一篇关于麦克莱伦的报道："他工作的一个主要附加利益，是因作者已事先不知不觉地给了我们他的工具和原则宝库。从已经写好的文字，我们可以期待辉煌的成就……关于这一点，书面文字、多年的研究和阅读，在领导军队进行战斗时都具有实际效用。"

我必须强调麦克莱伦的例子，仅仅是"阅读"不能确保一个军事领导者的成功。他是一个军事史的学者，但是对于他的指挥记录的批评家可能会怀疑，为什么他没能运用他研究工作的心得。他是一个熟练的战争学者，然而却是一个失败的战场指挥官。麦克莱伦的问题在于缺乏风格。杰克逊的传记作家拜伦·法韦尔（Byron Farwell）说："杰克逊重视军事教育的重要性，但是他相信'要成为一个将军必须要有一些特质'，在这些必要的特质中，他列出了'判断力、胆识和风格的力量'。"

罗伯特·E. 李将军是一位认真的阅读者和成功的战场将军。他是西点军校4年级的资优生，曾和班上的一些同学担任助教，辅导数学有困难的学生。虽然李在辅导上花费的时间获得补偿，可是他的名次开始下滑。为了重新赶上班里的名次，他必须缩短辅导数学的工作，然后才有时间开始阅读。从1928年1月26日至5月24日，他从图书馆借了52本书，这些书显示了他多方面的兴趣：卢梭（Rousseal）①的著作，马基雅维利（Machiavelli）的《战争的艺术》（*Art of War*）、传记，以及拿破仑的相关论文。

当李将军成为西点军校校长时，他再度拥有了当时最好的军事图书馆。在两年七个月的任期间，他读了48本书，其中15本是军事传记、历史和战争科学，7本是有关拿破仑及他在沙俄的战役。

艾肯柔（Ikenrode）和康拉德（Conrad）所著的南方联邦詹姆斯·朗斯特里特将军（James Longstreet）的传记中描述说："鲜有人能比朗斯特里特更完整地用他的行为和文字说明他的风格——他的行为比文字更具说服力。"朗斯特里特很少研究战争艺术，他不像杰克逊是个读书人、学者。他对战争理论的想法是偶然获得的——朗斯特里特是不读书的。作者们进一步地详述："朗斯特里特不是一位战争学者，在战争方面亦没有深入的思考，将他放在一个需要丰富的知识和积极主动的职位上，他就会失败。没有将深入的战略研究结合到所有的环境之中，他就不知道该如何采取行动。"

"石墙"杰克逊将军是一位不折不扣的阅读者。他的传记作家詹姆斯·罗伯森（James Robertson）描述说："杰克逊对书店着迷，他花好几个小时的时间去书架上翻阅那些书籍。决心以各种可能

① 法国哲学家。——译者注

的方法成为一个军人，他开始阅读历史故事和军事传记，古代历史和有关拿破仑战役的论文是他的最爱。偶尔杰克逊会阅读当代的定期刊物，以感觉国家大事的脉动。"

我写信给"弗吉尼亚历史协会"（Virginia Historical Society），以确定杰克逊在他书房内的书籍。这些藏书包括《安德鲁·杰克逊的生活》（*Life of Andrew Jackson*）——其中包含了说明他性格的小故事，以及克伦威尔（Cromwell）与亨利·克莱（Henry Clay）的传记、许多拿破仑和乔治·华盛顿的论文、无数有关宗教和科学的书籍。

尤里西斯·格兰特将军在他的回忆录中描述了他在西点军校的岁月："我无法停止热爱我所学习的功课，事实上，在学生时代我很少把功课念第二遍，可是我无法坐在我的房间里什么事也不做。当时学校有很好的图书馆，学生可以借书回他们的宿舍去看，我在图书馆花了很多的时间，但并非是在阅读学习中的相关课程，我要很抱歉地说，大部分的时间是花费在阅读小说上，但并非那种无价值的小说。"格兰特的传记作家威廉·S. 麦克菲力（William S. Mcfeely）写道："这是一个大胆和守旧的性格平衡。格兰特相信自己具有知识上的进取心，然后辩解那些书籍对他具有重要性，他感觉记录受惠于那些书籍是一件重要的事。那些是好书，阅读它们是一件快乐的事。"

威廉·特库姆塞·谢尔曼将军喜爱书籍，并且在9岁时就开始阅读书籍。他的父亲，查尔斯·谢尔曼（Charles Sherman）去世时，留下一位寡妇和11个孩子，其中之一就是"坎巴"（Cump，谢尔曼儿时的绰号），他必须由不同的家庭和朋友照顾。幸运的是，9岁大的坎巴仅须到隔壁去和托马斯·尤因（Thomas Ewing）一家共同生活。尤因是一位成功的律师，他把对书籍的爱和阅读技巧传授给了谢尔曼。谢尔曼的传记作家约翰·菲茨杰拉德（John Fitzgerald）描述说："书籍变成了他的同伴。他阅读任何能够获得的书……"尤因坚持让他的太太将所有的孩子集合在一起，让坎巴念古德里奇（S. G. Goodrich）的彼得·巴里（Peter Parley）的书籍给他们听。这些书的领域集中在地理、历史和道德方面，也为他开启了这个新的视野。玛丽亚·尤因（Maria Ewing）鼓励坎巴每天晚上在就寝前念书。

尤因的藏书被誉为"在这区域中是独一无二"的。这样的阅读，建立了谢尔曼对地理的终身兴趣。传记作家马斯查克（Marszacek）说："（谢尔曼）对美国联邦的崇敬，无疑是受到了这些书籍的影响。"

1846年7月，谢尔曼上尉奉命前往加州登上海军"列克星敦号"（*Lexington*）舰艇。他是第3炮兵E连的成员，离开港口时他们的任务尚未确定。"列克星敦号"在海上航行了六个月，谢尔曼把船上所有的书都读完了。

后来他离开了陆军。1859年4月，谢尔曼担任了新的路易斯安那军校（Louisiana Military School）校长一职，该校现已成为路易斯安那州立大学（Louisiana State University）。他在那所学校的首要任务之一，就是强调阅读的重要性。他前往纽约为学校的图书馆买了数百册的书籍，其中有400册是历史和地理书。

谢尔曼终生喜爱书籍，在退休的岁月里，他读了很多书。他个人庞大的藏书包括12册《威灵顿的报告书》（*Dispatches of Wellington*）、莎士比亚的戏剧、巴可勒（Buckle）所著的三卷本《美国的历史》（*History of the United States*），以及沃尔特·斯科特（Walter Scott）、查尔斯·狄更斯（Charles Dickens）和华盛顿·欧文（Washington Irving）等人的著作。

第二次世界大战期间，可能没有一个人所作的决策超过乔治·马歇尔将军。他认为阅读对他的职业生涯很重要，且是作出好决策的重要因素。

马歇尔说："如今我了解到，在家庭生活中，我可从阅读之中获益良多。说也奇怪，我的父亲大声阅读，而且喜欢如此阅读。我的母亲读很多书给我听，如《艾凡赫》(*Ivanhoe*)[1]和那个系列所有的书籍，但是她的视力逐渐衰退，最后无法再为我读书。那时我的父亲喜欢读书，而我们大都喜欢听他读的书。他读很多的书给我们听，我可以回忆那些书的部分内容，记得有住在罗马的美国作家马里恩·克劳福德(Marion Crawford)所写的"萨拉西内斯卡"(Saracinesca)系列——《圣伊拉里奥》(*Sant Ilano*)和《唐·奥西诺》(*Don Orsino*)。我记得我父亲为我们读的费尼莫尔·库珀(Fenimore Cooper)故事集，特别是由亚瑟·柯南道尔爵士(Sir Arthur Conan Doyle)所写的著名故事。"

在一次访谈时，马歇尔提到他小时候读的一些没那么严肃的书籍："在那个时期，有很多薄薄的小说，如尼克·卡特(Nick Carter)小说集、弗兰克·梅利威尔(Frank Merriwell)小说集、老南方(Old South)小说集。当时弗兰克·梅利威尔的小说集是被广泛阅读的，除此以外我们被禁止读其他的书。为了阅读尼克·卡特的小说集——它们很类似杰西·詹姆斯(Jesse James)的佳作，我们必须躲到避暑小屋去。"

当马歇尔还是孩子时，曾受雇于圣彼得教会，阅读使他惹上了麻烦。马歇尔说："我的工作是为风琴打气。打气泵的位置十分狭小，就在风琴的后面，泵就好像是船上舵柄的把手一样。打气的工作并不困难，除了你必须守在那儿之外，但是布道时你必须等待一段很长的时间。有一天早上，在等待的时候，我忙着看5分钱一本的尼克·卡特小说。正看到最精彩的一段时，我的注意力被一阵敲打声叫回到风琴上，那敲打声是风琴师芳妮·何威(Fanny

---

[1] 林琴南译该书名为《撒克逊劫后英雄略》。——译者注

Howe）小姐从风琴的键盘上发出来的。然后我意识到她必须在布道结束的时候演奏曲子，但音乐并没有从风琴里出来……她不仅不高兴且十分震怒……她结束了我为风琴打气的工作。"

马歇尔在高中时候的数学、拼音和文法上，只是个成绩普通的学生，但是他说："假如是历史的话，我的表现就很好了。在历史上我可是最优秀的学生。本杰明·富兰克林和罗伯特·李将军是我崇拜的英雄。"

1957年3月6日，在一次和福瑞斯特·波格的访谈中，马歇尔回想在弗吉尼亚军校当学生时的阅读情形："我阅读任何能弄到手的书，那是相当大的数量，特别是最后的一年半。一直到那时候我都没有发现我的室友尼克尔森（Nicholson）——他和他的兄弟们都是孤儿——拥有《皮卡尤恩时报》（Times-Picayune），那是新奥尔良的皮卡尤恩报纸。有一天，尼克尔森无意中说到他们要检查许多书，检查后以5分钱一本的价格将那些书籍出售。因此，我们赶紧叫尼克尔森联络在报社的一个朋友，这位朋友愿意将这些书籍买下，并且送给我们，所以你可以在记录簿上找到尼克尔森捐赠给图书馆书籍的记录，这就是此事发生的情形。我是一个快速的阅读者，佩顿（Peyton）也是一个快速的阅读者，但尼克尔森阅读速度慢，所以佩顿和我就把那一大堆书都读完了。"

在一次访谈中，艾森豪威尔将军和我详细讨论了"阅读"对他职业军人生涯发展的重要性。"我在西点军校时不是一个特别好的学生。西点军校有一门'军事史'的课程，这门课与现在所学的是不一样的。我们所学的军事史之一是'葛底斯堡战史'（Battle of Gettysburg），我们被要求的第一件事是熟记每一位将军和代理将军的名字。你必须知道他们指挥哪些部队，然后他们给你每一位指挥官在某时某刻的状况与位置。我一向讨厌记忆，虽然我的记忆力很好，但这样的教学方式引不起我的兴趣。所以我并未将精神放在这门课上，因此，我这门课几乎不及格。"

尽管在学生时代曾因踢足球而受伤，但艾森豪威尔仍然在陆军任官。"那时我下定决心，如果我要选择军人作为事业，我就要成为最好的军人。并不是说我就此停止玩乐，我想我和任何人一样都是喜欢玩乐的。可是当我静下心来念书时，我不会去做任何其他事情。我在寻求新的计划、新的想法，因为我无法忍受堑壕战及为什么我们不放弃这种作战形态。我阅读所有能找到的有关堑壕战的资料，我实在没办法使用那样的作战形态。但因为他们认为我具备当教官的特殊才能，因此我勉强地接受了堑壕战的训练。对一个年轻军官而言，这是一个不起作用的安慰。"

艾森豪威尔继续说："毫无疑问，是福克斯·康纳（Fox Conner）引导了我，让我能以比较好的方法学习。我重新开始学习是在1915—1919年，但我遇见康纳并与他一起学习是在1921年。他就是教导我系统学习计划的人，他曾是盟军远征部队的作战军官，是一个风趣、有耐心的人。他认为我将会有所成就，因此，他要看看我是否是那块料。"

康纳拿历史书籍给艾森豪威尔少校读，然后就书中的问题考艾森豪威尔。康纳在他巴拿马的宿舍里为艾森豪威尔安排了一个房间作为书房，他在墙上挂了地图以研究世界战略，并要求艾森豪威尔为营区的军官上课。在巴拿马的丛林里，他们两人是固定的伙伴，晚上坐在营火旁边，康纳会就指定给艾森豪威尔看的书籍进行考试。与此同时艾森豪威尔撰写战场命令和操典并且负责所有其他的行政业务。

对一位年轻人而言，能受到陆军中最优秀军官之一的教导，是一种独特的经历，在艾森豪威尔接受的所有训练之中，最有价值的可能是康纳了解的下一次世界大战的关键成果。康纳认为《凡尔赛和约》（*Treaty of Versailles*）呈现了一个事实，就是联盟指挥。在联盟指挥作战前20年，艾森豪威尔就开始学习统一的联盟行动了，当然，这也是造就他在第二次世界大战中完成最伟大的贡献之处。

乔治·巴顿在第一次世界大战时，是美国陆军中最具有坦克作战经验的军官。艾森豪威尔在第一次世界大战时虽曾在美国本土一个坦克训练单位服役，但却从未有机会被派往海外服役。战后他被派往马里兰州的米德营区（Camp Meade），在那里遇见了巴顿。他们一起读书、学习、讨论他们的专业，然后开始战术和技能的训练，以求理论与实践的配合。艾森豪威尔回忆："我们那些在大战时未曾被派往海外作战的人员，常缠着巴顿和其他在海外参加过战争的人，请他们告诉我们计划和作战的细节。我们开始发展我们认为是新的而且比较好的坦克作战准则。"

艾森豪威尔描述和巴顿共事的经验："的确，我们两人都是现代军事准则的研究者。我们的一部分激情是对坦克的信仰，在当时这是被其他人嘲笑的一个信仰。"他们两人相信坦克将扮演"最具价值和最惊人的角色"，并详细说明了他们的理论，精进了他们的战术思想。

艾森豪威尔说："我们两人都开始为军事杂志写稿，巴顿为骑兵期刊，我则为步兵期刊。然后，我被叫到步兵司令官（一位少将）面前！

"我被告知，我的想法不仅错误而且十分危险，今后这些想法就留在自己心里。特别是，我不可以公布任何与现有步兵准则不相容的想法。假如我做了，我将会被送上军事法庭。"他们如此专业的研究，所获得的奖赏却是对他们的打击，这对于意志不够坚强的人，足以使他们丧失继续研究的勇气。

"我想乔治也和我一样收到了相同的警告，对我们而言，这真是一个打击。结果反而使得乔治和我来往更密切，我们花费很多时间在一起，白天骑马经过我们各自的营区、谈话和学习，晚上则用来发泄我们内心的怨气。乔治的脾气和超过我包容力的苦恼，说实在的，我们军官寝室发出的怨气可能远超过营区洗衣房发出的蒸汽。"

艾森豪威尔告诉我，这位步兵司令企图借着阻止他拿到进入步兵高级班受训的命令来破坏他的军人生涯。这意味着他将永远无法被派至利文沃斯堡的指挥与参谋学院受训，这样一来他将无法晋升至少校以上的军阶。还好此时康纳介入，化解了危机。

艾森豪威尔一生保持着对书的喜爱与阅读习惯。在艾森豪威尔回到华盛顿担任马歇尔将军的计划军官一职，他和玛米在华德曼公园旅馆（Wardman Park Hotel）建立了他们的住所。他们的孙子大卫·艾森豪威尔（David Eisenhower）描述了艾森豪威尔爱书的情形，指出在他们的公寓里，"玛米陈列了他们购于20世纪30年代初期的成套的哈佛经典著作。在一个书柜里，旁边放的是一些装框的法国版画，那是他们12年前住在法国巴黎欧德伊街（Rue d'Auteil）时买的"。

巴顿将军，第二次世界大战最杰出的战场指挥官之一，赞同艾森豪威尔反对背诵每一位将军的姓名和战役的日期，但是他们两人都相信阅读是有益的，并且研究历史和传记。

在战时对人的领导是不变的。巴顿将军在1944年6月6日诺曼底登陆前夕，告诉他的儿子："要成为一个成功的军人，你必须懂得历史。客观地去阅读战术，详细的时代背景都是有用的。你必须学的是人们如何反应，武器改变了，但是使用武器的人一点也没变。赢得战役，你不需打败武器，你必须打败每一个人的精神。"

《巴顿论文集》（The Patton Papers）的编辑马丁·布拉曼生（Martin Blumenson），对巴顿的历史研究作了这样的观察："研究

1870 年以前的战争并非是没用的，对巴顿而言，历史是循环的，因此，战争的形式会重复出现。他认为一幅没有透视画法的画是没有价值的，在军事方面也是同样的道理。以前的战术很难被复制，但职业军人必须去熟悉那些战术并且合乎道理的去采用它。因为虽然人的本性会改变，但在有记录的历史上，这种改变是很少的。

"巴顿根据所涉及军队的形态将自公元前 2500 年开始的战争分类为大规模或是职业战争。他读过一遍埃及人、叙利亚人、希腊人、马其顿人、罗马人、非洲人、哥德人、拜占庭人、法兰克人、维京人、蒙古人、瑞士人、土耳其人、英国人、法国人、西班牙人、荷兰人、德国人和美国人的战争，最后以布尔战争（Boer War）作为结束。从这些历史的例子中，他汲取了一些教训。例如，职业军人在持久战争、在补给比较困难的战役、在纪律比感情的激励更重要的战争中表现得较好。"

奥马尔·布莱德雷也是一位"贪婪"的阅读者，在他的自传中提到他的父亲约翰·史密斯·布莱德雷（John Smith Bradley）是密苏里州仅有一间教室的学校的老师，"是一位边疆开拓者、运动家、农夫和知识分子的混合体。（他）……是一位无所不读的阅读者及爱书人。无论在哪里教书，他都鼓励学生们去阅读，并为学生建立了一个小型图书馆。"

父亲将对阅读的喜爱遗传给了奥马尔·布莱德雷。他回忆说："我十分崇拜父亲，他很快就培养了我对阅读的喜爱。在我能够自发的阅读后，我沉迷于如沃尔特·斯科特爵士的《艾凡赫》、吉卜林（Kipling）的《丛林故事》（Jungle Books）和其他类似的书籍。我特别沉迷于历史——法国及印度战争的故事、独立战争和南北战争。我常在起居室的地毯上模拟演出许多战役，使用骨牌建立堡垒，用点 22 厘米的空弹壳代表士兵的防线，并用中空的接骨木杆或铜管作为'重炮'，再用扁豆来轰炸骨牌做的堡垒，在我的模拟战争中，美国人总是获胜的一方。"

1915年从西点军校毕业之后，布莱德雷被派至华盛顿州斯波坎（Spokane）地区的乔治·莱特堡（Fort George Wright），在那里他延续了对书籍与阅读的兴趣。西点军校1909年班的埃德温·福瑞斯特·哈丁（Edwin Forrest Harding）少尉也驻防在该地。布莱德雷回忆："福瑞斯特·哈丁是一位认真的历史学者、出色的作家和严格的老师。在我们到达乔治·莱特堡不久，福瑞斯特组织了一个非正式家庭聚会，聚会中他邀请了约6位营区少尉与中尉。在他的指导下，在几个小时内，我们讨论了小部队的战术，在不同地点的班和排攻击等等科目。这些聚会非常有刺激性和教育性，我们经常会扩大范围去讨论军事史。在我早期的陆军生涯中，没有人带给我的影响大于福瑞斯特，他灌输给我一个真实的渴望，去认真且深入地学习我的专业。"

同艾森豪威尔一样，布莱德雷在第一次世界大战并没有机会参加作战，因此他想"他的职业军人生涯已经完蛋了"。1918年，布莱德雷驻防格兰特堡，他所属的那个营因为人员大量退伍，造成了严重的人员不足。他描述在第一次世界大战停战后几个月，好似一个"酷寒、休止状态的冬天，阅读了大量的书籍……"

布莱德雷提到在1920—1924年间他任职的情形："在那段时期，我开始很认真地读书，学习军事史和传记，从前辈们的错误中吸取了很多经验。我对南北战争中的威廉·谢尔曼将军特别感兴趣，尽管他在南方声名狼藉，但他可能是联邦训练出来的最有能力的将军。"

我向布莱德雷请教一个人如何培养作决策时所需的直觉或第六感。在他的回答中，他强调阅读和学习的重要性。"你首先应学习掌握部队的理论、学习战争和战术的原则，以及领导者们是如何应用它们的。你永远不会遇见标准的情况，但是当你了解所有这些原则以及过去它们是如何被运用后，当你面对一个情况时，你就可以以目前面对的情况去应用这些原则，并有望获得一个好的解决方法。我想军事史的学习以及那些伟大领导者的言行，对一个正在发展这种风格的年轻军官而言是非常非常重要的。"

劳顿·柯林斯上尉，于20世纪30年代早期，马歇尔担任步兵学校教官期间，被派至本宁堡。马歇尔对被派来学校的这位年轻军官产生了重要的影响，柯林斯说："马歇尔上校似乎对我和查理·波特（Charlie Bolte）特别有兴趣。他经常将额外的工作交给我们其中一个人，并加以询问及要求我们作口头报告。我们成为一个非正式学习小组的成员，这个小组包含了上述我们提到的大部分军官。一些出色的步兵委员会（Infantry Board）委员，如史塔亚（Stayer）博士、哈罗德·布鲁（Harold Bull）少校、布拉德福·西诺斯(Bradford Chynowth)少校及其他人，偶尔也会加入我们。我们不定期的利用晚上在马歇尔上校的宿舍聚会。我们的会议由"博士"库克（"Doc" Cook）主持，小组中的一个或两个人得就上次集会时，由马歇尔或库克所指定的书或题目，提出报告或接受询问。题目很少直接与军事性质有关，但是范围从地缘政治学到经济学、心理学或是对军事问题有影响的社会学。讨论的情形通常都十分热烈。"

柯林斯在西点军校当学生时就热爱阅读，但是他的兴趣并不局限在与军事有关的科目，而是广泛得多："我是那些少数能够享受西点军校生活的学生之一，或者至少愿意承认我的喜爱。西点军校远超过我所期盼的，特别是课程的艰苦。我在入学时就希望能在班上以名列前茅的成绩毕业，并加入工兵部队，但不久我就体会到，假如想获得班上前几名，我必须放弃大部分的兴趣，集中所有的时间在学习上。在当时，学习大部分是技术性的，然而我的倾向是人文科学。学校的作息表不像现在排得那么满，学生在冬天的月份有更多的时间去阅读和思考，我花了很多时间在图书馆阅读斯温伯恩（Swinburne）、梅斯菲尔德（Masefield）、拉夫卡迪奥·赫恩（Lafcadio Hearn）、易卜生（Ibsen）和其他诗人与剧作家的作品。我是被一位毕业于耶鲁大学，且是西点军校唯一的文职教授卢修斯·希（Lucius Hi）介绍进入他们的世界的。卢修斯教授是西点军校英文系系主任，他具有令人精神振奋的影响力。"

第二次世界大战中，盟军最令人瞩目的工作伙伴就是艾森豪威尔和沃尔特·史密斯将军，史密斯后来成为了陆军参谋长。史密斯仅有高中学历，但在整个军人生涯中，他是一个勤奋的阅读者，也是一个自学者，通过这些他使自己成为了价值非凡的军人。就在艾森豪威尔被宣布成为盟军最高统帅的同时，他要求史密斯来协助他。

史密斯的传记作家简述了他们之间不平凡的关系："从一开始，艾森豪威尔和史密斯就组成了一个近乎完美的个性混合体。艾森豪威尔的长处在于人性特质：他谦虚、具备常识、乐观、幽默，这些使他具有吸引人的力量。艾森豪威尔的微笑能立即赢得人们的信任与忠诚，而史密斯精于计算、没有偏见的专业素养和艾森豪威尔是大不相同的。史密斯是一个有胆识且镇定的人，他对职责目标明确的投入，激励着盟军的参谋。身为他下属的"工头"，他在和英国的关系中展现了一个外交官的灵活手腕，他牺牲个人的考虑，使用任何方法以达成他的目的。"

话说回来，史密斯以高中的教育程度，为何能获得如此的成就？从1942年6月26日一直延误到9月7日他才抵达伦敦，史密斯被提议去指挥一个师，经过认真思考后，他决定追随在伦敦的艾森豪威尔。又一次，他明确显现了性格的无私部分：他放弃了指挥职的奖励。为了准备成为艾森豪威尔的参谋长，1942年的夏天，他把自己埋在有关参谋职务的书堆中，阅读内容包含有关参谋长一职在理论上和历史上的记述，及全世界数世纪以来的战史。这种专业性的阅读是史密斯军人生涯的模式，也是他想把自己的责任表现得更好时，所作准备工作的主要部分。

虽然这是对美国将领的初步研究，但我想把温斯顿·丘吉尔也包含进来。他就读的高中是一所声誉卓著的哈罗预备学校（prep school Harrow），但他不是一个很卓越的学生，他从未被准许进入牛津大学就读，他进入了英国陆军军官学校——桑赫斯特皇家军事学院（Royal Military Academy Sandhurst）。在英国，该校相当于美国的西点军校，一所培养职业军人的学校。

丘吉尔在他的回忆录《我的早年生活》（*My Early Life*）中描述了在桑赫斯特的经历："我有一个新的开始。纪律严格、学习和阅兵的时间很长……我深深地喜爱我的工作，特别是战术和防御工事。我父亲告诉他的书商贝恩（Bain）先生，送一些我可能在学习上用得到的书，所以我订购了哈姆利（Hamley）的《战争的经营》（*Operation of War*）、普林斯·克拉夫特（Prince Kraft）的《步兵、骑兵和炮兵操典》（*Letters on Infantry，Cavalry and Artillery*）、曼恩（Maine）的《步兵射击战术》（*Infantry Fire Tactics*），这些书和一些美国南北战争、法德战争和俄土战争，都是我们有关战争的最新也是最好的范本。"

在离开桑赫斯特之后，他继续表明自己的喜好："在学校里，我始终喜爱历史，决心要读历史、哲学、经济以及类似的书籍，我写信给我的母亲要求寄过来一些我曾听到的有关这些主题的书籍。她很快回应了我，每个月经邮局送来一大包我所谓的标准工作。在历史方面，我决定从吉本的著作开始。有人告诉我，我的父亲已欣喜地读过吉本的著作，他可以记住整本书的内容，并深深地影响了他演说及写作的风格。因此我毫不迟疑地开始阅读八卷本迪恩·米尔曼（Dean Milman）注释的吉本的《罗马帝国衰亡史》

(*Decline and Fall of the Roman Empire*)，我几乎立刻就融入了故事的情节和风格。我乐在其中地从这一段浏览到另一段，并享受全部的文章。我在书页的空白处写下我所有的见解，很快我发现自己是作者的热情盟友，我从未被不当的注释所疏远，我在对抗傲慢、伪善编辑的轻视。另一方面，迪恩的抱歉与放弃激起了我的愤怒，而我是如此的喜欢《罗马帝国衰亡史》，因此，我又立刻开始阅读吉本的自传。"

不久，丘吉尔以一位年轻军官的身份驻防在印度的班加罗尔（Bangalore），他继续保有阅读的热情。"从11月到5月，我每天阅读历史和哲学4—5小时。柏拉图的《理想国》（*Republic*）——显示在实际上他和苏格拉底是一样的，由威尔丹（Weldon）先生亲编的《政治学》（*The Politics of Aristotle*），叔本华（Schopenhauer）^①的《悲观论》（*On Pessimism*），马尔萨斯（Malthus）的《人口论》（*On Population*），达尔文（Darwin）的《物种起源》（*Origin of Species*）。这些书和其他那些不是很精彩的书混杂在一起。那是一个很奇怪的教育。"他终生喜爱历史和自传。

第一任美国空军参谋长卡尔·斯帕茨将军是一位勤奋的阅读者。1925年，他是弗吉尼亚州兰利机场（Langley Field）"空中勤务战术学校"（Air Service Tactical School）的军官学生。这个陆军学校系统的目的之一是解除这些军官正常职务的负荷，给他们一个机会去学习、思考及反省。斯帕茨的日记显示他是一个广泛的阅读者，且不限于他狭隘的专业事务："1925年5月10日，阅读亨内克（Huneker）的《高空作业工》（*Steeplejack*）；1925年5月18日，读完唐·马奎斯（Don Marquis）的《黑暗时刻》（*The Dark Hour*）；1925年5月25日，阿图尔·施尼茨勒（Arthur

———————————

① 德国厌世哲学家。——译者注

Schnitzler）的文学作品……乔治·安西（George Ancey）的《兰布林先生》（*Monsieur Lamblin*）展现了一个在现实中难以想象的性格。"

最有意义的是这个注解："阅读《高空作业工》直到中午——引文：'把我们在两个永恒之间的休息，用于去追求黄金，对我而言是很荒谬的……'今后，我要获得足够的黄金以消除任何有关老年的烦恼。对一位飞行员而言，烦恼年老这回事是很可笑的，但我了解，有一天我可能结束我的军旅生涯，无论是经由我自己的意志或是其他方式。"

1957年，托马斯·D. 怀特（Thomas D. White）将军成为空军参谋长，他是一位卓越的军人和政治家，他就任时正逢空军的关键时刻，那时冷战方兴。他熟悉7种语言，包括中文和俄文。

我向怀特将军请教关于他的军人生涯及为更高责任所作的准备。他谈到阅读的重要性："我在巴拿马的最后一年是约翰·帕尔默（John Palmer）将军的副官，他是老陆军中伟大的学者之一。他写了很多书，而且也是1920年《国防法案》（*National Defense Act*）的作者之一，这是第一次世界大战后最大的国防重组法案。他是《华盛顿、林肯、威尔逊：三位军事政治家》（*Washington, Lincoln, Wilson: Three War Statesmen*）一书的作者，另外还著有关于冯·斯图本（Won Steuben）将军的《武装的美国》（*America in Arms*）及《政治才干或战争》（*Statesmanship or War*）。帕尔默将军是一个了不起的历史学者，对我的生活产生了很大的影响。"

怀特尝试了好多年，想得到被派往中国的机会，最后他奉命前往中国学习中文，1927年6月10日，他离开旧金山前往北京。他保存了横渡太平洋之旅及中国之行的日记，并且继续他的语言学习。"船上有两名前往关岛的方济会修道士（Capuchin monk），他们将在关岛待16年。据闻他们来自西班牙……我曾和他们练习西班牙文，我很惊讶地发现，我很快就把西班牙文给忘记了，虽然有一个时期，我几乎可以不加思考说一切东西。我猜想我很有语言天赋。"稍后的1927年6月15日，他在日记中写道："到目前为止，我花了大部分的时间去阅读、复习我的俄文，我知道这听起来像是一件愚蠢的事，但俄文是有趣的语言。特别是，假如我们经由釜山（Fusan）和沈阳（Mukden）前往北京，在途中可阅读很多俄文书。在乔治城（Georgetown）学习俄文的八个月时间，便能使我的发音很正确，所以只要不妨碍我学习中文，假如我想学的话，继续学习俄文也无妨。当我在西点军校或别的地方，为了消遣而学习中文时，我十分确定当时常有人嘲笑我，现在我会很愉快地笑回去——我看到的每一个人都非常嫉妒我前往中国。"

怀特也花了很多时间去阅读。1927年6月18日，他写道："我正在阅读《中国历史概论》（*An Outline of Chinese History*）。这是本最新的有关中国的书，而且真的很有趣。我也有足够的书籍维持我3—4次的旅行。像这一次，有《哲学的故事》（*The Story of Philosophy*）、埃米尔·路德维希（Emil Ludwig）写的《拿破仑传》（*Napoleon*）、《罗曼史的皇家道路》（*The Royal Road to Romance*）等书籍。"

怀特对国际关系的知识，是他被选为空军参谋长的重要因素，而且最重要的是他在该职务上的特殊表现。

怀特真的很努力地工作。1930年1月27日，他写道："我埋首于书籍中，我用所有的时间努力工作，以赶上我脚受伤时所耽误的工作进度。在马格鲁德（Magruder）少校不再任武官之前，我还要完成我的航空字典（用中文编的），我必须在我离开之前完成这本字典的编撰。"他也在专业杂志上发表文章，"《美国空军》5月份那一期，有我《理论上的特技》（*Acrobatics on Paper*）及《如何编一本中文字典》（*How To Write A Chinese Dictionary*）的文章。"

在怀特访问马尼拉时，他和西点军校的同学约瑟夫·史密斯（Joseph Smith）一起待在该地，史密斯以中将的军阶自空军退休。史密斯记得怀特待在中国的最后一年，"允许他到处闲逛并做他想做的事……他常告诉我，他想叫一位人力车夫到乡下去，一次去两个星期，只是到处走走，和当地人一起生活、说中国话、学习当地人的生活方式。他很了解当地人的艺术与文化，诸如此类的东西他十分有兴趣，他的主要目标是去学习如何说不同的中国方言。"

美国陆军退役中将路易斯·E. 贝尔斯（Louis E. Byers）告诉了我一些有关怀特的事："当他在北京担任翻译官一职时，他的勇气、想象力和自发去承担特殊事情的性格，促使他要求美国驻北京武官尼尔森·马格鲁德准许他在日本入侵中国东北的早期去前线访问。怀特的报告清晰、精确又客观，以至于在陆军部随处可见。从那时起，他便很受注目。"

深入了解他对学习的渴望和对国际事务的兴趣，可由他在1926年身为一个年轻中尉时，写给家里的信中一见端倪："如果要选圣诞礼物给我，我想我更愿订阅《外交事务》（*Foreign Affairs*）期刊，而非其他任何所能想到的东西。"

在学习语言方面，他说："近来作了一大堆的研究和一些写作。你将会很惊奇地知道，我已经能够阅读我中文课本的前面30页了……现在我也会写汉字——那被认为是十分困难的。我真的喜欢这些学习，对我而言，这似乎是很容易的。我会读西班牙文、葡萄牙文、一些法文和意大利文，以及一点中文，对一位21岁的年轻人而言，这是不错的成就。想想看，我大部分的时间还得学习其他东西。

"当我在波林机场（Bolling Field）时，我去乔治城的夜间学校上课，除了语言课外，我想我不会被任何（课目）困住。我同时读中文和俄文，但我把到国外服役的念头放在一边。事实上，那个时候的观念，人必须要拥有一些私人的财富以达到事业的顶峰，然而我从未特别意识到那一点。"

当美国承认苏联时，于1933年被派往莫斯科的第一任美国大使是威廉·C. 布利特（William C. Bullitt）。罗斯福总统告诉布利特大使，他可以指定任何一个人做他的参谋。布利特坚持他必须要拥有一架自己的飞机，这样他就可以飞去苏俄境内任何他想去的地方。克里姆林宫答应了他的要求，报纸称他为莫斯科第一位"飞行大使"。他选了托马斯·怀特作为他的参谋，因此怀特成为了第一个也是最后一个，唯一拥有苏联飞行员执照的美国人。

怀特说："我想你可以说，我是为了我们承认苏联的那一天作准备。因此我在乔治城学习俄文，而且这完全值得。事实上，当我被选为空军武官前往苏联时，除了一些人知道我曾学过俄文外，我不能说我做了任何让我争取到了去苏联任空军武官职位的事。当我被提名时，对我而言是个大惊喜。当时麦克阿瑟将军是陆军参谋长，而我是一个驻扎在波林机场的中尉，我无法理解为何麦克阿瑟将军告诉我将被派往莫斯科。关于这个派职，我没有请求过任何一个人，但是我曾经申请过国外职务。"

对这位空军未来的参谋长而言，苏联之旅是一个宽广的经历。当共产主义在苏联施行时，他了解共产主义，也了解苏联人民和政府官员的本性。

他保持着阅读的习惯，也常常进出当地的书店。他在日记中写道："随笔——在书店内的百姓看起来板着面孔而且不友善，也许是他们读了太多反资本主义的宣传口号。我常被认为是一个德国人，没人和我打招呼，我了解是什么原因！"他得到一本苏联中学的地理课本，他说那本书"十分有用"。

1950年年底，沃尔特·H. 沃克（Walter H. Walker）将军于朝

鲜战争中的一次意外事件中身亡后，马修·李奇微将军接任第8军军长，他在一连串败北之后赢得胜利。他是一个认真的阅读者，在一次访谈中，他说在西点军校当学生时："我的阅读量十分惊人，这可能影响到了我在班上的排名，但从长远来看，却给了我不少的好处。一年级的时候我读了一大批书——几乎读完了所有的传记和军事史，如汉密尔顿（Hamilton）的《一位军官的剪贴簿》（*A Scrap Book of an Offcer*）。他是日本人在中国东北时的英国陆军武官，顺便一提——当然，那是很偶然的机会，我无法预见这些——但是在40年之后成为在韩国的指挥官，一些那时他记载的事情，回想起来好像刚发生一样。可能是间接地，并且我并没注意到，他们是有帮助的：例如，他叙述禁欲、身体的耐力和日本军人在寒冷的冬天行军时承受的损失。我试着告诉我们的人员，你们在韩国忍受的恶劣天气不会超过以往其他国家其他军队所遇到的，你们也可以忍受。"

"关怀"在成功领导中扮演的角色将在后面的章节讨论，但是李奇微提出了其重要的基础，一些他从阅读中学到的东西："我想去说明这些，在不久以前我已经对一些人说过了。对你们的人员谈些有关'关怀'的事情。我也提到我在西点当学生时，在正课以外大量阅读一系列由德国人写的书。那些书完成于18世纪末，有《炮兵操典》（*Letters on Artillery*）、《步兵操典》（*Letters on Infantry*）、《骑兵操典》（*Letters on Cavalry*）……《步兵操典》的原则尚牢牢地记在我的脑中，我想作者的名字是霍恩洛厄（Hohenlohe）。毫无疑问，你可在军事学院图书馆找到《步兵操典》。在当时，这个来自高贵德国家族的人对属下的关心，已得到各个连长的最高信任，他劝告部队指挥官要熟知新兵的家庭背景（富裕的、鞋匠、屠夫，不管他是什么来头……），要以极好的洞察力熟知这些人家中的任何问题。这种关怀可能跟你认为的高级普鲁士军官的一般行为刚好相反。"

李奇微被问及这是否是因为大家对普鲁士军官风格的刻板印象。"是的,"他回答说,"但这确实是他的所作所为。像这样的书给了我很深的印象,从我到第 3 步兵师报到开始,这就对我的生涯产生了重大影响,它是一本伟大的书。"

他指出他的阅读重点在自传与军事史。"我的父亲让我接触到许多军事史。当我还是小孩时,为了培养我对阅读的强烈爱好,他叫我大声念书给他听,这些书包括《欧洲知识的发展》(*Intellectual Development of Europe*)及《科学与宗教的冲突》(*The Conflicts Between Science and Religion*)。我为他大声朗读那些书籍和所有维克多·雨果(Victor Hugo)写的书,当然,那时没有电视、收音机,所以你只好阅读。当时那些小小的陆军营区没有多少事情可做,因此有很多空闲的时间去读书。"

李奇微强调阅读对一个人专业成长的重要性。说到他在西点军校任教官一职时:"我读所有能从图书馆获得的书籍,同时这些书籍对我而言也是十分重要的。你从那些军官的个人作战经验与指挥人员身上学到很多东西,你从那些曾失败过的人们那里吸取到了经验,这些与你的阅读结合,为你以后的有效领导提供了主要资源。人们拥有的个人经验十分有限,所以你必须依靠别人的经验,同时借着阅读和与那些在战斗中有名望或已展现了他们卓越领导力的人谈话。我只是邀请他们晚上来聊天,不是发表演说,而是坐在你自己的房子里轻松自在地闲谈而已。那实在是十分有价值的机会。"

对近期的一些高级军事领导人来说,阅读对他们的领导力的形成扮演着什么样的角色呢?

1997 年 5 月 16 日,在伦敦的美国大使馆,我采访了前参谋长联席会议主席威廉·克劳海军上将有关阅读的重要性,当时克劳是美国驻伦敦的大使。我提及道格拉斯·麦克阿瑟的父亲，在他去世时拥有超过 4000 本的藏书，克劳回答说："在我的书房也有那么多书。"我问他何时开始对阅读产生兴趣的。

他回答说："很明显是从我父亲开始的。我的家庭是一个奇怪的组合，我是家中的独子，我的母亲塑造了我的人格，而我的父亲发展我对知识的兴趣。他是一位律师和一位求知欲强烈的阅读者，也是一位亲英派（Anglophile）。当我 1964 年与 1965 年访问英国时，他来到这里，那是他唯一一来看我的一次。我带他去蜡像馆，他走到陈列成排君王的地方，不需看附在蜡像上的人名标签，就可以叫出每一位人像的名字，好个俄克拉何马州的律师！他生活在英国的历史中，拥有丰富的藏书，特别偏重小说——沃尔特·斯科特爵士、萨比蒂尼（Sabitini）所写的小说，那些比较老的故事。在我大约 9 岁或 10 岁时，他在晚餐后念书给我听，我记得他念给我听的第一本书是《艾凡赫》，我们一起完成这件事，他念我听。他每晚睡觉前有阅读的习惯，这习惯我也养成了，当然，睡眠专家会告诉你这种习惯对你不好。他每天晚上阅读，而我也开始这么做。"

我请教克劳，目前他喜欢哪一类的书籍。

"自从我来英国（担任大使）以来，我已经读了大约 100 本书。我已经读完所有帕特里克·欧布林（Patrick O'Brien）、泰勒·弗雷泽（Taylor Frazier）的书及所有种类的历史书籍，我正在读库克船长（Captain Cook）的新传记。那本书我认为棒极了。最近我读了 3—4 本有关尼尔森上将（Admiral Nelson）的书。我现在正在读一本有关卡尔霍恩·克莱（Calhoun Clay）和韦伯斯特（Webster）的书，这本书真厚，但该死的是，这本书读来十分有趣，我还刚读完《英勇无畏》（*Undaunted Courage*）。

"我的父亲也喜欢修辞学（rhetoric），我继承了所有在修辞学方面的书籍。他是一位知识导向的人，我之所以读研究生也是因为他的缘故。他特别的强调教育的重要性。"

我请教他，什么样的阅读对他的军人生涯和成就影响最大。

"在回答你刚才所提到的问题之前，我必须说明一些事情：普林斯顿大学研究生院教育的经历是一个分水岭，我没想到它那么有影响力，但我并非指在专业上，而是在我个人的层面上。这个世界不是绝对的，也不像海军教导其军官时所说的这个世界非黑即白，政治是无所不在的。那是一个很好的忠告。如你所知，学位论文的价值不在于你懂了多少，而是你不懂的有多少。"

我问他，在他的书房有些什么样的书籍。

"我非常喜欢阅读传记，那是我的主要读物。我也喜欢历史，但我阅读的书籍大部分是传记。我用了很长一段时间研究南北战争。我书桌上有一尊李将军（被誉为南北战争中最伟大的将军）的雕像。但在读了更多有关南北战争的书籍之后，我改变了心意，我想南北战争最伟大的将军是谢尔曼。我喜爱阅读有关李将军的书，但是我必须承认谢尔曼将军具有南北战争中最好的想法，当时他为南方人所痛恨。他的想法不是杀人，而是去摧　敌方拥有的资产，从佐治亚州行军北上至弗吉尼亚州，他只杀了很少的人，但他摧　了很多农场、建筑和谷物。谢尔曼曾在经过夏伊洛（Shiloh）时说：'我不喜欢那种战争。'

"传记是终身资产，但我担忧海军军官们不喜欢阅读。此外，我也读了很多有关第二次世界大战的报道。"

克劳继续说："在第二次世界大战前的日子，除了军种学校和军官团外，大概只有个人独立的阅读机会。战后的年代，才给予有潜力的军官到我们最好的大学去读全时的研究生。

"普林斯顿大学让我变得比以前更具有理性分析能力且更有耐性。它让我对一些比较传统和根深蒂固的海军观点进行了重新评估，那是使我和许多同学有点差别的原因之一，这种差别有时使我的军人生涯遭受打击，但也使其向上提升。我变得更乐意去发问、再审查和辩论一些其他方案。"

大卫·琼斯上将为四位总统——尼克松、福特、卡特和里根——服务过。他大学仅念了两年：一年在迈诺特（Minot）州立大学，而另一年在北达科他大学（North Dakota University）。阅读在他的军人生涯中又扮演了什么角色呢？

"我的求知欲永远无法获得满足，生命就是不断学习的过程。我不只大量阅读专业书籍、军事史及有关领导统御的书籍，也阅读有关世界动态的报道。每天仅仅在晚上听30分钟新闻是不够的，你必须深入的阅读才能拓展自己。当我意识到种族关系在我们空军中成为问题时，我阅读了各种有关这方面的书籍。空军拥有庞大物质资源，让我每星期继续花更多的时间来继续阅读有关领导统御的书籍。

"对我而言，通过阅读你可以得到两样东西。第一，在阅读中你可以从里面学到很多东西。第二，同样的重要，阅读可以使你的思考更广泛，特别是在领导统御方面。我将极力鼓励大家阅读我们最高军事领导人的传记和回忆录，但我要强调，我曾遇见一些人，他们阅读了很多这类书籍，但却没学到什么。以阅读为基础，你必须站在指挥官的立场去思考，并与其他人讨论你阅读的书籍，这是一个学习的过程。阅读和讨论能帮助价值观的形成。"

"腼腆的"迈耶将军于1979—1983年任陆军参谋长。在和他的一次访谈中，我请教他是否为一位军事史学者。

他回答说："每年我都阅读一套书籍。我在军中有一套书是我每年必读的，那就是《李将军的副官们》。我每年都读这3册书，这也是我唯一带去越南的书籍——的确，这是我每一次调职必带的3本书。"我问他为什么。"因为假如你把3册书读完，你就会开始了解领导的要素。如果你去分析人与人之间的关系，也就是领导统御，你可以领会一个领导者如何去说服一个人做一件事情。李将军和他'副官们'的互动方式，对我而言，正是领导者成功的典型方法。

"《李将军的副官们》提醒我人际关系——不论是在战场作战、五角大楼或是任何地方——对我的成功而言将是重要的，正如那是李将军和南方联邦多年来成功的秘诀。当这些跟随者消失后，同样的人际关系和曾经存在的凝聚力就不见了。

"我阅读过那些曾位居领导阶层的人的传记和自传，特别是军方人员，如艾森豪威尔的《远征欧陆》(*Crusade in Europe*) 或麦克阿瑟的《回忆录》(*Reminiscences*)、布莱德雷的《一个军人的故事》(*A Soldiers Story*) 和福瑞斯特·波格所著的四卷谈马歇尔将军的书。以上这些书籍一直在我的书房中，与其他许多军人及成功的民间领导者的传记与自传摆在一起。

"在陆军时，我起得很早，每天清晨3点半或4点即起床读书，以充实自己的知识，那是我最珍贵的时间，可以读任何我想读的书籍，除此之外，我没有别的时间可以用来阅读，我非常珍惜宝贵的晨读时光，而不用去想陆军正在发生什么事情。我发现，如果我没有刻意拨出一点时间来阅读，就很难养成阅读的习惯。今天，作为一个阅读者，你必须下工夫去阅读。工作在各方面而言都是很费力的，你必须安排时间去阅读。第二次世界大战的领导人物在成长时还没有电视，你除了阅读外，没有任何东西——如马球、高尔夫——会让你分心。"

我表示，那些声称因电视而分心，或因工作时间很长而没时间阅读的人，只是在找理由逃避。

迈耶回应说："花时间去阅读和思考，了解他人在过去面对你今天所面对的类似的挑战时是如何反应的，这是件相当重要的事。

我挑选了波格所著的马歇尔将军传记中有关动员的部分，给陆军参谋部主管阅读。然后我们坐下来讨论他们在1939年所面对的动员问题，结果发现那些问题和我们今天'空架子陆军'所面对的问题非常相似。"

如今很多军官没有时间读书的借口是他们的工作负担过重。第二次世界大战期间，马歇尔将军身为陆军参谋长，一个星期工作7天。从1939年到1945年他自参谋长卸任为止，在6年的任期中他只休过19天的假，然而他仍然可以找到时间来读书。

在马歇尔夫人的《同在一起》一书中，她回忆为了规划卡萨布兰卡会议（Casablanca Conference）："那个秋天，乔治为了曾在会议中讨论过的计划而更加忙碌。那些计划如同一只手表的运作般复杂、精巧，过程需要了解、愿景和无比的耐心。当他晚上回到家时，时常累得说不出话来。我常把一大堆书送进书房，放在他的躺椅旁边。我先生一直是位不停的阅读者，我很难跟上他对书籍的需求。他简直像一群蝗虫吞噬大片田野般贪婪地读完了一大堆的书。"

美国空军克里奇将军（已退休）也提供了一个必须有原则与架构的阅读的例子。我将在第6章讨论克里奇将军快速升至四星上将和他在空军管理风格与作战能力方面的持续影响力。如同我提到过的大多数最高领导者，比尔·克里奇从小时候起就是一位求知欲强烈的阅读者。尽管工作负荷极重，身为一名有显著战绩的战斗机飞行员，当他还是中尉时，曾在朝鲜上空执行了103次的作战任务。之后6年中，他从事雷鸟（Thunderbird）和燃烧天空（Skyblazer）（美国驻防欧洲的空军小组）这两组非常具挑战性的特技飞行工作，并担任了4年的领队任务。在这期间，他在世界各国执行了557次正式的空中表演。能身为这两支精英飞行队伍的一分子，是战斗飞行员在同事中所能获得的最大称赞。

在被派往享有盛名的"美国空军战机武器学校"（U. S. Air Force Fighter Weapons School）担任教务长3年后，他成为"战术空军司令部"（Tactical Air Command）司令的行政助理。从国家战争学院毕业后，他担任了国防部长的助理参谋两年，然后晋升为上校。在东南亚飞行了177次的战机作战任务（在战斗机联队担任作战助理［deputy for operations，DO］时，于156天内执行的），在回到位于西贡的空军第7军（Seventh Air Force）总部报到前，曾担任乔治·布朗将军的作战副处长（assistant deputy for operations）六个月。尽管一连串的工作有显著的挑战性及对时间迫切需求，克里奇仍然安排时间进行专业领域外的广泛阅读。

我请教他在成为一位领导者时，阅读到底扮演了什么角色。

"在我自己的生命中，我尝试着去做的及我从那些成功地成为最高领导人身上看到的，就是他们从未停止增长他们的知识。我最喜欢引用的一句话来自加州大学洛杉矶分校的著名教练约翰·伍登（John Wooden），他的球队在12年间赢得10次美国大学体育协会（NCAA）的冠军。他说：'重要的是，在你认为你学到了全部后，你还能学到什么。'没能做到这一点的人，就是那些没把大学教育当作追求更高深知识的一条主要道路，而是当作终点的人。在空军人员的生涯中，寻求知识的增长有两条路：一是经由书籍和书面记录（written word）；二是去学习目前的空军作战、目前的挑战，去思考并掌握可拓展视野的资讯，关于这一点，正式的学校教育会对你有所帮助。

"最好的知识成长来自于一个完全且对所有种类书籍有强烈求知欲的阅读者。当然，在长时间的工作和长时间的临时任务下，这不是一件容易的事。你必须养成一个习惯，让你自己一星期阅读一本书，或至少两个星期一本书。对于阅读书籍的选择，我不想给予建议，但以我自己为例，我认为最有价值的书籍是人类心理学。事实上，这个领域占去我75%的阅读时间。我集中在动机的问题上——是什么激励人们去超越现状，是什么激励人们想要去工作，是什么激励人们想在早上要回去工作。

"我也研究历史。当我阅读传记时，使我有兴趣的是，他们如何阅读及如何想去发展知识。他们是求知欲强烈的阅读者吗？他们是历史的阅读者吗？艾森豪威尔和巴顿是有名望的伟大阅读者。我们必须让阅读成为一种终身的工作，甚至于嗜好，你必须不停地追求知识的增长。在我的经验中，这些人变成了其他人的最佳领导者。然而，借着与年轻空军人员的谈话，四处摸索去了解他们内心的恐惧、希望、挫折和需求等来研究也是必需的。

"我了解拥有很好智商且已经阅读了比我还多300多本书的人，但他们却无法处理简单的只有3辆车的出殡行列。他们不了解是什么激发人们工作的意愿，假如他们不了解何以至此，那么他们就不会了解什么才能激发组织起作用。在最后的分析中，使得组织成功或不成功的因素是它的规模和承诺，以及组织成员的天赋、训练和能力。那就是为什么我要研究心理学的缘故。"

目前有大量的书籍和文章可用，一个人如何从中挑选最有意义的资料？1987年，卡尔·弗诺将军在被任命为美国陆军参谋长时（任期1987—1991年），找到了一个解决方法。他集合一个由陆军军官和文人组成的小组，来帮他思考陆军所面对的重要问题。他称之为"评估与创新"，并认定这个小组的主要任务为：评估关键议题并提供有利于陆军与国家的创新选择。至于该小组的名字，考虑过其他陆军首长使用过的但也被排除的，包括"陆军研究小组"（Army Studies Group）和"参谋小组"（Staff Group），被排除是因为进行学术性研究很明显不是这个小组活动的主要目标，而这个小组既非部分亦非全部用来取代正式的陆军参谋部门或陆军秘书处。最后，这个小组命名为"陆军参谋长的评估与创新小组"

（The Chief of Staff of the Army's Assessments And Initiatives Group，缩写为 CAIG），简称"凯格小组"。小组被要求单独向弗诺报告，且命令必须对他们的工作最大限度地保密。"凯格小组"的主要工作范围，包含国家安全策略、军民关系、公关、大众媒体、国会、白宫和国内陆军、陆军训练、领导者的发展、现代化、研究发展、准则、部队设计和部队结构，并维持陆军从选兵入伍到他们返回平民生活的品质。"凯格小组"的产出包括在不受组织压力或偏见的影响下重新评估一些敏感问题，及提出一些可考虑的行动方案。这些行动方案，不管是为了制度上或其他的理由，通常不会由正式陆军程序产生。简言之，"凯格小组"是忠实的经纪人，他们唯一的顾客就是参谋长和国家。

弗诺将"凯格小组"视为一个政策创新和检验的来源。他也使用"凯格小组"协助他解决因工作的紧迫压力而无法进行达到超越陆军进入研究和深思境界的问题。"凯格小组"的成员除了履行他们的职责——向陆军提出议题外，还研究产生一般不会引起弗诺注意的有关时事问题的议题、书籍与刊物，并制作成摘报。每星期把这些想法编辑成"议题书"，供弗诺在周末或旅行时审阅。这个册子平均包含 15—20 个提案，长度各为 1—5 页，通常这些资料包括有发展性的题目或书籍，有时是由"凯格小组"会员自己写的刊物。

弗诺向我说明，"凯格小组"的价值在于协助他完成多面向的责任。"议题书对我而言有很大的激励作用，能让我产生很多的构想。每个星期五晚上，我固定拿到这本议题书，我可以在周末或旅行时审阅。我们在此书中投入了多种领域的人员，所以从来不缺乏各种构想。这书为我提供了很宽广的经验，它告了我主意——这些想法扩展了人生经验的宽度。很难说是任何一个特别题目、书或论文真正地引导我进入任一议题的特殊决策，但那种研究和背景为决策环境提供了重要成分。我从来没有机会去获得那种信息——我的时刻表实在不允许我那样做，而且每年出版的书籍实在太多了。有时议题书会使我注意到一本特别的书或一篇文章，这时我会要求凯格小组给我提供原始资料。如果没有议题书提醒我，可能我就不会去读一些有价值的书或接触到一些新构想。对我的决策而言，议题书是一个非常有价值的工具。"

我向弗诺请教阅读在他的生涯发展中扮演什么角色。他回答说："在军中服役期间，阅读对我有很大的影响力。军事史、传记、领导统御的故事，全部有助于我的思考和我对军事专业的理解。其中一本是威廉·史利姆（William Slim）元帅所著的《历史上的败北》（*Defeat in History*），这是一本研究缅甸战争的书。"

我问弗诺从这本书中获得了什么。他回答了一个词："不屈不挠……史利姆先生坚持这点——尽管周遭的情况与环境本身艰难，成功的机会渺茫，但他永远不会接受败北。"他坚持这一点，对我而言有很大的共鸣。

"另一本书（对弗诺很重要）是布莱德雷的自传，在该书中我看到了他的人性光辉及他对属下衷心的关怀。福瑞斯特·波格为马歇尔将军写的传记对我也有相当重大的影响，经由他的文字描述，我开始了解这位20世纪最复杂和有天赋的领导人。费伦巴赫（T. R. Fehrenbach）关于韩国的书对我而言变成了一个警世标语……他尖锐地指出第二次世界大战之后，因为目光短浅及由财政限制所支配的训练和战备计划，造成训练不足的美国军人付出惨痛代价的悲剧。的确如此，是费伦巴赫为我琢磨出一句话，这句话成为我在担任参谋长时的座右铭：'再也不要史密斯特遣部队（No more Task Force Smiths）。'这是一支准备不足的营，被投入战场以阻挡朝鲜进攻韩国，在俯瞰乌山（Osan）的山丘上被敌军全部歼灭。美国政府永远不要再派遣训练与装备不足的青年男女去冒险作战，还要求他们赢得战争并且安全的回家。"

当施瓦茨科夫将军成功地领导联军将伊拉克军队驱离科威特之后，被提名担任陆军参谋长，然而他拒绝了这个机会。他告诉我："这个职务应给戈登·沙利文（Gordon Sullivan）将军，他完美结合了坚强与正大光明。"

沙利文提供了他对阅读重要性的见解："书籍是任何一个美国陆军领导者专业发展很重要的一部分。永远没有足够的时间去阅读所有想读的书籍，但是在我军人生涯的早期，我意识到我可以安排一点时间来阅读。我能够通过阅读让自己从具有挑战的任务中获得放松，让自己准备好去掌握每一天的挑战，自我充实以面对隐藏在未来的重大问题。

"专业的杂志和期刊……帮助我跟上我们的世界、我们的社会和我们的陆军的变化与观点。杂志上短的文章常给我所需的及时资讯，而那些短篇文章是我发现符合我兴趣的长篇著作作者的重要方法。

"我经常津津有味地阅读军事史。我告诉人们历史使我强大，我希望历史帮助我和其他人体会到，透过好的决策并坚定地运用意志力，可以使一般人克服人生道路上的障碍……

"我的观点是：阅读是为了放松，为了学习，以及扩展你的视野。假若你要在个人与专业方面有所成长，你最好去阅读。"

我请教施瓦茨科夫，他是否像麦克阿瑟、艾森豪威尔、布莱德雷一样是个勤奋的阅读者。"是的，但因为我时间上的限制，可能未及你刚才所提到的那些人的程度。我刚把我的藏书清光了（他刚退休），我把那些书送给了本地的学校，但其中很多书上面题了字。令人难为情的是我把书中有题字的页切掉了，因为有人可能会去窃取那些题了字的书。我送出了几千本书，每次搬运那些书都是一件可怕的事，因为我们总是要付超重的运费。而我有多达

45 箱的书。"

我请教他，在他的领导历程中阅读所扮演的角色。"你要是不能从历史中得到教训，必定会重复同样的错误。我在西点军校时，变得对军事史非常有兴趣，他们把这门课命名为'军事艺术史'，我十分喜欢那门课。我收藏了我的军事艺术史书籍好多年。当我离开越南时，我把这些书送给了西点军校，获得了一套西点军校的地图，我把这套地图当作告别礼物送给了刚晋升为将军的吴光士上校。

"我一直对李将军、格兰特、谢尔曼、巴顿，尤其是布莱德雷等人的领导方式极感兴趣，我拥有所有与他们相关的书籍，当我还是中尉、上尉时，我便开始阅读和搜集这些书籍。我的父亲有一整套哈佛的古典文学，那是 20 世纪 20 年代的版本。当他去世时，我表示我想要那些书，然后那些书就成了我藏书的一部分。"

我问他是否读过哈佛古典文学系列。他说："是的，我有另一套名为《现代修辞学》（*Modern Eloquence*）的系列书籍，发行至 20 世纪 20 年代为止，内容是历史上著名人物的演讲。我并不只是阅读历史，我承认我也非常喜爱诗歌。在西点军校时，我花了很多时间去读诗。"

我问他最喜爱的诗人是谁。"年轻时，我是个浪漫主义者，所以骑士派（Cavalier）的诗是我最爱的——像拉夫罗斯（Lovelace）以及此类诗的作者。我喜欢勃朗宁（Browning），也喜欢莎士比亚，莎士比亚的一些诗真是好极了。此外，济慈（Keats）、莎莉（Shelly）和华兹华斯（Wordsworth）的诗也是不错的。

"人的成功部分来自于善于体会别人或感受和关怀别人。我是一个无药可救的浪漫主义者，我会看一些剧情片并坐在那里泪流满面，虽然我完全了解那只是一个动人心弦的故事。我对事物、对热情都有感觉，我能感觉到别人的痛苦，这可回溯到我的直觉及我可以感受到其他人的情绪。"

柯林·鲍威尔将军对阅读的兴趣则较晚才开始。他告诉我："只有从离开利文沃斯（位于堪萨斯州利文沃斯堡的指挥与参谋学院）和国家战争学院之后，我才真正开始了解到阅读的重要性。我阅读了有关马歇尔和艾森豪威尔的书籍，埋首于这些书籍之中影响了我的一生。我阅读的第一本书是雅诺维斯基（Janowski）的《职业军人》（The Professional Solider），然后是波格著的四卷本乔治·马歇尔上将自传，特别是"全胜"马歇尔（S. L. A. "Slam" Marshall）所著的《三军部队军官》（The Armed Forces Officer）。"

约翰·沙里卡什维利将军，1993—1997年担任参谋长联席会议主席，他自波兰移民至美国时才16岁。当他告诉我，他是通过看约翰·韦恩（John Wayne）的西部片来学英文时让我觉得很有意思，后来，他成为了一位认真的军校学生。他说："我记得，当我开始对军队事务有兴趣时，我试着去阅读我拥有的有关拿破仑的书籍。在我到达美国之后，我们正准备庆祝南北战争100周年纪念，我阅读了所有关于南北战争的书籍，然后我研究有关第二次世界大战的书籍。我读了好几遍艾森豪威尔的《远征欧陆》。我沉迷于道格拉斯·麦克阿瑟的《回忆录》，拿这本书和曼彻斯特所著的有关麦克阿瑟的书籍《美国的恺撒》来比较，是很有趣的事。"

沙里卡什维利将军鼓励年轻军官们阅读。"我回想当我担任营长时曾受到很大的挫折，我担忧那些尉级军官们——要求他们去阅读有关军事史的书籍是多么的困难。你可以一直命令他们去阅读，但我希望他们对军事史有狂热的兴趣。记得有一天我很高兴，偶然地要求一名中尉阅读《天使杀手》（Killer Angels），然后给我一份阅读报告。他读完后，对那本书爱不释手。从那时候起，我用该书让年轻军官开始阅读的习惯，这将有助于他们喜爱上阅读军事史。"

　　显然,是艾森豪威尔的阅读历史使他发展成为一个典范,如同我们在这一章所论及的将军们所做的一样。特别的是,艾森豪威尔的性格具有如此多的风格:在逆境中的活力和耐性、不屈不挠的勇气、大胆和自我牺牲的精神。作为军事史上一支最庞大舰队的领导者,他承担着足以让人崩溃的责任,只有这些风格能促成他的成功。

　　对那些渴望未来职务具有挑战性和重责大任的人们而言,阅读传记是不可或缺的。生命是短暂的,在生命中我们学习并从个人的经验中获得成长。然而因为生命是短暂的,人们受限于他们自己的经验,经由传记,借助于那些成功者的人生经验,我们学习并快速成长。

　　在过去的35年,我观察到那些热爱阅读的将军们的思维有较高的深度和理解力,阅读帮助他们发展个人的性格和领导风格。他们主要的兴趣是传记和历史,但是许多人对苏格拉底、柏拉图、亚里士多德和莎士比亚的著作也有兴趣。在年轻时,他们全都阅读过如沃尔特·斯科特爵士、鲁德亚德·吉卜林、詹姆斯·费尼莫尔·库珀(James Fenimore Cooper)等人的冒险小说,这些作者激发了他们军人生涯中的冒险兴趣。一些爱好诗词的"战士们"常展现出特别的心理敏锐度。他们具有的第六感、他们的直觉,经由其他领导者的想法和性格磨炼和加强。

　　在我们的民主社会中,我们常把读书视为理所当然的机会。1997年,一位保加利亚的学生来美国求学。在一篇获奖的论文中,克拉西米拉·可发(Krassimira J. Zourkova)写道:"至今我仍不确定,在保加利亚成长,究竟是一件我该遗憾的事还是我应该感谢的事。我告诉我的美国朋友为何在我二年级的证书上,记载我曾加入共产党儿童组织,以及我祖父从医学院被开除的原因是他们认为他是'政治上不可靠的'。然而,我始终无法绕开的便是正面的意义:

这种对生命特别由衷的感激———一般人视为理所当然的——却是共产主义带给我幼年的正面意义。

"我记得室友脸上的惊讶表情，当她看到我的手在我的一本教科书的封面上下滑动，好像在抚摸它时，她笑着问我，我是否在幻想。事实上，那时我在感受这本教科书，因为我是第一次打开它。这是初次接触到一本书，从第一次接触到光滑的封面到胶水简洁的裂缝，那裂缝是在打开扉页，然后将书页压下时产生的，这个时刻几乎变成了一种仪式——在很久以前，当我从学校回到家时，我发现一本我父亲花了好多天时间才找到的书放在桌子上，这让我感到非常的惊讶与兴奋，这是我所谓的'幸运'之夜。在那个时候，想找到要买的书几乎是一件不可能的事，通常我必须排好几个小时的队，当商店大门打开时，排队的群众冲进店里，而我必须在数分钟之内——书架被一扫而空之前，尽可能去抢最多的书，当然更希望我所寻找的书正好在抢到的书堆中。

"对我而言，我一直在学习感受任何特定书对个人的特殊意义。成长于那个年代，书是稀有的商品，是难以获得的奢侈品和一个小小的罗曼蒂克，是每天的梦想。所以，当我的朋友们问我，若回到当年将会是什么样子，我告诉他们，进到我们大学的图书馆，在几千个书架中的某个架子，找到内有折页的、在纸上有污痕及因某人的不小心，用红色墨水标记在正文上的书。我告诉他们，假如看到了上述的那些东西，他们会感到一股无名的冲天怒气——他们就可体会我的感受了。"

我们引用上文谈论阅读对他们的影响力的领导者，是想对年轻军官传达一个信息，即阅读及建立一个专业藏书是有价值的。威廉·里昂·菲尔普斯（William Lyon Phelps）是一位在耶鲁大学任教超过40年且拥有超过6000册藏书的教授，他在1933年4月6日参加了一次广播的访谈，提及了阅读和建立一个自己的图书馆的重要性。他演讲的一部分内容值得在此引用，因为这部分内容集中于阅读的价值："阅读习惯是人类伟大的资源之一。如果书籍是我们自己的而不是借来的，我们就更能享受到阅读的兴趣。一本借来的书就好像是屋子内的一位客人，因此对待这本书的时候会受到拘束，须以一些礼节来对待它。你必须使它不受到损伤，当书待在你家时不能受损，你不能草率地对待它：你不能在书上作记号，你不能折叠书页，而且你也不能熟悉地使用它。然后有一天，虽然现在已很少这样做，你真的必须将它归还。

"但是拥有属于自己的书，你就可以随心所欲地使用。书是用来阅读的，不是用来装饰炫耀的。你拥有的书，尽可以在上面作记号，放在桌子上把书本打开并埋首其中。在自己喜爱内容的书页上作标注，可使你容易记忆并且很快地找到喜欢的句子或段落以利参考，然后经过数年后，当你再次翻阅时，就像是探访一座熟悉的森林，那儿有你曾标示过的路标。你会很愉快地重游旧地，回想知识的背景和早期的自己。

"每一个人应在年轻时开始建立一个私人的藏书馆，这是人类私有的智慧与资产，从其中能获取知识、得到正当的利益。一个人应该拥有自己的书架，不应有门、玻璃或是钥匙的隔阂，应是可自由进入且是随手可得的。墙壁最好的装饰就是书籍，它们颜色和外表上的变化胜过任何壁纸，它们在设计上更具吸引力，它们的主要优势在于有各自的特色，因此假如你独处屋中，周围环绕着书香气息，你不需要阅读全部书籍，就能感受到知识所带来的新鲜与刺激。

"当然，书房里没有具有生命、会呼吸、有肉体的男女朋友，我专心从事阅读并不会使我成为不食人间烟火的人。怎么会呢？书籍是源于人们的，是为人们所用的，是为人们所享受的。文学是历史不朽的一部分，是人格最好与最持久的部分。但是'书朋友'

具有的优势胜于'活生生的朋友',不论何时,你都可以享受在这世界上你想要的最真实气派的高雅社会。逝去的伟人是我们肉体无法接触到的,而活着的伟人我们通常也没办法有所接触。至于我们个人的朋友和熟识的人,我们无法时时看到他们。有时他们睡了,或是去旅行了。但在自己的图书馆里,任何时候你都可以和苏格拉底、莎士比亚、卡莱尔(Carlyle),大仲马(Dumas)、狄更斯、萧伯纳(Shaw)、巴利(Barrie)或高尔斯华绥(Galsworthy)交谈。毫无疑问,在这些书中你可以看到这些人最好的一面。他们为你而写,他们用尽力气表现出他们最好的来让你愉悦,给你创造一个良好的印象。你对他们而言,就像是观众对于演员,只是你不是看他的表演,而是看见他们内心的最深处。"

第6章 明哲导师：指导、建议、忠告、教导与打开机会之门

> 一个人如何发展成为一个决策者？在决策者的身边学习。
>
> ——德怀特·D.艾森豪威尔，陆军上将
>
> 一个领导者的首要责任就是创造出更多的领导者。
>
> ——克里奇，美国空军退休上将

艾森豪威尔将军回答我"一个人如何发展成为一个决策者"的问题时说："在决策者的身边学习。已经达到最高职位的领导人都是围绕在决策者旁边的，这些人是他们的明哲导师。"

几年前，我在阿拉巴马州马克斯韦尔（Maxwell）空军基地里的空军中队军官学校（Air Force Squadron Officers' School, SOS）担任定期演讲者。中队军官学校是为中尉和上尉设立的，是空军所有部门中唯一设有连级课程的学校。相对地，陆军拥有在不同兵种学校设立的军官连级学校，如步兵和装甲兵种学校。

在我之前的演讲者是一位空军将领，他建议班上同学要出人头地，每个人必须有一位"后援"（sponsor）并"依附有实力的人"。这种说法使我忧心，因为他给了班上大约500名年轻军官一个深刻印象，就是成功在于你认识了谁，而不是你工作上的表现和你懂

些什么。这个说法使学生们十分错愕，在下课休息时，学生们表达了他们理想的幻灭。

对目前的年轻一代回答"如何在军中出人头地和成功"是很重要的。为了回答这个问题，我们将在这一章详述20世纪最成功的一些陆军和空军将领们，以及他们军人生涯中的明哲导师。在我和100多位四星上将的访谈中，我请教每一个人，是否认为他的成功是因为他有一位"后援"的结果。这些四星上将中没有一个人认为他的晋升或派职是因为他认识了某一个人、他剪发或头发分边的方式、他所念的学校、他的家庭背景或是他的高尔夫球技。他们全都相信他们的成功是基于为国奉献服务。反过来说，是他们优秀的工作表现给那些后来成为他们导师的人留下了深刻印象。

已退休的"腼腆的"爱德华·迈耶将军，提供给我一个最能看透"后援关系"（sponsorship）的方法。比起"后援"，他比较喜欢用"良师"（mentor）这个词。"明哲导师"（mentorship）拥有靠自己实力成功的认知，而不是依靠政治影响力，政治影响力经常和"后援关系"有所关联。

迈耶将军说："首先你必须定义'明哲导师'的组成部分是什么。一个组成部分是属于'指导'（guidance）、'建议'（counseling）、'忠告'（advice）和'教导'（teaching）的范畴。你如何从那个人身上学习？为何那个人要花时间教导你？你接受到什么样的指导、建议和忠告？这是'明哲导师'的第一个部分。第二部分是'开门'（door opening），那是为某人提供机会。我越思考'明哲导师'的实际意义，就越能体会到我相信它包含'教导'和'开门'的含意。这和你与你的上级或你的指挥官间的'正常关系'是不同的。你的上级或你的指挥官能利用你成为称职的、有能力的人，并且会告诉你去做什么，但是他不会花时间进行教导、建议或忠告。也许他能这样做，却不会感觉到要有为你'开门'的责任。"

迈耶将军的"开门"指"提供有助于职业成长的派职机会"，这通常导致获得最艰苦和最吃力的工作，比大部分与你同一时期的人们工作更长的时间。"良师"是这样的一个人，他花时间去指导、建议、忠告和教导，而且培养某人承担更重的责任和更高的阶级。

马歇尔将军的军人生涯提供了一个"明哲导师"最好的例子，他曾是3位将军的副官和参谋，3位将军分别是1906—1910年时的陆军参谋长詹姆斯·富兰克林·贝尔（James Franklin Bell）将军、亨特·利格特（Hunter Liggett）少将、第一次世界大战（1917—1918）美国远征军总司令及陆军参谋长（1920—1924）的潘兴将军。以上的每一位将军都向马歇尔提供了广泛的指导、建议、忠告和教导，他们担任特殊的作战领导者并获得快速晋升，也是杰出的模范角色。贝尔将军在菲律宾、潘兴将军在古巴的美西战争中均有杰出的战功。

第一位对马歇尔深具意义的良师是贝尔将军。贝尔将军早期的军旅生涯看起来是没有前途的，他于1878年自西点军校毕业，其军人生涯的前20年均是尉官，20年中有12年是少尉军官，他的前途看起来没有光明。1898年的战争使他获得了机会，那时他被指派为"菲律宾远征军"（Philippines Expedition Force）的专业工程师。他在菲律宾的表现，堪称美国历史中最佳勇气表现人员之一，为此他获得了"荣誉勋章"。

1906年，贝尔成为了陆军参谋长，任期一直到1910年。他晋升到这一职务时还不到50岁，离开尉官军级正好8年，虽然贝尔将军作为一个战斗指挥官创下了辉煌的纪录，但他所作的长久贡献却是在担任利文沃思堡指挥官期间（1903—1906）。贝尔和马歇尔在该地开始有了第一次的接触，贝尔的目标是创办一所训练"有足够能力的专业军人"的学校，并使之成为陆军的智库。

　　当贝尔成为利文沃思堡的校长时，他坚持各团团长只能挑选最好的军官参加该校自1906年开始的课程。马歇尔被选中入学，虽然那时他只是一位资浅的中尉军官，班上共有54位学生，大部分学生比马歇尔年纪大且经验丰富。

　　马歇尔描述了这段求学的经历："在我的生命中，这是我曾做过的最艰辛的工作……我彻底的学习，所有这些嘈杂、奋发、兴奋和缺乏时间……的学习过程对我很有帮助。"他也提到求学的这一年："我终于养成了读书的习惯，在这之前我真的没这习惯……"马歇尔以班上第1名的成绩毕业，这是一个重大的成就，这个在利文沃思堡学校第1名的声誉，在他尔后的军旅生涯中一直伴随着他。

　　身为陆军参谋长，贝尔从华盛顿到利文沃思堡来作毕业致辞。马歇尔以第1名的成绩毕业，明显地受到了贝尔特别的注意。贝尔是一位有辉煌战功纪录的军人，有智慧、有愿景，这对于年轻的军官——如马歇尔——非常有号召力。

　　1913年，马歇尔被派至菲律宾担任亨特·利格特将军的副官，为期3年。马歇尔第一次和利格特接触是在利文沃思，那时利格特是步兵第13军的营长，而马歇尔则是一位教官。下课后，利格特经常和马歇尔聚在一起讨论马歇尔所教的功课，在这些聚会中，利格特对马歇尔印象深刻。在菲律宾时，利格特花了很多时间在马歇尔身上，带他去视察，要他记录什么地方需要改进，他时常派马歇尔代表他去考核野外演习。

　　贝尔将军在参谋长任期之后，被派往指挥菲律宾军队。马歇尔很幸运，早在菲律宾期间他就给贝尔的一位参谋，强森·哈古德（Johnson Hagood）少校留下了很好的印象。哈古德听说马歇尔和他的同事之间有一个与"军事原理"有关的赌注。哈古德问马歇尔是否有这回事，马歇尔承认了。哈古德说："这件事教了我一些东西。我学到的经验就是，在训练军人时，最重要的事情是去抓住重点，在你视察时要看重点。这个经验在我的军人生涯中一直被我运用着。"

1913年，马歇尔成为犹他州道格拉斯堡（Fort Douglas）强森·哈古德中校的助理。哈古德在马歇尔的考绩表上的一个考核项目"你是否愿意此人在你的指挥下？"上写道："是的，但是我宁愿在他的指挥之下。"哈古德称马歇尔是一位"军事天才"，并且"推荐他成为正规陆军准将，同时认为每耽误一天马歇尔的晋升，对陆军、对国家而言就是一个损失……（他）已经具备足够的训练与经验，拥有在战场上指挥大规模部队的能力"。这份考绩表上的日期是1916年12月31日，由亨特·利格特准将签名认可，并由贝尔少将审核。哈古德继续在军中往上攀升，成为在第一次世界大战期间驻法国的美国后勤部队参谋长。1934年，那时马歇尔为上校，哈古德为军长，哈古德力促战争部长乔治·德恩（George Dern）将马歇尔晋升为准将。

马歇尔的成就，多年来一直在贝尔将军的注意中，当贝尔将军成为美国西部省（Western Department）的司令官时，挑选马歇尔担任他的新副官。在贝尔如此有才干的主官身边当副官，既是挑战也是机会。

身为美国西部的陆军指挥官，贝尔关心1916年在美国和墨西哥之间爆发的边界冲突。在墨西哥边界的美国部队战场指挥官是约翰·潘兴准将，他注定要在马歇尔的生命中扮演一个良师的重要角色。

马歇尔第一次遇到潘兴是他担任贝尔副官的时候，不久，他成为了潘兴在第一次世界大战中最有价值的参谋军官。起初，他在法国担任各种不同的职务，1917年10月的一次演习表现很差，

受到了潘兴严苛地指责。使潘兴大为吃惊的是，马歇尔指出这次
艰难的演习是因为仅在一天前才接到通知，而这种演习通常需要
两个星期的计划和准备（这个事件在第4章《憎恶唯唯诺诺的人》
中有详细的描述）。潘兴不习惯年轻军官如此对他说话，据称他在
大步离开时，只说了一句："是的，您完全正确。"此后不久，马
歇尔晋升为潘兴第1军的作战计划参谋，在亨特·利格特的指挥下。

　　马歇尔能有效地应对每一次挑战，很快就成为了潘兴将军最
信任的作战军官。1919年5月，马歇尔成为潘兴的副官，随后在
潘兴任陆军参谋长时（1921年7月至1924年9月）继续为他服务。

　　潘兴自己在他的军人生涯中也曾受过良师的教导。1897年1月，
纽约警察局局长西奥多·罗斯福（Theodore Roosevelt）和当时的潘
兴上尉之间的会面确实是个重要因素，那是他们的第一次会面，
也是他们长久友谊的开始，当他们两人一同在古巴服役时，他们
的友谊变得更加深厚。潘兴领着他的"骠骑兵"（Rough Riders），
随罗斯福从战场奋斗到白宫。毫无疑问，这种和潘兴的紧密关系
帮助了马歇尔，马歇尔曾对潘兴说："跟随您工作的5年，将永远
是我生命中独特的经历。"当麦克阿瑟自1930—1935年任陆军参
谋长时，马歇尔的军人生涯遇到了瓶颈，他未被晋升为准将。麦
克阿瑟甚至把马歇尔从部队指挥官重新指派到伊利诺伊州国民兵
担任资深教官，马歇尔请求重新考虑这次派职，但未被接受。

　　虽然如此，潘兴一直照顾着马歇尔，他甚至把晋升的事向总
统报告，结果不言而喻。罗斯福的回信中这样写着：

白宫
1935年5月24日

致战争部长备忘录：
　　潘兴将军强烈要求将乔治·马歇尔上校（步兵）晋升为

准将。

　　我们是否可以将他列入下一批晋升的名单中？他已经54岁了。

富兰克林·德拉诺·罗斯福（F. D. R.）

马歇尔于1936年晋升为准将。

当马林·克雷格将军即将从陆军参谋长退休之际，潘兴去找罗斯福总统说："总统先生，你有一个人（马歇尔）在这里的作战计划处，他刚到。为什么你不派人去请他过来让你看看呢？我相信他将是一位极有帮助的人。"

马歇尔，一位位于将军优先排名清单很下面的准将，于1939年被罗斯福选为美国陆军参谋长。

麦克阿瑟将军在本书所研究的将领中，具有最不寻常的"明哲导师"。他出生在一个陆军家庭，父亲亚瑟·麦克阿瑟是他最重要的导师。老麦克阿瑟对所有的年轻人而言，都是精神上的典范，对道格拉斯而言，一点也不惊讶陆军将也是他的生活。在他父亲逝世30年后，他说："无论我何时执行任务，我想我都必须把它做好。我感觉到我可以笔直地（站着）面对我的父亲说：'总督先生，你觉得如何？'"他在西点军校的一位同学说麦克阿瑟"经常怀疑他是否能够像他父亲一样成为伟大的军人"。这位同学也说麦克阿瑟谈到他父亲时，总是充满感情与骄傲，并且感觉有责任成为他父亲合格的继承者。

肯尼思·杨在他写的亚瑟·麦克阿瑟的传记《将军中的将军》（*The General's General*）中描述："道格拉斯在陆军的成功，部分可归功于他父亲的影响。克莱顿·詹姆斯（Clayton James）认为老麦克阿瑟'留给他儿子最重要的遗产是，他在菲律宾时手下聚集了一批很有能力的年轻军官……当老麦克阿瑟将军的儿子于未来的岁月将在他们手下服役时，这些军官们不会忘记老麦克阿瑟对他们的提携与照顾……道格拉斯和他父亲一样有才能，他能快速晋升，在相当程度上是受他父亲当年手下军官们的照顾。'麦克阿瑟这个姓对他们而言具有特别的意义，当道格拉斯的名字出现在晋升的名单中，总是有很多良师帮助他，因为他们觉得对他的父亲有一份责任。"

潘兴也是道格拉斯·麦克阿瑟的一位良师。小麦克阿瑟是少数在第一次世界大战中晋升且在战后未被降级的军官。就在潘兴的陆军参谋长任期快结束之前，小麦克阿瑟的母亲写信给他，要求考虑她儿子的晋升，就在潘兴任期结束前10天，小麦克阿瑟升为少将。这次晋升是徇私或是靠自己的实力？《纽约时报》对他的晋升评论道："他将是陆军现役军官中最年轻的少将。他被认为是正规陆军中最有才能和最闪亮的年轻军官之一，身体健康，他处于将来成为陆军参谋长的最佳机会。"这是一个极佳的预言，1930年，道格拉斯·麦克阿瑟被胡佛总统选为陆军参谋长。

德怀特·艾森豪威尔从西点军校毕业时，成绩是班上164人中的第61名。这一班于1915年毕业，后来被人称为"将星云集班"，因为该班164名学生中，在第二次世界大战后有58人晋升至一星或四星将军。为什么艾森豪威尔会成为他班上最成功的人？为什么他在第二次世界大战期间被选为盟军最高统帅？"明哲导师"如何影响了他的军人生涯？

要回答这些问题不是那么简单，但无疑地，最奇妙的重要因素是在1941年12月，他被选为陆军参谋部作战计划处处长。

艾森豪威尔从西点军校毕业后，第一次派职是去得州圣安东尼奥（San Antonio）的山姆·休斯敦堡（Fort Sam Houston）。在那儿他遇见了一位苗条迷人的年轻女孩，她的头发是棕黑色的，眼睛是紫色的，她的名字是玛米·热纳瓦·杜德（Mamie Geneva

Doud），后来他们结婚了。他通过3位年轻的中尉认识了这个年轻的女孩，这3位是：伦纳德·T. 杰罗（Leonard T. Gerow）、韦德·海斯利普及沃尔顿·H. 沃克（Walton H. Walker），几人后来成了终生的朋友，其中有两位在艾森豪威尔辉煌的军人生涯中扮演了重要角色。

这两位中最重要的是杰罗，1911年毕业于弗吉尼亚军校。杰罗和艾森豪威尔一起被派至得州堪萨斯利文沃思堡的指挥与参谋学院受训，艾森豪威尔以第1名的成绩毕业于1926级。

1940年，杰罗已经是一名准将，在美国陆军参谋部最重要的部门"作战计划处"任处长一职。1940年11月18日，杰罗发了一封简短的电报给艾森豪威尔，告诉他有一个尚未决定的派职，并问他是否拒绝这个工作，当时艾森豪威尔在华盛顿路易斯堡（Fort Lewis）第9军任参谋。

艾森豪威尔很认真地拒绝了，他在一封给杰罗的长信中详述了他的理由，说他缺少部队和指挥职位的历练，假如要他把全部的潜力发挥出来，那么他需要更多部队与指挥的经验，并且请求杰罗再考虑一下他所提到的派职。艾森豪威尔的恳求获得了杰罗的同意，延缓了艾森豪威尔至华盛顿的调职。艾森豪威尔对获得一个战场指挥职位的期望胜于世界上任何其他工作，他的回信可说是他一生中最重大的决定，对于他未来的事业有关键性的影响。如果他接受了杰罗的提议，那可能意味着将失去任何获得指挥职位的机会结束，当发生另一次世界大战时，他只能留在美国本土。第二天，他写信给杰罗，而杰罗也同意艾森豪威尔的要求，让他继续留在部队。

艾森豪威尔上校留在路易斯堡，直到1941年6月24日他接到另一个命令，奉派至得州圣安东尼奥第3军总部，当时的军长是沃尔特·克鲁格将军。对艾森豪威尔而言，那是一个短暂的任期，然后他再度被要求去担任计划的工作,这次是由马歇尔将军本人提出的要求。这一次没有给他机会拒绝,珍珠港事件后一星期,艾森豪威尔抵达华盛顿担任杰罗的助理,杰罗在艾森豪威尔获选担任此项工作中扮演了一个重要角色,但其他人也功不可没。

另一个对艾森豪威尔获选至作战计划处工作有影响力的人是马克·克拉克将军,他亲密的朋友。在1941年的路易斯安那作战演习(编装调整之兵棋推演)后不久,马歇尔将军告诉克拉克说他想把位于华盛顿的陆军参谋部作一些改变。马歇尔问克拉克:"我希望你能给我一份你认为是相当优秀的10个军官的名单,而其中哪一位你将会推荐担任陆军参谋部作战处处长。"克拉克回答说:"我很乐意提供名单,但是只有一个人的名字会在名单上。如果你一定要10个名字,我只会在后面加上9个相同的名字。"

马歇尔将军问:"这位你如此看重的军官是谁?"

克拉克回答:"艾森豪威尔。"

马歇尔说:"我从未见过他。"但他很快又说他知道艾森豪威尔的辉煌纪录。克拉克将军说:"不久之后,艾森豪威尔就被调至华盛顿……"

另一个帮助艾森豪威尔获选的军官是沃尔特·克鲁格。"在路易斯安那演习快结束时,马歇尔将军问我认为谁是最佳的作战计划处处长人选,几年前我担任过该职,虽然我不愿意失去艾森豪威尔,但我还是提名了他。"

艾森豪威尔的获选与其说是单一因素造成的,不如说是各种因素的结合。只不过当他就任该职位时,是他的工作表现帮助他责任的提升,虽然不可否认,他的成功仍有一些幸运的成分在内。

当我采访艾森豪威尔时,我请教他,他认为是什么原因让他在1941年被选为作战计划处处长。"我想是杰罗和克拉克,也有可能是韦德·海斯利普推荐我时,指出我在竞争激烈的利文沃思指挥与参谋学院以第1名的成绩毕业。我想马歇尔十分重视利文沃思的训练。"对艾森豪威尔在利文沃思的成就，有一个人的贡献远超过其他的人，这个人就是福克斯·康纳，他是一位坚定卓绝、牺牲奉献、赫赫有名的军人。他们的关系在第5章已经详细说明过了。

艾森豪威尔说："康纳将军在巴拿马时，决心让我从事奠定制定战术决策的基础工作。与其使用一般命令或特别命令来处理我们的指挥，他要我每天撰拟野战命令，我为我们每天所做的各种事情撰拟野战命令长达3年之久。在这之后，撰拟野战命令成了我的第二天性。"

撰拟野战命令是利文沃思的要求之一，另一个重点领域是对作战问题的研究。1919年，艾森豪威尔在米德堡和巴顿合作，这是他第一次接触到这类问题。"乔治·巴顿和我是好朋友。他为了准备上利文沃思而申请以前做过的考试题。然后他告诉我：'让我们一起解决这些问题。'他比我资深8年，而且利文沃思的训练对我的军旅生涯来说还早，但我还是和他一起解题。当我们开始解题，我发现只要你没有任何压力，问题看起来就十分容易，我喜欢它们并且从中获得了许多乐趣。无论在他家或在我家，我们坐下来一起研究解决问题时，我们两人的太太就在一旁聊天。然后我会打开另一本小册子找出答案，我们给自己打分数。后来，我在教书时也常使用这些教材与方法。"

若非福克斯·康纳的话，艾森豪威尔可能永远没有机会进入利文沃思指挥与参谋学院，因为他和步兵司令对坦克的用法发生了争吵，当时艾森豪威尔显然已失去进入利文沃思就读的机会。康纳肯定这所学校的价值，决定插手这件事，他把艾森豪威尔调到军务局。军务局局长每年可核定两个名额到利文沃思就读，他给了康纳一个人情，把1924年的一个入学名额给了艾森豪威尔。

在艾森豪威尔担任陆军参谋部作战处副处长之后不久，就取代了他的上司，也是他的好友伦纳德·杰罗的位子。马歇尔将军解释说："珍珠港事件后，我调艾森豪威尔为作战处处长，把他放在一个好军官（杰罗）已工作了两年的位置。我觉得杰罗已因工作过度而逐渐疲乏，我不喜欢让任何一个人在某个位子上待太久，使得他的想法和筹划能力无法超过我。当我发现一位军官不再有活力时，他对我知识的积累及其他方面就不再大有帮助，也无法再贡献出打胜仗所需的想法和计划。艾森豪威尔对问题有令人耳目一新的解决方法，他的帮助很大。"

任何行业的上位者都希望他身边的人点子多又富有想象力，能够补充、贡献意见使自己的想法成熟。艾森豪威尔就具有上述能力。

艾森豪威尔崛起的重要一步，是负责拟定欧洲盟军联合作战计划，他4月受命，6月就完成了该计划的参谋工作。这份报告被命名为《欧洲战区司令指导方案》（*Directive for the Commanding General, European Theater of Operations*）。他把报告呈给马歇尔将军，并建议他仔细阅读。马歇尔回答说："我的确想去阅读这份报告，但你可能是执行这个计划的人，假如事实如此，你何时可以动身？"

不到一个星期，艾森豪威尔接到命令前往伦敦，负责指挥欧洲战场。据历史记载，艾森豪威尔从欧洲战场指挥官职务转为指挥盟军进攻北非与西西里，并成为反攻法国的盟军最高统帅。

艾森豪威尔的军人生涯说明了仅具领导能力是不够的，还要有机会对有影响力的上级长官展示领导能力。明哲导师、运气、多年的准备和努力工作的结合，给了艾森豪威尔重要的领导机会，而他能够确实执行。

乔治·巴顿在通往成功的路上，起步时和任何美国年轻的陆军军官一样快，他的"明哲导师"是一个关键。1909年，他自西点军校毕业，不久便成为伦纳德·伍德（Leonard Wood）将军的副官，伍德将军自1910—1914年任陆军参谋长，就伍德的个性而言，巴顿此次的派职是十分重要的。

担任伍德的副官对巴顿而言有明确的影响，但伍德对巴顿的影响是间接的，因为透过副官的职务，巴顿建立了他生命中最重要的友谊和联系。那时的总统是威廉·霍华德·塔夫脱，陆军部长是亨利·史汀生。巴顿被选为史汀生的随护军官，在梅耶堡从事许多官方任务。巴顿成为史汀生的副官之一并非偶然，巴顿知道史汀生是一位热爱骑马的人，他们经常一起骑马。史汀生很快就喜欢上了巴顿，巴顿知道必要的社交礼仪、具有丰富的专业知识，并有为国家服务献身的精神。他们的友谊开始建立并逐渐加深，多年后对巴顿的事业有很大影响。

巴顿是唯一一位参与了和平时期能接触到的每一个重要事件的陆军军官。第一次事件是美国和墨西哥边界的小规模战斗，"潘乔"弗朗西斯科·比利亚（Pancho Francisco Villa）越过了边界，突袭了新墨西哥州的哥伦布市。威尔逊总统决定采取行动，命令潘兴将军带领一支特遣队进入墨西哥追击比利亚，抓住他并终止他的恶行。

当时，巴顿驻防在得州布利斯堡（Fort Bliss）第8骑兵团，靠近边界的厄尔巴索要塞（tower of El Paso），住在潘兴将军隔壁。驻防在布利斯堡的部队急于参加战斗，以报复比利亚的罪行，但是只有一小队人被选中。当巴顿知道第8骑兵团没被选为远征军时，他十分沮丧。因为不愿接受这个不可改变的事实，巴顿决定采取一些行动。他在潘兴办公室外的一把椅子上连续坐了40个小时。最后冷淡的潘兴注意到他并问他在那儿做什么？

　　巴顿回答："先生，我一直在等一个和你说话的机会。"

　　"你已经得到了，你想要什么？"

　　"我想和你去墨西哥，做你的副官。"

　　"我已经选了两个副官。"

　　"你可以启用第三个，如果你带我去，我保证你不会后悔。"

　　"继续坐在这儿是没用的。回你的宿舍去，你会接到通知的。"

　　几天后，巴顿果然接到了潘兴的消息。巴顿的同行军官描述他"最谦虚的坚持自己的优秀"，他的战斗决心深深打动了潘兴将军，使他决定带巴顿一同前往。潘兴没有后悔他的决定，巴顿在为将军服务上表现卓越，自己也做了一些勇敢的事。

　　1917年，美国参加了第一次世界大战。潘兴将军获选指挥美国远征军，他记起了巴顿在墨西哥的杰出表现，潘兴要求他担任指挥部本部连连长，巴顿欣然接受了这个机会，前往法国，并晋升为上尉，一年之内他升到上校。

　　巴顿参加了位于法国香留（Champs Lieu）的法国坦克兵学校的学习（French Tank School），不久便自行设立了一个坦克学校来训练美国的军人。他也设法进入了位于朗格勒（Langres）的法国参谋学院（French Genercl Staff College），在那儿他很高兴可以重温他和亨利·史汀生的友谊，史汀生是以后备役陆军中校的身份入学的。

　　当巴顿作战时，他再度证明了自己是一位最勇敢的军人，并曾因作战英勇赢得"杰出服役十字勋章"，也因在组织与指导坦克中心时，以特殊的、有功的及杰出的服务，荣获"优异服务十字勋章"。

　　巴顿永远不会忘记潘兴在墨西哥冲突和在法国时给了他机会。

1942年，在他从美国出发前往北非作战之前，他去见潘兴，说："我不能告诉你我将去哪里，但没来请求你的祝福，我是不能出发的。"这位老将军回答："你将获得我的祝福，跪下。"在祝福之后，巴顿立正站好，快速地向他的良师行了一个军礼。据闻潘兴从椅子上起来，当他笔直站立回礼时，那神情好似年轻了20岁。

当美国准备派部队到海外参加第二次世界大战时，巴顿是我们少数有经验的战场坦克指挥官，是第一批被考虑派往北非作战的军官中的一员。艾森豪威尔和巴顿有长期且亲密的友谊，这在巴顿获选上扮演了重要的角色，而亨利·史汀生也发挥了他的影响力。后来当巴顿做出令人遗憾的行为——例如在西西里掌掴一名士兵事件——而引起各界的责难时，艾森豪威尔和史汀生都支持他，他们觉得国家与陆军需要巴顿继续作为指挥官。

接下来，我将讨论所有第二次世界大战后晋升为参谋长或参谋长联席会议主席的将军的"明哲导师"。首先，有一些空军的将军们值得一提，例如柯蒂斯·李梅，他对空权和国防作出了很大的贡献。李梅从1948—1957年任战略空军司令部司令，1957—1961年任空军副参谋长，1961—1965年任空军参谋长。

李梅有一位良师。在一次深入的访谈中，我请教他，是否有人深深影响了他的军人生涯。他回答说："在我服役的35年中，我有幸实际接触了该时期所有的空军领导者，而我们有很多极优秀的领导者。当然，所有的那些人，不只是对我有影响，也影响了当时空军的其他人员。假如我必须挑选出一个人，我愿意说是罗宾·奥尔兹（Robin Olds）对我的影响最大，或至少他对我产生了使我起步向前的最初影响。

"1937年，当我奉派至第2轰炸大队时，我第一次和罗宾·奥尔兹接触。一直到那个时候，我还是个没有背负任何重大责任的中队军官，只有如中队飞行军官所负的一般责任。第一次为他工作，我开始了解'领导'的意义是什么，为建立一个当时我们所有的伟大领导者都已经预见，且尝试去建立的第一流空军，我们有大量的工作必须去做。这是我第一次获得总体印象，这个我们全体试着去做的真实景象，以及我们应该如何去做，还有完成这项任务所需做的大量工作。

"我记得我暂时被选派去大队作战室代替一个生病的常备作战官。在那里工作的两周时间，我学到的东西超过我在空军一直到那个时候所学的一切，我想这可能是一连串状况所带来的。作战官的桌子靠近办公大楼的主要入口，因此我学到的第一件事，是每天早上我最好在奥尔兹上校上班之前在我的桌子前坐好。通常他会在我桌边停住，每天早上他给我的工作大约是两个星期的工作量。因此，我感觉在代理作战官期间，我的工作进度快速地落后。我从作战官办公室学到了很多——不仅是这两周，而是我在第2轰炸大队、在奥维兹上校手下服务的期间。那真是一次十分难得的经历。"

李梅在观察英国皇家空军时认识到了"明哲导师"的重要作用，这是他在第二次世界大战期间在欧洲的经历。他说："战争初期，我在英国遇见一位老人，特伦查德爵士（Lord Trenchard）。他在第一次世界大战期间负责指挥在欧洲的英国远征军的空军部队（British Expeditionary Air Cors）。他所负责的皇家空军是世界上第一个获得独立的空军。我猜那时他已快80岁了，但他仍然是一个精神饱满的老人。他穿上制服，用他所有的时间在美国空军基地和英国空军基地到处逛逛，去了解部队正在做什么，并与他们交谈一会，告诉他们一些故事。在和这位老人谈过几次话之后，我渐渐明白波特尔（Portal）、泰德（Tedder）和那些真正在运作皇家空军的人员，都曾受过他的帮助。因此，我开始注意到这种巧合，注意它是如何发生的。

"他说：'那不是一个巧合。没有人愿意长时间去做一位空军元帅的勤务兵。我所做的，是从我所能找到的聪明干练的小伙子当中挑选出一些人，让他们跟着我一段短的时间，让他们了解我处理了些什么事情，和我如何去解决这些事情。这些聪明干练的小伙子开始跟着我历练，他们学到了一些东西。他们保留所学到的，继续在空军中奋斗，当他们获得更重要的工作时，就会做得很好……'

"我想那是一个很好的想法，因此，我试着照他的方法去做，可惜我无法像特伦查德爵士一样有挑选人和决定他们派职的自由。在某种程度上我做得十分好，我的两位朋友成了四星将军……其他三位则是两星将军，其中一位特别优秀的在越南作战中殉职，否则他也会晋升到二至四星将军。当然，我做得很好，我挑选了一些机灵的小伙子跟着我学习，我试着给他们一些训练——你遇到了一类问题，你如何去解决这些问题。得到答案后，希望这个答案是正确的。"

李梅作为"明哲导师"的例子是大卫·琼斯将军。我和琼斯讨论这位"明哲导师"，他告诉我："我被派到奥马哈（Omaha）空军基地的作战计划处工作。我被告知已被提名成为李梅将军副官的候选人之一，主要的面谈是我们4位被提名的军官到李梅的宿舍一起用晚餐，那时我刚升中校。晚餐后，我们进行了一个讨论，几天后我接到通知，我成为了李梅的新副官。

"当我向他报到时，他向我说的唯一一句话，且十分关键的一句话是'你首要的事是学习，其次是服务，不要把这两件事弄混了'。这就是我接下副官这个职务所得到的全部指导。他不要一个副官在他身边绕来绕去给他倒水，以及做那些典型的'随时候令'工作，他期望一个副官能接触到一些重大的事情。回想起来，他是在让我为晋升至更高的职位作准备，而不仅仅是典型的交际型副官。

　　"李梅告诉我副官的任期是1年。大概在3年后，我问他：'我的1年任期已经到了吗？'他笑了笑没说一句话。1957年，当他去华盛顿任空军副参谋长时我才离开了他。我回去后将以飞行军官派职，但李梅说：'到维修单位去，你需要一些后勤的经验。'我出任卡斯特空军基地（Castle Air Force Base）维修单位主管，该基地拥有B-52轰炸机和C-135运输机。那是一个很好的派任，使我更了解后勤和维修，而且有数千名官兵为我工作。通常，在中央化的制度下，指挥官们只有少数义务役士兵为他们工作。因此，学习的工作在我离开李梅将军之后仍持续着。在后勤单位任职是一个冒险，因为在作战飞行单位任职我可能会更快地晋升至联队长，但是我体会到，如同李梅将军建议的，在维修单位我可以学到更多的东西。

　　"1959年，我进入军事学院，1960年毕业，成为……B-70轰炸机的拥护者。这架飞机引起了巨大的争议，在正常情况下，都由少将和中将们前往国会作简报，但李梅派我与一位资历尚浅的上校领军为B-70轰炸机向国会争取支持，对我来说那是一个很好的经验。我面对国防部长麦克纳马拉和哈罗德·布朗（他在卡特总统时代成为国防部长）并面对国会，那是李梅想让我拥有的广泛经验的一部分。我也开始了解作为一个执行军官如何在五角大楼运作，当我成为空军参谋长之后，这些经验对我帮助很大。

　　"我从未觉得我是一个受人宠爱的人，但一些人却一直这样看待我。我不认为李梅以任何方式显示过他对我的偏袒，他只是使我有能力去执行我的任务。我不希望任何人认为我有一位守护天使。"

　　琼斯的另一位良师是沃尔特·斯威尼（Walter Sweeney）将军。琼斯说："当斯威尼任战术空军司令部司令时，他让我指挥一个战斗机联队。我从来没在战斗机部队服役过，我可能成为B-52轰炸机联队联队长，而且几乎能保证获得晋升。对我而言，那是一次冒险，特别是因为那是去提升一个战斗机联队作战能力的任务，比起只是去运作一个联队的任务困难多了。接触战斗机事务是一件冒险的事。

"李梅也告诉我：'当任何人在我办公室时，你必须在场；我去任何地方，你就和我一起去。'有一次，当我和李梅一起进到麦克纳马拉的办公室时，我被撵出来了。在另一个场合中，我是李梅的副官，国务卿约翰·福斯特·杜勒斯（John Foster Dulles）访问奥马哈，当时仅有我们3人在房间内，我没有参与讨论——我只是在那里学习。"

最后一位对琼斯有影响的是国防部长詹姆斯·施莱辛格（James Schlesinger），那时琼斯是美国驻欧洲部队司令。施莱辛格被安排了几个小时的简短访问，但这个访问延长到了好几天。在部长访问期间，琼斯个人向部长简报整个空军情况。施莱辛格后来告诉我，他对琼斯的第一印象是杰出的领导能力和愿景，这也是施莱辛格支持琼斯接替乔治·布朗成为空军参谋长的开始。

迈耶将军对"明哲导师"的定义包含指导、建议、忠告、教导、个人学习、花时间去教、为了职业成长提供具有挑战性的派职，一个最好的例子是乔治·布朗的军人生涯。乔治·布朗将军1973—1974年任空军参谋长，1974—1975年任参谋长联席会议主席。

布朗在第二次世界大战期间的晋升速度十分惊人，他在不到两年的时间里从少尉晋升到上校。也许有人认为他以如此快速的起步，一定可以晋升至四星上将的军阶。然而，有另外两个同一时期的人，在第二次世界大战中获得了快速的晋升，很年轻就升至上校，但这两个人都没有像布朗一样升至四星上将。

雅各布·斯马特（Jacob Smart）将军在一次访谈中描述了布朗

的成功:"部分空军高层人士有目标的努力,帮助自己发展和晋升。其中之一是伊尼斯·怀特黑德(Ennis Whitehead),无论在积极与消极方面,他都是一位具有多方面领导统御特质的杰出人士。怀特黑德有一次告诉我,他承认乔治·布朗是一位具有不寻常能力的人,并鼓励他的成长,推荐乔治到一个能进一步开拓他视野的职务。"

怀特黑德说,1950年6月9日,他在布朗的考绩表上签名:"在所有服役年资15年或不到15年的上校中,我认为布朗排名第一。依我看来,他是我所知道的服役年资相同的军官中最有能力的。"

1957年6月,布朗上校完成了在军事学院的学习,被空军参谋长托马斯·怀特将军选为他的参谋主任。我问布朗将军为什么他会被选中。他回答:"我想不起来我曾经见过他,但是我曾经和他的副参谋长助理雅各布·斯马特将军共事过,且有密切的交往,虽然他从未对我提过这件事,但我想是他安排了这次的甄选。在我去为他工作之前,唯一一次看到怀特将军是在他到国家军事学院来演讲,而我只是班上的一员。当我们即将接到人事任命时,我向斯马特将军问起他对我的未来出路的想法,他说:'为什么?'我说:'我已经在这里置产,我有一间房子必须处理。假如我不能继续留在这里,我必须尽快脱产。'他说:'别担心,你将会留下这里。'我想是怀特和斯马特二人促成了这件事。

"怀特把我带在他身边这点展现了他的风格,因为我对五角大楼什么也不懂,也不懂如何在那里把事情做好。通常一个高级军官对于谁来做他的参谋是非常自我的,他要参谋帮助他。但挑一个需要他帮助的参谋不是一件正常的事。我想——我不想自负地四处去宣扬这件事——他们相信他们介绍我做参谋长的参谋主任,可以帮助我成长,好让我将来担负有益于空军的其他事情。"

一位为布朗工作的亲密朋友,罗伯特·J.狄克逊(Robert J.

Dixon）将军，我向他请教："你对怀特将军在布朗的发展上有影响这件事怎么看？"狄克逊回答："那是毫无疑问的。你不可能在怀特的身边而不受他影响并学习到很多事情。在那个阶段，像我们这样的上校，得像海绵一样——比海绵更厉害，像真空吸尘器一样。无论在哪里，我们得全部吸收所能学习到的，一天之中的每一分钟都有无数个印象进入我们的脑海里，不仅是和怀特将军在一起时获得的印象，也有和其他的高层人员在一起时获得的。在那些日子，我所获得的对人的印象是最强烈的，因为那是我成长的日子。我的思想被大大地打开了，华盛顿是一个令人兴奋的城市，而我们有令人兴奋的工作。

"怀特将军能确实掌握他要做与不做的事情，以及什么是想要与不想要的。他有绅士风范，但处理事情的方式却很外柔内刚，我只看到他圆滑柔顺的一面。怀特将军确信，布朗也确信那种让事情表面化、尖锐化，然后再来处理事情的公开战斗不是解决事情的方法。在某种程度上，怀特将军为此而被那些做事更直来直往的人批评。无论如何，他相信说服力，布朗也学着那样，那也是他的天性和处理方法。布朗和怀特将军两人都是有脾气的，布朗的脾气有时真的会发作，但如果可以选择的话，布朗比较喜欢以绅士、平缓的方法处理事情。布朗也认为怀特将军是个有眼光、可令人大开眼界的人，因为他可以看到长远的议题，愿意失去短期的利益，而让长远的事务获胜。怀特将军的眼光放在外太空对国家、对空军的重要性上，这是一个长远眼光的例子。现在人人都知道太空的重要性，外太空这件事就变得很普通，但在那个时候，没有人认识到这个重要性。我想怀特的这种眼光已经教导了布朗，如同他教导我一样，这是观察事情的一个新方法。"

在布朗军人生涯的发展中，一个最具挑战性的派职是担任国防部长的军事助理（1959年6月至1963年8月），特别是最后两年在国防部长麦克纳马拉手下工作。说麦克纳马拉当时正陷入争议，不被许多军官喜欢是轻描淡写，但布朗说麦克纳马拉深深感谢他的出色工作。

布朗完成他空军第7军司令和越南军事空运司令部空中作战副司令的任期后，于1970年9月成为美国空军系统司令部（Air Force System Command）司令。

我问布朗，为什么他认为他会成为空军参谋长。他回答："噢，我从未想到过这件事，我没有一点概念，也许在我的同僚中我是最佳的选择。我出身轰炸机部队……除了后勤司令部和系统司令部，我进过空军的每一个部门。我曾在越南待了一年，当时杰克·里恩（Jack Ryan）是空军副参谋长且已被提名为空军参谋长。他告诉过我，我将接替他成为空军参谋长。

"他在成为空军参谋长之前就告诉我那件事，而我说：'杰克，小心点，别那么说，因为你不需要现在作决定。保持你的选择弹性。'他说：'不，你的入选是很明显的，假如你没有被绊住且健康状况良好。但是我要你现在知道，因为我要你开始思考这件事，并以这种思考方式来让你作好心理上的准备。'

"考虑我曾经历过的职务和我所获得的表现机会，显然，我一直在被培养，虽然我从未意识到这点，直到他提到这件事，过去我从未这样想过。但我曾是参谋长的参谋主任，又担任了4年国防部长的参谋主任。然后我在军事空运司令部（Military Airlift Command，MAC）、物资空运司令部（Material Air Transport Command，MATS）、联合特遣部队任职，并担任参谋长联席会议主席的助理两年，最后去了越南。根据我在此地和联席会议主席工作所获得的经验，我十分了解华盛顿、国会山、五角大楼、国务院和国家安全会议的游戏规则。我曾和如今在政府高层的一些人士——如国家安全顾问布热津斯基（Brzezinski），一起投身于国务院政策计划委员会。

"但我真的不知道是什么让杰克·里恩做了这件事。无论如何，我说：'别那么说，那是愚蠢的。'然后，当我越南的任期结束后，我想去欧洲，因为我猜那时大卫·伯奇纳尔（David Burchinal）任期将到，而他离职后该职位将有空缺。我们那时在华盛顿有一个会议，杰克·里恩把我叫到一个角落，告诉我：'你快要回来了，而且你将去系统司令部。'我回答：'我一点也不了解系统司令部。'他说：'那正是你要去那儿的原因。'"

我和里恩将军讨论布朗指挥系统司令部这件事。他解释说："当乔治·布朗任空军第7军司令时，我常去拜访他，他在那里所做的一切，令我印象十分深刻。他是一个无微不至的人，他对情况有完全的掌握，他能够影响陆军的上层长官。他对使用武力的评估非常好，他能从岘港（Da Nang）和金兰湾（Cam Ranh Bay）将F-4战机装备撤出并运离越南，而未在越南军事空运司令部引起大的骚动。他捍卫他的坚定信仰而不致引起人们的反对。

"所以，当他在越南的任期结束，我们就把他拉回来，并派他去负责系统司令部，因为我认为系统司令部需要一个作战型的指挥官。我想注入一些新鲜血液并安排一位一流的人才到系统司令部是明智之举，当然，我也想到了我的接班人。布朗是符合逻辑的人选，同时我觉得让他去获得一些系统司令部的经验对他有帮助，因为武器采办是参谋长的重要业务之一。这个派职可使他学习对武器采办的看法，而且还能一直待在华盛顿这个区域。所以我告诉布朗，我会建议他成为我的接班人，时间大约在1972年秋天。"

挑选布朗任职系统司令部司令时的空军副部长是约翰·麦克卢卡斯（John Mclucas）。他告诉我："我们同意布朗是下一任空军参谋长的适当人选，而系统司令部会提供给他这个工作的最佳背景。

约翰·里恩将军在他被提名为空军参谋长之后，立即通知乔治·布朗他已被他选择为接任人选，虽然这是布朗被选为空军参谋长之前4年，但在这之前，布朗一直在被培养着。"

一个比较近期的"明哲导师"的例子是爱德华·迈耶将军。他的明哲导师特别有趣，因为1979年他从57名比他资深的将军中跃升为陆军参谋长时，他只是一名中将。他1951年毕业于西点军校。

当迈耶是少校时，他被派至欧洲盟军最高司令部工作，任期是1961—1963年。他向我讲述了这次经历。

　　我要说对我影响最大的人是吉姆·莫尔（Jim Moore）将军，那时他是欧洲盟军最高司令部的参谋长，我是他的副官和参谋主任助理。你如何到达此地的故事变得重要，也与我如何得到这个作为他副官的工作有关，这也会回到对人们如何出人头地有很大影响力的亲友关系。我的一位同学，卢·迈克尔（Lou Michael），已做了几年他的副官。然后我到了法国，住在奥尔良（Orleans），而且在通信区人事部门（G-1）有一份很好的工作——一个我喜欢的工作。当我在家时，我有机会去打高尔夫球，我们喜欢那里，在那儿我们也有好朋友。

　　大约在那个时候，我接到一个电话说："莫尔将军正在找一位副官，你想去吗？"我回答："让我和卡罗尔（Carol）谈一谈，我再回电话。"我当时正在奥伯阿默高（Oberammergau）的一所学校，而我说："放弃吧，我不想去欧洲盟军最高司令部工作，我想留在这里并享受我正在做的事情。"我和我工作的上司、同事都处得很好。

　　我接到了卢·迈克尔的电话："你的决定如何？"我说："我决定不去了。"就在我说这句话时，他说："等一等。"然后奎恩（Quinn）将军——他曾经是我在101空降师战斗群的指挥官，现在直接为莫尔将军工作——接过电话说："你赶快过来，你需要到这儿来，对你而言这是一个重要的工作。"我勉强回答："是的，长官。"

这强调了一个事实，就是生命一点也不简单。永远有一些你曾经在其麾下工作的人牵涉其中，因此，他们对你有所评价——好或坏——并想让你去另一个职务。

迈耶为莫尔将军工作，担任他的副官和参谋主任助理，为期两年。在这段时期，他学习到在陆军从没接触过的参谋工作和国际运作。两年来，他直接接触每一件参谋工作，因为他们答应让他去做通常不会由一个年轻少校去做的挑战性工作。他跟随莫尔将军旅行，因此他获得了在讨论会时参与讨论的机会，在会中，他的长官与国家元首和其他军队首长讨论。此外，基于个人身份他可以和欧洲盟军最高司令部的指挥官劳里斯·诺斯塔德（Lauris Norstad）交涉。迈耶告诉我："莫尔将军的主要功用在提供给我一个机会，当我把事弄糟时给我指导——因为我也会犯错，把事情搞砸——以身作则的教导我。我们以一对一的方式，就他和我意见不一致的问题进行广泛地讨论。他知道，他获得了一些没参加过第二次世界大战的人的观念，向年轻的生手谈论国际问题是有趣的事。"

经过他在欧洲盟军最高司令部的工作，迈耶和另外两名军官有了来往，在退休前他们两人也都晋升到了中将。迈耶说："查理·科科伦（Charlie Corcoran）与伍迪·伍德沃（Woodie Woodward）两人都在欧洲盟军最高司令部工作。科科伦从事核武器事务，伍德沃则从事部队发展事务，两人都是卓越的执行官，但当我回到美国时，他们已经在陆军参谋长哈罗德·约翰逊将军的办公室工作了。"

迈耶回想这个机会:"我想当你提到良师教导,你必须想到这些人。他们花时间提供指导,花时间去教导,当你需要建议时,花时间让你咨询——不只会鼓励,也会训斥。他们扮演了"开门"的重要角色。例如,我去三军参谋学院受训,当我毕业后,两位在欧洲盟军最高司令部为莫尔将军工作的军官,引领我到'协调参谋和分析小组'(Coordination Staff and Analysis Group)组长办公室去工作。"

这些关系给迈耶提供了一个机会,于少校和中校阶段在陆军参谋长办公室工作,并且和亚伯拉罕(Abrams)、约翰逊、惠勒(Wheeler)将军交往,迈耶也和所有将军的副手直接往来。迈耶在"协调参谋和分析小组"的责任是在这个组织中调查,以确定参谋长的指示被真正理解了,以便参谋部的执行者不会浪费时间去撰拟错误的文件。迈耶曾注意到在陆军参谋部内,有人为了更大的权力而钩心斗角的现象。所有的这些教育都来自莫尔将军的良师教导。

迈耶有机会为一群已在某个参谋环境中成长的人工作,而这环境是迈耶从未接触过的。第一次,迈耶必须和国会议员打交道,帮助高层人士准备听证会的资料,也帮助陆军退休的将军布莱德雷到国会听证的简报作准备,所以迈耶有一个很好的机会,去注意和观察参谋长办公室的工作情形及其主要功能。

迈耶的下一个工作是在作战部队,1965—1966年在哈利·金纳德(Harry Kinnard)将军麾下服务。金纳德将军是空中第1骑兵师师长,这支空中机动师正要前往越南。

迈耶告诉我:"金纳德将军把人员集合起来,并给每个人机会去想出方法来解决问题。他的伟大在于他自发把工作交给大家去做。我记得有一次,在我们到达越南之后,我对他说:'我们在这个师,可是我们从来没有接到师的作战命令。'他回答我:'迈耶,假如你有我下面的这些指挥官，你会花多少时间在一个师的作战命令上？'每个人都知道他（金纳德）要什么，他给了广泛的指导，每个人都能正确的知道去做什么，这就是他的运作方法，对我来说，那是一个不可思议的经验。他教导我，确定你所有的部下正确地知道正在进行什么很重要，然后你要授权给他们去做那些他们必须去做的事。他交给你一个工作，然后让你不受干扰地去完成，整个师都是这样。"

迈耶以准将的军阶被派往第82空降师。他在班上很多同学仍然是上校时，就曾入选晋升准将，但尚未晋升。他说："我接到乔治·布兰卡德（George Blanchard）将军的电话，他对我说：'你愿不愿意做我的副师长？'"

迈耶刚从越南回来并且进了布鲁金斯学会（Brookings Institute）。他必须在那里待上一年，但为了去接副师长的职务，他们让他提前离开，所以他大约只待了六个月。

迈耶进一步解释说："当乔治·布兰卡德在欧洲任第7军军长时，我在他麾下的第3步兵师服务。我为某人工作过，所以我知道他认识我，他做的正是在第82空降师里做得很好的事情。"

第82空降师是一个全美国人的典范师，是每一个人的骄傲和快乐。就在迈耶抵达之前，该师正好奉派去约旦。以色列和其他国家与民族间存在很多问题，但是第82师只能产生一个旅，所以为了使该师成形，有很多事要做。布兰卡德是一个好的激励者，每天他都有很多鼓舞人员士气的点子，他利用高层的领导统御促使营长们一起协力工作，对每件要做的事都充满热情。布兰卡德教导迈耶和其他人一起密切工作的重要性，同时要考虑所做的任何事情对士兵的影响，他们开始领导统御的计划，这个计划扩展到了士官。他们是陆军中开设第一堂探讨种族问题的课程的师，也是第一个正视毒品问题的师。

在越南时，迈耶在麦克·戴维森（Mike Davison）将军麾下服役，他是战场部队指挥官，实际上相当于军长。前任指挥官在处理图表和资料上花了很多时间，戴维森则搭飞机飞往每一个"火力基地"处理有关作战的事宜，了解每一天正在发生的事情。迈耶的职务是第1骑兵师的参谋长，知道在入侵柬埔寨期间发生了什么事。

然后他回到了五角大楼。他说："我当时是三星中将、作战处处长，而杜奇·柯文（Dutch Kervin）将军是副参谋长。每当我和陆军参谋部及参谋长联席会议之间有很严重的问题时，他都是我寻求帮助和指导的对象之一，而且他总是会帮我。

"你始终需要一个人作为你的导师。我相信良师教导是重要的，莫尔将军和其他人对我的教导，对我的一生有很大影响，杜奇·柯文也是其中之一。一些高层人员希望你到他们那里，然后给他们所有的答案。杜奇·柯文在我有问题时会真正地帮助我，我可以坐下来告诉他这些问题，他帮助我解决。很多上级只想要最后完成的结果，但有时候最好是坐下来，与一位有经验及智慧的人详细探讨所有的细节，杜奇·柯文总是帮我把挑战中的困难排除。"

为什么迈耶会成为陆军参谋长？为什么他会超越57名比他资深的将军而中选？他解释说：

1979年，我奉命去海德尔堡（Heidelberg）担任我们驻欧陆军部队总司令。我的命令已经发出，我们已经用船寄出了全家的东西，包装人员在处理一些剩下的东西。我已经知道谁将是下一任陆军参谋长。

星期五下午，我接到国防部长哈罗德·布朗的电话，他说："明天早上总统想和你谈话。"那是星期六早上。我说："哈罗德，很抱歉，我要去参加我父亲的八十大寿。"在我离开前往欧洲之前，我们要去宾州圣玛丽（St. Marys）庆祝他的生日，我所有的兄弟姊妹为了祝寿都将前往。他说："我想去见总统是很重要的。"我说："我承认你是对的。"他没告诉我是怎么一回事。

因此，我去见了总统。我想他要和我谈他派我去海德尔堡是一个重大的抉择。我将强化这点，并告诉他我到欧洲准备要做的所有重大工作。他开始谈到远东、韩国和一些其他的区域，然后他对我说："你的雄心是什么？"我想，我是个50岁的年轻人，而且已经被选为四星上将，马上就要去欧洲指挥美国驻欧部队。我说："好，我告诉您，总统先生"——这是一个真实的故事——"当我是一个年轻中尉时，我常在本宁堡沿着巴尔查尔大道（Baltzel Avenue）走，通过高尔夫球场，我想我会喜欢住在巴尔查尔的大房子来训练在步兵学校的年轻人。"总统说："那不是我心里所想的，将军，你的雄心是什么？当你从海德尔堡回来你希望做什么？"我说："我真的还没有想到那件事。我很喜欢从事训练相关的或与之类似的工作。"总统说："当陆军参谋长如何？"我告诉他我从来没想要去当陆军参谋长。总统又说："那么，假如你现在就当陆军参谋长如何？"然后，我就给了他一大堆理由说明为什么现在我不能当陆军参谋长——你知道，我的年龄和一大堆像这样的理由。然后他说："好吧，下周我会打电话给你。"

因此，我回到我的汽车上，开车前往圣玛丽去参加我父亲的生日庆祝会。事后我直接回到卡莱尔营区（Carlisle Barracks）。我是星期天晚上抵达的，我的脑海里一直都是总统说的那句"假如？"身为作战处处长我必须到这里以我的角色检查一下新的课程和一些其他事情，然后在星期一晚上开车回到华盛顿。当我还在营区的时候，我接到了哈罗德·布朗的电话，他说："总统说你将接任陆军参谋长。"听到这句话就像是一个巨大的斗篷突然丢在一个瘦子的肩膀上，不堪重负，我怀疑我能做些什么。幸运的是，在卡莱尔和华盛顿之间有埃米茨堡（Emmitsburg）和圣玛丽山（Mount St. Mary's），因此我在山冈旁边停下车，爬上去，进到岩洞里，并在那儿走了一会儿，思考了有关就任参谋长一事。假如他们告诉我去做，我会勇往直前去执行，但是我不是单独一个人去做，我会把工作分配给大家一起做。只要每个人把自己那份工作做好，甚至我也可以做得很好。因此，我试着把这种基本哲学应用在我领导统御的所有范围。

我必须回去了，然而我不能告诉我太太。当我第二天告诉她我不去欧洲了，她必须停止打包行李时，包装人员正在继续工作着。这种事在家庭里仍然有点儿敏感性。

当宣布迈耶将出任陆军参谋长时，一位他的将军同事说："他注定有一天要成为陆军参谋长。比起大部分军人，他在陆军中的派职是完美的组合，他在指挥职位与参谋职位历练过，他在欧洲、韩国和越南待过，也在五角大楼工作过，他了解国会山。他有一个完美的均衡经历。"

至于艾森豪威尔将军，当他被问到"如何发展成为一个决策者"时，他回答说："在决策者的身边学习。"迈耶将军的经历则提供了一个在决策者身边学习的比较现代的例子。当我们回顾迈耶的军人生涯，回忆他为之工作过的人，我们就可看到他所谓的"明哲导师"的重要性。

甚至在身为陆军参谋长时，迈耶也拥有一位良师——大卫·琼斯。他说："当我是陆军参谋长和我任作战处处长时，大卫·琼斯是参谋长联席会议主席，所以我和他一起工作了7年。"

大卫·琼斯拥有什么影响力？迈耶说："大卫·琼斯是一位无人能比的消息灵通人士，他了解五角大楼的工作方式，他在五角大楼和国会之间所做的'对接工作'，比我看到的任何一个人都好。看他处理事情，我学习到了很多。当参谋部无法提供联席会议主席的短期需求时，我也感受到了他所承受的相同挫折。他的一些技巧激发了我称之为"特别委员会"（ad hocracy）的东西，他设立了'特别小组'（ad hoc groups）的临时编组来处理一些事情。我沿用了他的手法，发展了一个高科技师和其他特别的革命性想法。在五角大楼内，我发现参谋系统结构是十分完整的，不容易被轻易打破。那是我从大卫·琼斯那里学到的第一课。在五角大楼内，他知道如何把事情做好。"

迈耶将军的陆军参谋长职务由（小）约翰·A. 威克姆（John A. Wickham Jr.）接替，他的任期是1983—1987年，迈耶是威克姆的良师。威克姆在越南时是一位中校，他当时严重受伤，在华盛顿的沃尔特里德医院休养。那时，迈耶在联席会议工作，他使他的上级注意到了威克姆，并要求在威克姆康复后将他派职到联席会议工作，这是威克姆军人生涯的一个转折点。

威克姆将军对于他军人生涯中的"明哲导师"作了如下的说明："回顾以往，我很少有良师教导。我希望能多一点儿良师的教导，我希望能有高阶的军官叫我进去，并说这些是你做的一些好事，（或）这些是你做的一些不好的事，而这些是可以让你学习成长的。

"过去的10年左右，陆军有什么变化？我想，在强调发展领导者去领导、要有道德责任、要做良师和要去建议那些后起之秀等方面有一点儿发展。正确地说，在我的参谋长任期中，我和上万名军官和士兵谈过话，我也制作了很多录影带，可以供陆军所有人——现役的或预备役的——观看。许多录影带的重点在良师教导和给年轻领导者建议上，这也是一个义务，去传授你的经验和那种我们寻求的正面的（积极的）领导统御，而不是负面的教条式领导，那是过去我们使用的方法（粗暴地对待他们部属的酗酒、口出恶言、外行的领导者，还有要求部属零缺点的心理）。我想从陆军中净化他们，培养积极的、启发式的、树立榜样的领导，这些将和'明哲导师'密切地联系在一起。

"另一个例子是在我担任陆军参谋长时，我的责任——我想所有军种的参谋长都有同样的责任——在他们所负的责任中，管理'将军军官团'责无旁贷。基本上，你有一个营的将军——412人，陆军参谋长负责所有的派职，他要给予比较有能力的人一个稳定向上发展的机动机会。我想我平均花费20%—25%的时间来管理将军军官的结构，要做好这件事我需要所有的帮助。因此，我征询各种观点、同事的评分、准将和少将们的同僚观点，以决定低阶军官们如何看待这问题，这对我很有启发性。这是决定派职的另一个因素，因为我想找出是否有一些人对他们的部属是残忍的、无情的。在那样的情况下，很明显地，我不愿给像这样的人一个负责领导士兵和青年领导者的职务。

"在所有我对晋升委员会的口头指导中——晋升委员会是去甄选准将，从一颗星中去甄选两颗星——我的重点之一，是我们选择领导者时需要关注他们树立领导的积极榜样，甄选那些能传授知识并能做好良师教导的人。

"我引述所有这些小片断是让你了解，这些年来军中文化如何通过发展坚强的领导统御特质与遍及全军的彻底的领导统御训练而改变。因为我们全都承认，缺乏战争将使我们失去作战的经验。在我去越南指挥一个步兵营之前，我没有作战经验。"

我所提到的大部分领导者，他们都是从一个或更多的长官那里获得了大量良师教导的受益者，反过来，他们对自己的属下能采取类似的教导方式。因此，这就是良师教导所产生的影响。

也许，落实该原则的一个最具教育性的例子是克里奇将军的案例。他从1978年5月1日至1984年11月1日，一共6年半的时间，担任战术空军司令部司令。在第5章中，我们曾讨论过克里奇"快速晋升至四星上将"。事实上，当他1978年晋升为四星上将时，他到达这个军阶比任何在1938年后进入美国陆军航空队——美国空军的人都要快。那些在20世纪30年代进入空军，随后晋升为四星上将的人，当然要归功于第二次世界大战的独特需求，使得他们的晋升大大地加速。快速的晋升是由于成功的良师，比尔·克里奇从良师那里受益良多，也因他在一系列重要职务中的杰出表现。正如你将看见的，他在战术空军司令部司令任内的表现，充分证明了他快速晋升至四星上将的能力。

在提到由克里奇发展的卓越的"良师教导系统"（mentoring system）之前，首先我要略述一些它高度有益和持久影响。例如，恰克·郝耐尔（Chuck Horner）将军——"沙漠风暴行动"中全程担任空中指挥官——谈及克里奇将军的"良师教导"对空军在"沙漠风暴行动"中杰出表现的影响力："我要每一个人都知道，我们在海湾战争中空战的成功，是克里奇将军的不朽贡献。克里奇在20世纪70年代末和80年代初，带给了我们如何去组织和领导的全新想法，在这之前与之后，我都在战术空军司令部，我可以告诉你他的想法所造成的改变——对我们的精神和我们的能力——如同黑夜和白天。他不辞辛劳地一遍又一遍教导我们，对我而言有三个要点：第一，在你组织方式上至关重要的是'分权化'，以确保最大的弹性、反应和归属感；第二，从每个人那里获得的领导力和承诺的必不可少性；第三，每个人执行工作的品质的重要性。

"在战争结束后几天，我访问了我们的一个基地。联队长和我访问了那些表现亮丽、沐浴在成功光辉之中、追忆那些有贡献的事情的人。当我谈了很多关于所有的这些如何凑在一起的事情时，联队长转向我说：'将军，您知道的，在克里奇将军为我们做了所有的一切后，我们是不会失败的。'我深有同感。美国人民给了我们充分和坚定的支持，而克里奇将军给了我们组织和训练，使得我们的成功变为可能。在这些事情上，我对他的感谢是永远不够的。"

请记下这句"他不辞辛劳地教导我们全体……"，的确，这是克里奇在担任战术空军司令部司令时，所推动的"良师教导系统"的核心。

在我和他的访谈中，关于"良师教导系统"，他把特殊的功劳给了教导过他的人中的一个："在发展我自己的教导概念里，我想把功劳给予应得者。作为一个在空军服役了35年的军官，我在大约25个不同的上级麾下服役过。一些上级是杰出的，一些是平凡的，一些是差劲的领导者。当然，你也可以从差劲的领导者那里学习，基本上你在学习什么不要去做。这些上级中仅有4位超出正常范围的去提供一些特别的'良师教导'——或许你比较喜欢用'领导统御训练'这个名词——给那些为他们工作的人。他们4位当中最好的是大卫·琼斯将军，我第一次为他工作时，他是驻欧洲美国空军总司令。

"在指挥官讨论会上，他不辞辛劳地对联队长们教导领导统御技术，提出自己这些年来的经验，他愿意花几天的时间来做这件事。我对他提供给我们的有关有效管理飞机维修的洞察力，留下了特别的印象。飞机维修一直是我们最大的挑战，琼斯在那方面有特别的了解，这要感谢他的主要良师李梅将军当年的远见，在大卫·琼斯担任他副官几年后，李梅派他去担任一个维修领导的工作，琼斯将军极为有效地把他辛苦获得的知识传授给了我们。后来，当我在驻欧美国空军总部担任他的作战情报处长时，他提供了许多一对一的指导，这对我帮助很大。在当时及以后的数年中，我在战术空军司令部使用那些例子作为基准以建立良师教导系统。

"战术空军司令部的良师教导系统有三个部分：甄选（selection）、良师教导（mentoring）及培育（grooming）。三者相辅相成，如有一环较弱将使整个制度无法发挥应有的功效。"

为什么恰克·郝耐尔称赞"良师教导系统"有如此高的效率？事实证明它是有效的。的确，这个系统已培养了大约21位四星上将，包括几位参谋长及一位参谋长联席会议副主席。这些"战术空军司令部的毕业生"——一些人如此称呼他们，在同时或不同时间，任职美国空军所有主要的司令部，也就是四星司令，包含战略空军司令、空军培训和训练司令（AETC）和空军装备部司令（AFMC）、空军机动司令（AMC），以及三个战术空军部队（TAF）——战术空军司令部，美国驻欧洲空军（USAFE）和太平洋空军（PACAF），这些司令几乎占整个美国空军人力的22%。但也不要误解，的确战术空军司令部是一个庞大而且遍及各地的组织，包含105个工作站、18万名人员、4500架飞机（是美国民航机总数的两倍多）。

根据郝耐尔将军一再谈及的比尔·克里奇的教导，"在你组织方式上至关重要的是'分权化'，以确保最大的弹性、反应和归属感"。这正是克里奇在战术空军司令部担任司令时所做的。他大规模的组织再造不只是大大的成功，且在生产力方面产生了80%的改进，从延长服役期限到作战能力都有大幅的改进，但这与空军曾一直采用的麦克纳马拉多年来强调的中央集权化的管理方式相抵触。大卫·琼斯将军再一次扮演了重要角色。

比尔·克里奇这样解释："虽然琼斯将军升到战略空军司令部，但与我一样，他被高度中央集权的管理方式所困扰。在1978年5月1日，当我被选去指挥战术空军司令部时，我告诉他，我将放弃以往的中央集权方式并且重新开始。他的回答是：'去做吧！'之后，在他担任空军参谋长和联席会议主席的8年时光中，当华盛顿的官僚看到我们正在做的事情吓呆了，并想要大力干涉我时，琼斯为我提供了一个高层保护罩。但琼斯的典型方式是，让我单独去和大多数的挑战作战，实在有太多的战斗了。他以前的良师教导提供了我所需要的所有的武器和防护。"

同理，在转换的过程中，有教育意义的片段可从沃尔特·J.博伊恩（Walter J. Boyne）所著的《在狂热的天空之外：美国空军1947—1997年的历史》（*Beyond the Wild Blue: A History of the U.S. Air Force* 1947—1997）中一见端倪。其出版日期正巧遇上空军独立50周年纪念（不久之后以这本书为基础，在电视上的历史频道有个4小时的迷你剧）。博伊思在华盛顿服务多年，于美国国家航空航天博物馆（National Air And Space Museum）任馆长一职，写了15本有关航空的书籍。

博伊思说明了他的研究透露了些什么："一个人只看到庞大冰冷的官僚制度充斥世界，就会了解要去逆转这个呆板的行为和中央集权官僚制度的控制是多么的难。很不寻常的是某个转变发生了……通常我们可以指出某一个人主导了这个方向的改变。空军的改变也是这样。经过深度访谈出现在这些过程中的四星将军们的确认……他们都能坦承、直接地谈论他们在空军中的生涯及评估其他人的贡献。每一个人相当自主地且通常在不同背景下指出，空军管理方式的转变，让空军效能、效率和生活品质得到提升，应归功于一人：那就是比尔·克里奇。琼斯和李梅将军的贡献是属于同一级的，是在他长期空军经验中最具影响力的人。"

著名的管理专家汤姆·彼得（Tom Peters），在他深入的研究"战术空军司令部的蜕变"后说："比尔·克里奇的领导恐怕是我们在这个世纪所见的最令人印象深刻的'企业'大革命。"

这种新的风格最终推广至整个空军，新的管理方法不可避免地取得了显著成功，和"战术空军司令部毕业生"将这个新的管理方法应用到别的地方一样的成功——进一步证明了新管理方法的效率胜于旧的方法。但这并不是恰克·郝耐尔对于这个改变时期导致空军在海湾战争的成功并给予高度肯定评价的全部。在同一时期，战术空军司令部也发展了许多新的作战战术：把大规模的攻击转变成精确制导武器的攻击；部署了一系列新的作战系统，包括A-10、F-15s、F-16s、F-117隐形战饥和F-15E夜战战机；用来攻击地对空导弹阵地和停放在掩体中的飞机的新的改良型弹药；还有精确雷达的载具，如机载空中警报控制系统（AWACS）用于空中战斗、联合监视目标攻击雷达系统（Joint Stars）用于地面战斗。这些系统为战场指挥人员提供了大量改进过的战场状况认知。

下面是克里奇领导的在作战战术再造改变方面的例子："战术空军司令部大幅的转变并不局限在管理方式上。克里奇是一位战士，他发现战术空军司令部的战术被他所谓的'低空飞行病'（go-low disease）所束缚——认为要避免面对敌人对空导弹的攻击，必须保持最低高度的飞行。克里奇的主张是，敌人防空炮火的建立，已经使得'低空飞行攻击'的方法变得危险，因此需要新的攻击方法。他告诉大家摧毁敌人的地对空萨姆导弹是最优先的任务——这样一来敌人的防御就会失去效果，因此后续的攻击机在敌人领空将拥有灵活性的运用，可根据敌人防卫的性质实施高空或低空攻击。

"克里奇的新战术在战术空军司令部内被反复地教授，并在内里斯（Nellis）空军基地严格的空军红旗训练中，和一些克里奇发明的辅助训练计划反复演练。这种近乎实战的训练，在海湾战争中获得了辉煌的成果。在这次战争中，美国空军的伤亡出奇的低，而那些仍停留在'低空飞行攻击'思想的盟国伙伴，由于不愿意改变旧的作战战术，因此伤亡比较惨重。"

这就是恰克·郝耐尔在海湾战争中精准作战的选择。美国空军战斗机部队在43天密集的日夜战斗中，仅损失了13架战机及3名飞行员。克里奇指出，英国在作战初期使用"低空飞行攻击"战术，损失了10%的龙卷风战机。假如美国空军的战损率和英国一样的话，空军将损失160架战机，而不是13架。

克里奇总结郝耐尔的成功说："在历史上，从来没有在那么大规模的冲突中，一方遭受重大损失，而另一方的损失却十分轻微。很明显，我们已经为下一场战争而不是上一场战争作好了准备，上一场战争在过去数年使我们饱受批评者的大声责备与谩骂。也是同样的一群人批评我们部署的武器系统太复杂，以至于在战斗中无法发挥作用。恰克·郝耐尔和那些勇敢的军人在'沙漠风暴行动'中证明了他们是完全错误的。"

但假如克里奇没有发展一套"良师教导系统"去协助、确保这些新的战术思想会被许多追随他的人衷心接受并使之扩散，所有的这些会有重大的影响吗？实在令人严重怀疑会有这样的效果。因此，克里奇发明的"良师教导系统"的主要特色是什么呢？

以下是克里奇对我描述的："良师教导系统有三部分：甄选、良师教导及培育。在'甄选'的过程中我花了很多时间——我想无数的空军指挥官们亦是如此，分析那些渴望领导我们联队和空军师的人员记录，并进行面谈。我发现我在那上面花的时间越多，我花在处理战场上的错误的时间就越少。

"关于'良师教导'，我们对于获得良师教导的人采取一个较广泛的视野。我们的良师教导包含所有现任的，或热衷于联队长或较高工作职务的人。我们每年召开4次，由我亲自主持一个每次3天的互动式特别会议。在那些会议中，我们不谈论最近发生的事，我们谈论领导统御及在不同的领域需求上，如何进行上层的领导介入和教导是最好的。当然，请永远记得我经常说的一句话是'一个领导者的首要责任就是创造出更多的领导者'，我这么说的目的，是我们不希望他们成为'一人帮'。相反地，我们强调他们必须对他们的部属使用同样的指导技术。我认识到这一点，是因为过去与我共同工作的上级每一次出去参加指挥官会议，回来后，对于会议中发生什么一句话也不说。他们视独占知识为力量，事实上，知识只有在与其他人分享时才能发挥力量。这点在部队中显得特别真实，我们非常注意这件事。

"在相关事务上，我们有单独的一周训练时间，来教导同一性质的人，教导他们所不知道的事情，而他们不知道的事情很多。一个在空军中施行了数年的中央集权制度，在空军的封闭系统内提供了非常有限的教育。例如，在飞行和战斗单位服役的那些对高层职务具有非常大潜力的人员中，大部分对于作战都懂得一点，但是对于其他十分重要的工作，如基地设施的维护、警卫、餐厅、预算等基础支援问题却懂得很少。我自己负责一些这类的训练课程。这表明在过去数年中，我主动在这些不同的事务上进行了自我教育，同时也传达了我也希望这些参训者做同样事情的讯息。在建立空军新文化及空军的成功上，这个训练贡献很大。有人说高层领导者太忙了而无法顾及这些事务。这话是没有道理的。这是所有事情的开始，如果你不精通此道，这也是你的终点。"

在我们的讨论中，我请教克里奇将军为什么他要将"培育"和"良师教导"分开，因为我自己使用这个名词时，良师教导包含前者。他回答："我将这两个名词在我的思考和我的行动中分开，因为我认为这两个名词在组织上不同，它们虽然有关联却是不同的活动。某种意义上，也可以说我们广泛的、普及的良师教导也是在'培育'指挥官晋升到更高的阶级。但对那些对于更高的阶级特别有天赋和特别适合的人员，就有进一步培育的需求——那些人需从有重大责任的行动中锻炼出来。

"以另一种方式来说,在一个大的部队——战术空军司令部有105个工作地点、33个联队、10个空军师,'良师教导'是针对很多人而不是少数人的,但是特殊的培育针对的是少数人而不是多数人。那些上校阶层或以上的人员,我们看他具有往空军更高层发展潜力的人,便借着从一个职务到另一个职务进行磨炼,并尽可能地用那些不同职务来培育他们。我们所做的大部分有关领导统御方面的工作,不是高深科技,虽然有人要你相信那是高深科技,但那真的是一个人性科学,有些人善于此道,有些人则不行。善于此道的人,可以获得不同的不熟悉职务,并且很快就可以作出正面(积极)的贡献。

"因此,我在战术空军司令部掌舵的6年半中,那些我们挑选出来了为晋升三颗或四颗星而训练的人,至少已经过4种不同工作的历练,有些人基至高达6种。我们看这件事的思维是:当你教导时,你靠着你的经验来帮助教导,假如你借着从一个职务到另一个职务来训练领导者,你是在充实他们自己的经验,他们因为在不同职务面对领导统御的挑战而获益成长。

"此外,还有一个主要的附加效果。这种训练方式的结果——当战术空军司令部人员开始位居空军最高阶层的领导位置时,我并不惊讶。他们的广泛基础训练给了他们可以感觉到的利益,并显示在晋升名单之中。"

顺便补充,克里奇将军自空军退休后,进入了商界,并应各方前所未有的迫切需求,担任一些美国最有名的公司的顾问。他写了一本畅销书,书名为《全面品质管理的五大支柱:如何实施一个全面的品质管理工作》(The Five Pillars of TOM: How To Make Total Quality Management Work For You)。当"沙暴风暴行动"在1991年早期尚未展开时他就决定写一本书,他对比了在商界所看到的（不同的领导与不当的组织）与空军在海湾战争空战中的出色表现。他的书目前十分畅销，已经被译为7种文字，发行到第11版了。在其他商界的赞扬声中，《企业》(*INC.*)①杂志从一长串美国成功的商业领导者中精挑细选出来了一个6人小组——"10年来的梦幻队伍"，而克里奇也是被选中的一员。这本杂志称呼6位获选的领导者最能够"迎接90年代或90年代以后的挑战"。

　　这个讨论开始是以有效的良师教导能产生有利的扩散影响为前提的，如同那些被代代相传的技术。为了测试克里奇教导方式的持续力量，我们可以转到一个最近的例子。哈尔·霍恩伯格（Hal Hornburg）中将是空军作战司令部（Air Combat Command，前战术空军司令部）第9军军长和美国中央司令部空军部队指挥官。海湾战争中，霍恩伯格在恰克·郝耐尔将军麾下担任联队长。最近，郝耐尔指挥部队参加"沙漠之狐行动"（Operation Desert Fox），对伊拉克实施连续4天的打击。

　　在作战结束后，霍恩伯格写了一封信给比尔·克里奇，日期为1998年12月24日：

　　亲爱的克里奇将军，

　　　　在"沙漠之狐行动"后，我发了一封电子邮件给郝耐尔将军说："谢谢你告诉我们如何从事这场战争。"他的回答是："不必惊讶，我们都是克里奇将军训练出来的。"如您所知，所有的任务都是在夜间飞行，没有损失，十分完美的成绩，再次深深地感谢您。只是希望更多人知道。很多太太们欢迎她们的先生平安回家，孩子们欢迎他们的爸爸回家，这全都是你的功劳。我谨代表他们谢谢你。

最诚挚的

哈尔·霍恩伯格敬上

克里奇将军稍早收到一封来自当时的空军参谋长梅里尔·A. 麦克皮克（Merrill A. McPeak）将军的信：

1911 年 1 月 16 日

亲爱的克里奇将军：

我刚从中东回来，我有机会去视察了当地的战区空军，在那里，我们从一无所有开始建设，您会为我们的年轻军人感到骄傲的。

我们正在享受您及一群伟大的空军人员多年来辛勤工作与领导的丰硕成果。我们将做得更好，但是我们必须承认，我们受您的照顾良多。因为是您真正建立了我们今天所拥有的杰出空军。

热诚的问候

梅里尔·A. 麦克皮克

空军参谋长

就克里奇将军独到的教导方式的持续影响力而言，这封信的确是一封不错的感谢之辞。但是这封信也帮助证明了这个前提，借由这些信件所展示的是，有效的良师教导长期以来、且未来也将持续成为创造一流军事领导者至关重要的部分。选择这条路的人要做很多额外的努力与密切的关注，但是会有很丰硕的成果，这个成果可以持续很多年。比尔·克里奇总结"良师教导"这件事非常好，并提出他的忠告，即我在本章章首所写的："一个领导者的首要责任就是创造出更多的领导者。"

当我和海军上将克劳进行访谈时，我请教他："在您的军人生涯中，您觉得是哪位人物在你的成功中扮演了一些角色？"他回答："一件特殊的事发生在能使我继续我的教育的良师中，这是我军人生涯中的一个强烈因素。当我从普林斯顿大学回到海军，当然，因为那时海军有一种很强的反知识分子的偏见，我不认为我从普林斯顿大学获得的学位能对我晋升将官有很大帮助，因为反对教育的偏见是十分强烈的，但在我晋升将军之后，海军时时都在夸耀（克劳上将具有博士学位）。它为我展现了原来不可能的愿景。

　　"'博士'当然重要，但主要的是教育。当我成为将军时，我的教育开始真正的帮助我，我在普林斯顿学到的对我要做的事是合适的，在我成为将军之后更彰显了它的适当性。

　　"我学到了什么特别的？我学到的是政治制度的运作方式，是政治制度在华盛顿的运作方式。对第一次到华盛顿工作的军官而言，许多事吓坏了他们，但这些事一点也吓不到我，因为我在普林斯顿大学已经学习过了。普林斯顿大学毕业时我是上校，第一个职务是在美国海军作战部长办公室的东亚部门上班，这是一份政治军事方面的工作。我负责遣送普埃布罗族（Pueblo）回国的计划，那是我第一次受到莫尔上将的注意，他当时是海军作战部长。经过一年的时间，我频繁地进出他的办公室，也做了许多事情，从那时起我开始受到器重（我不知道在他的心目中我的分量有多少）。在同一个职务，一位名叫'黑人'威那（'Blackie' Wenel）的海军少将，后来晋升至三星将军，并在莫尔成为参谋长联席会议主席时担任他的特别助理。后来，威那晋升到四星上将，出任美国在北约军事委员会的代表，并在北约任内完成了他的军人生涯……

　　"威那是我的有力辅导人，他十分支持我。在普埃布罗族计划中，我和海军作战部副部长伯纳德·克拉里（Bernard Clarey）成了好友，后来他成为'晋升委员会'的主席，而委员会选了我晋升将军。

　　"在这里有一个十分有趣的故事。我有一个相当奇怪的生涯模式，很多人不会怀疑我可能成为将军。我被埃尔默·朱姆沃尔特（Elmo Zumwalt）派去密克罗尼西亚（Micronesia）谈判。当我回来时，我不知道我曾被提名为巡洋舰舰长，朱姆沃尔特把提名取消，然后派我去对密克罗尼西亚的法律地位进行谈判。威那不悦，他要确定朱姆沃尔特知道他做了些什么，为此，朱姆沃尔特写了一篇适任性报告，报告中说任何一人都可以去指挥一艘巡洋舰，但克劳这小子是万中无一的能进行密克罗尼西亚法律地位谈判的人。

"克拉里成了我的一个强力支持者，后来更是变得特别重要。当到了考虑我晋升为将军的时候，克拉里是晋升委员会主席。在初评时我没被选上，就是没挤进名额内。因此，克拉里把委员们召回，把我的名字提出来并为我发表了一篇演说。'我希望你们再考虑一下克劳上校，他没有你们大多数人所希望拥有的海上经验，但请看他做了些什么。克劳很有成为参谋长联席会议主席的潜力。'不管怎样，克拉里是委员会的主席，委员会重新进行了审查，结果我挤进了晋升名单。

"那年，朱姆沃尔特写了一封信给晋升委员会，叙述我们在海军内必须有若干能打破旧习惯的人，他强烈建议晋升委员会试着去摆脱他们一般的选拔模式，这对委员会来说不是一件容易的事。如果这样做，他们就应该注意那些拥有不寻常记录和不寻常能力的人员，我想克拉里就是以此为依据，那是晋升委员会主席的特权，而且他使用了他的特权使我回到了晋升名单内。一旦晋升委员会同意新的选拔方式，他们就会给主席相当大的自由并有一至两个名额的同意权，我被选中了。不管怎样，克拉里是我的一个好朋友。

"威那对我的生涯非常有帮助。我被认为是政治军事型的人，在试着获得指挥职位方面，我有一些困难。我该去哪里指挥呢？水面舰的人不会要我加入舰队，海军航空队或潜艇部队的人也不会。波斯湾不大，但却是一个不同的指挥部，我推测那是一个比较政治性的指挥所。我去见一位在海军舰队混编战队（VC）的同班同学沃斯·巴格比（Worth Bagby），我说我想要中东部队的指挥职位，当时并没有多少人提到中东部队（我想我是唯一提到中东部队的人）。他说：'为什么你想去做那件事？'我说那是外国，世界的另一部分，且正是我熟悉的事情。他说：'你的意思是什么？'我说那里有很多的政治性事务，而那正是我目前在做的。我又说假如你愿意告诉我你将送我去那儿，我就去学阿拉伯文。他被我说的吸引住了，所以他去见了海军作战部部长（哈罗威），部长说那是一个好主意，但我不能向他保证一定能成。因此我没去学阿拉伯文，但我的确去了中东。当他们最后考虑到这件事时，他们已经看到这个指挥部即将消失，所以才派我去，不管怎样，我到了中东并获得了一个指挥职位。

"当时有四五个其他军官，比我资深一两年，他们在政治军事事务方面是杰出的人物。他们全都志在争取负责计划和政策的海军作战部副部长。我却身在遥远的中东巴林（Bahrain）。当我还在巴林时，我的竞争者之一去世了，其中一个冒犯了海军作战部副部长，因为副部长不喜欢他，因此也被排除了。另外一个在参谋长联席会议主席参谋群工作，于一次丑闻中被捕。在这件事情之中，幸运是一个很重要的因素，突然之间，当掌管海军计划和政策的副部长职务要补人的时候，我在巴林有了良好的绩效。我们挽救了这个指挥部，我们改变了政府的决定，让这个指挥所继续存在下去，时间证明保留这个指挥所是十分重要的。当他们准备挑选一个掌管计划和政策的副部长时，我的所有主要竞争者都消失了。至少，这件事对我而言是如此的。"

我问鲍威尔将军，他认为他被选为参谋长联席会议主席的原因是什么。他立即回答："你把我考倒了。我工作很努力，我对任命我的人、在我手下工作的人和我的伙伴都非常忠实，我逐渐发展出你可以信任的人的名声，我会把我最好的给你。我始终在尝试做我认为对的事情，而且我对事情的判断很准。我告诉许多人，人们不相信我告诉他们的。我说：'我是否能晋升将军无所谓，与我的自尊心无关，我就是喜欢待在陆军。'我有野心，但野心不是我的动力来源。"

1971年，鲍威尔是个步兵少校，获得"白宫研究员奖学金"（White House Fellowship）。该研究计划的目的是把年轻人放在联邦政府的最高单位，让未来的美国领导者对公共政策的制定有更佳的了解。共有1500名申请者，名单缩减到130人去面试，鲍威尔获选并被派至美国政府管理预算局（Office of Management and Budget, OMB），那时卡斯帕·温伯格是预算局局长，但没多久，温伯格成了卫生、教育与福利部部长。弗兰克·卡卢奇（Frank Carlucci）是他的助理，这两个人在鲍威尔的生涯中都很重要，而且都当过国防部长。在鲍威尔任白宫研究员期间，全体白宫研究员曾前往苏联与中国大陆旅行。

鲍威尔回到部队服务，被派在肯塔基州坎贝尔堡（Fort Campbell）的101空降师，师长是约翰·威克姆。"这是威克姆将军认识我的地方，我们变得十分亲近，而且他成了我的导师。威克姆将军从坎贝尔基地调至联席会议当参谋主任，他想他的军人生涯将会在联席会议结束。威克姆将军在我升任将军的那几年是我主要的导师，一直到他退休。当卡尔·弗诺1987年成为陆军参谋长时，他也成为了我的导师。"

1977年，鲍威尔在国防部长办公室工作，3年后成为国防部副部长的资深军事助理。1983年，鲍威尔被派为国防部长卡斯帕·温伯格的资深军事助理，随后鲍威尔又成为副国家安全顾问，他的办公室在副总统布什的隔壁，"在那儿我们（鲍威尔和布什）

共用一间浴室"，在里根政府时期，鲍威尔是国家安全顾问。

　　从来没有一位联席会议主席在国际关系上有如此广泛的接触。鲍威尔身为将军，与副总统布什、两位国防部长——温伯格与卡卢奇，及总统里根密切的工作。"我以一种政治的角度认识他们全体，而他们知道他们有一位将军、一位联席会议主席，他懂得他们所处的政治世界。我曾经被定位为一个政治将军。我对此的回答是，我承认他们所言，但是我也有一个很好的20年步兵记录。"

　　明哲导师不一定总是高级军官。在沙里卡什维利将军的例子中，导师就是一位中士。他告诉我："在我起步时，我只要成为最好的少尉，那时，我不会担心成为上尉或少校，或是什么。事实上，在我整个的生命中，我非常努力地试着不去想将来我会成为什么。的确，我试着集中精力在任何时候成为我的阶级中最好的。我初次任官时，被派至阿拉斯加，葛瑞斯（Grice）是我排里的中士，葛瑞斯竭尽所能使我成为最好的排长。我们的单位是步兵第9军第一战斗群榴弹炮连，葛瑞斯中士在早上会进到办公室告诉我：'长官，我已经依照你的命令准备好了雨衣的检查。'我的表情一定很惊讶，但葛瑞斯中士会找时间向我说明如何进行一个检查及检查些什么。第二天，他可能又以另一件事情让我惊奇，但每件事都是为了使我成为一位最佳的排长，他是一个如此精彩的人物。我希望每一个少尉都能拥有一位葛瑞斯中士。就是他教导我应对属下关心些什么，从他身上，我学习到了解我工作上所有问题详情的重要性。我学习到当我走入炮轴线中，询问士兵一些问题时，如果我所知道的答案不如士兵好，士兵们会看穿我，不管我是否真的知道我在说些什么。顺便一提，我体会到的这个道理，对一个排长或排里的中士或对一位四星上将而言都是真实适用的。"沙里卡什维利忠告年轻的军官们说："假如有一件事我期望你们每一个人都遇到，那就是找一位葛瑞斯中士去教导你们有关士兵、领导者、责任和一起当军人的喜悦。不是每个人都像我一样有福气，不是每个人都能找到他的葛瑞斯中士。许多人找不到，不是因为他不在那里，只是因为他们不知不觉地以及愚蠢地把他推开了。别那样做，去寻找你的葛瑞斯中士，士官有很多事情可教导我们。"

我请教沙里卡什维利将军，为什么他认为他会被选为参谋长联席会议主席。"我心里很明白地说我不知道，而且有那么多条件比我更好的人选。我想部分是由于时间点的意外，或许是'雪中送炭行动'（Operation Provide Comfort）时，我凑巧被大众和华盛顿的领导人注意到，这个行动正好在'沙漠风暴行动'结束后进行。它的目的是去帮助在伊拉克北部库尔德族人的人道救援。因为这个行动是一个善良人会关心的那种故事，它抓住了报纸的想象力，因此我的名字成了头条新闻。就在那件事之后，我被派至华盛顿做柯林·鲍威尔将军的助理，因此我得以进出国防部，认识在华盛顿的决策者。因而在开始寻找一位新的美国将军接任欧洲北约盟军最高总部指挥官时，我的名字出现在了名单上，我被出乎意料地选中了。很快我就去欧洲上任了，就那么巧，我才抵达欧洲，波斯尼亚变成了热门的事件。因此我的名字经常出现在华盛顿正在进行的行动上。在我到达欧洲后不久，正好鲍威尔将军卸任的时间到了，我的名字再一次出现在名单中。因此，我想我入选参谋长联席会议主席，部分归因于时间点上的巧合，部分归因于正好在适当的位置，在正确的时间及在某种程度上曾在若干作此决定的人身边工作过。"

艾森豪威尔将军回答"一个人应如何发展成为一个决策者"时说："在决策者的身边学习。"那是很明确的，上述的军官完成了最高责任的职务，他们在决策者的身边学习。这些人提供给他们指导、建议、忠告和教导，再给他一个机会去出色地执行，从而制造了如此的深刻印象和成功。显然，"明哲导师"不是偶然的，必须去争取，而所得到的奖赏是最艰苦的工作、最长的工作时间和个人的牺牲奉献。

第7章 关 怀

在每一个指挥职务中，你的部下都会想知道你有多关心
他们，远超过他们关心你懂得有多少。

——约翰·K.卡农（John K. Cannon）将军，美国空军（退）

我问过100多位四星将军这个问题："你以什么方式领导你的
下属，让他们在战时愿意为你牺牲？在和平时期愿意一天工作24
小时，持续数周、甚至数月，去解决一些危机或是问题。"答案是
一致的：首先，领导者必须以身作则，并且在服役期间把自己奉
献给上帝和国家；其次，他必须对那些为他服务的人们展现关怀。

我请教威利斯·D.克里登伯格（Willis D. Critenberger）中将，
请他说明陆军乔治·马歇尔上将领导统御的特质。克里登伯格提到
了马歇尔对其他人的关怀："第二次世界大战时，我是第5军军长，
马歇尔将军来视察驻欧的美军部队。在他回到华盛顿后的24小时
内，他的一位参谋打电话给我太太，她住在圣安东尼奥（Stantonio）。
电话接通后，马歇尔亲自接过电话说：'我是马歇尔将军，克里登
伯格夫人。我想告诉你我昨晚在意大利看见了你先生，他很好，我
想你希望知道这件事情。'

"他为他的许多指挥官的家庭做过这件事,这是他领导统御的一个要素,这和他有点威严及严肃的举止是大为不同的。对一个军人的家庭而言,接到高层领导者打电话来说'我只是认为你会想知道他很好'这样的电话是多么的令人心安。对于军人的士气和他的家庭来说,这个举动会产生极重要的影响。"

第二次世界大战期间,马歇尔联络了在海外视察旅行时遇到的每一个资深军官的太太、母亲或是最近的亲属。由马歇尔收到的信件中可以看出那些深深的谢意,那些信件来自于其下属的太太、女儿和父母,他们对马歇尔的问候电话表示感谢。他定期与长期同僚家的太太们通信,如贝德尔·史密斯(Bedell Smith)、巴顿、马克·克拉克和艾森豪威尔。他相信这样可以缓解分离的悲伤。

第二次世界大战期间,马歇尔一直优先关心军人的福利。他派军事大使到世界各地去,唯一的任务是听取官兵的诉苦和建议如何去改善他们的状况。他强调确保在前线的军人拥有饮料、香烟和糖果,如同他们所需的弹药和武器一样。

当马歇尔到作战区时,他坚持仅由驾驶员陪同,不需指挥官在旁,当他开着车到处巡视时会询问部队的福利。他的问候电话及问候信并不限于他所访问的资深军官。我采访了一位士兵,在1944年6月12日诺曼底登陆后,马歇尔第一次视察时这位士兵为马歇尔驾驶汽车。马歇尔回到国内后,他打电话给这位士兵的双亲,告诉他们:"我刚见过你们的儿子。他是我在欧洲的驾驶员,我想告诉你他开车开得很好。"

1943年,在一次去北非的旅行时,马歇尔很惊讶地见到了卢西恩·特拉斯科特少将,他担任军长时曾驻防在意大利安齐奥(Anzio)。他们两人进行了长谈,马歇尔问特拉斯科特是否知道艾森豪威尔要求他参加反攻欧洲的行动,特拉斯科特回答他尚未听过这个要求。这意味着要升他为军团司令,但是他还不能离开意大利战场。特拉斯科特说："他感觉我应该知道艾森豪威尔为我争取过，而且我也该知道我在安齐奥的表现是有目共睹的，也深受好评。"特拉斯科特有"军人中的军人"的美誉，但是像他这样倔强的人，居然记下了他对马歇尔赞美他的反应："我深受感动，因为马歇尔没有理由要告诉我这些。那是他慷慨体贴下属，且与众不同的地方。"

一位在"二战"中经历了"巴丹死亡行军"的退伍军人写道："我只见过马歇尔一次，那时我刚从被关了很久的日本监狱放出来。他派他的私人飞机到旧金山去接我，并送我到我想去的地方，只为了让我尽快和分散四处的家人见面。与家人团聚后，我到五角大楼向马歇尔报到，同时感谢他的关心，马歇尔把所有的事都放在一边，延后了所有重要的会议，很亲切地接待了我。他拨出很长的时间，以最人性的方式表达了对我个人情况的关怀。"

陆军上将亨利·阿诺德在"二战"期间，也十分关心他在华盛顿的下属参谋军官的福利，他对下属的关心包括对个人和专业需求的满足。假如国家在面临战争时，任何一个职业军官都会急于奔赴战场参加战斗，但是在"一战"时，阿诺德错过了这个机会。他说："我的雄心壮志是带一支空中部队去法国，但从未实现过。在某种意义上，一直到今天仍存有一点遗憾。'二战'期间，我刻意放弃了华盛顿团队中优秀的参谋长及有价值的一流顾问们对我的帮助，使他们不会错失我一直想拥有的战时经验。"

阿诺德继续说："1941年初期，为了得到有关在欧洲的战争的较好资讯，我们派遣了空军组织所有部门的军官到海外——包含作战单位、参谋、训练中心和物资司令部。不管他们是否能和他们繁忙的工作分开一阵子。在战争期间我依循了这个相同程序，因为我认为，给这些人尝试接触作战行动的机会远比把他们留在华盛顿当班重要。我永远记得我在第一次世界大战时没能去海外的挫折感。

"一些军官,如斯帕茨、伊克、哈门、斯特拉特迈耶(Stratemeyer)、迪罗·埃蒙斯(Delos Emmons)及顾问乔治·肯尼和过世的弗兰克·安德鲁(Frank Andrews)都被派至海外去指挥他们的部队。陆军航空队代理的首长和副首长经常被换,不论他们多出色。但是,不幸的是,许多出色的人从来没有机会去显示他们作战的能力。"

有一次,阿诺德驻防在莱特机场的旧友需要一个好的年轻军官取代他的部门主管。阿诺德告诉这位朋友:"我会推荐一个符合你所需条件的人。你获得一个人才就是我失去一个人才……但是这些年轻人太优秀,不应被局限在某个中队。他能使整个陆军航空队获益,但是首先你必须向我保证,你将给他一个机会,他并不是一个很有魅力或讨人喜欢的人。"这个人获得了机会而且表现得十分卓越。

在第二次世界大战期间,阿诺德经常突然出现在士兵餐厅,他将这作为访问军事设施的一部分,即使只是落地加油。一位和他一起旅行的记者讲述了这样一件事,阿诺德走到吃饭时排队打菜的行列,和正在打菜桌后面的人员说:"让我尝尝这个菜。"他品尝了那些菜,然后向在打菜桌后面的人说:"真是的,我终于了解这些人为什么不吃了。"然后他转向基地指挥官,明显地他想要指挥官改进这些差劲的伙食。

他关心人员的心情和身体。一次,阿诺德叫他一位上校参谋进来,告诉他:"准备好你的行李,我们要去某个地方。"上校回答说:"我能问一下我们要去哪里吗?"阿诺德说:"不可以。"

结果,他们的目的地是一个陆军航空队的高级飞行学校。他们及时赶上了正在进行的毕业典礼。每一位获得飞行胸章的年轻人都上前一步去接受他的胸章并被授予军阶。队伍中的一位年轻人显得特别兴奋，一直注视着陪着阿诺德来访的上校，当这位兴奋的年轻人上前一步准备接受他的飞行胸章时，阿诺德转身向上校说："好了！托马斯，向前一步，替你儿子挂上飞行胸章吧！"

在两次大战之间，斯帕茨将军是驱逐机中队中队长。虽然难以置信，但是在20世纪20年代这些战斗飞行员没有降落伞可用。在6月初，正好在飞离艾灵顿机场（Ellington Field）时，一位飞行员约翰·卡农中尉，因为飞机在空中相撞受伤。他的飞机从900米的高空掉下来，飞行员头骨和许多其他骨头骨折，造成了严重的休克。假如他能够跳伞逃生的话，这是可以避免的，可惜他没有降落伞，因为中队没有降落伞可用。斯帕茨采取了补救措施，他到塞尔福里奇（Selfridge）机场时得知在俄亥俄州代顿（Dayton）的麦克库克机场（McCook Field）有降落伞。他写信给瑟曼·班恩（Thurman Bane）少校："我命令中队所有实施长途飞行且途经代顿的飞行员在代顿降落，并在那里配备一个降落伞。我知道你手上有一批降落伞……我非常希望我的每一位飞行员都能获得一个降落伞。"

1922年7月19日，斯帕茨接到工程处处长班恩的答复："您的要求有点不合规定。您知道，我们不是一个补给仓库。但无论如何，我们非常乐于帮助您解决降落伞匮乏的问题，只要您的飞行员一抵达此地，我们会尽快把降落伞替他们配备好。除非我的上级下令停止这个行为。"

斯帕茨有一次提到他在第一次世界大战时的飞行："一直到第一次世界大战后，我们才有降落伞，我们一点也没被保险推销员打扰。"对他自己的事他都以开玩笑的态度处之，但是一旦涉及他的下属，他的看法就不一样了。

卡农中尉事件也突显了需要较好的医疗支援。伊克上尉立即要求一辆救护车来载受伤的飞行员去医院，陆军回应说用马拉的二轮货车对于他们受伤的马球球员已足够了，应该也可满足航空队的需求。但是当斯帕茨看到卡农中尉的伤势，他下令要一辆民间的救护车载卡农中尉去医院，搭乘用马拉的救护车会要了卡农的命。斯帕茨为了使陆军为他未经授权而使用民间救护车的支出付款遇到了很多困难。他写辩护信给第8军区山姆·休斯敦堡的指挥官，说明"卡农中尉头骨和上颚骨断裂，因此在运送上必须小心处理。从爱灵顿机场到罗根营区（Camp Logan）的医院有大约40公里，从那么远的地方用营区的马车载卡农，马车引起的震动可能使卡农死亡"。卡农不但活了下来，而且升至四星上将。

为了以后的意外事件不致被延误送医救治。斯帕茨于1922年6月30日写信给一位朋友："我请求你的协助。这个工作的性质，需要高水准的医生和训练精良的护士。"这个提议涉及建立"航空医官"制度，以满足飞行人员的特殊需求。斯帕茨受到他下属的爱戴，因为他的行为反映出他关心每一位下属。

他也不会轻易放弃他的下属。1922年8月22日，斯帕茨写信给他在山姆·休斯敦堡的朋友弗兰克·D. 拉克兰（Frank D. Lackland）少校："我一直在思考是否要经程序提出一份有关艾斯普（Asp）的报告。就正常相关的例行工作而言，他的能力不足以成为军官，要把他留在这个工作上是很困难的。另一方面，他对工程和技术事务天赋异　，他可以为了学习新马达或新飞机的有关信息而夜以继日地工作。假如他可以被安排在某个适当职位上，就可以磨炼他的天赋才能，我相信他会成为一个十分优秀的军官。困难在于决定一个具有这种才能的军官，是否对陆军航空队有足够的价值……我希望在这件事情上听一些你的建议……没到最后关头也不应该放弃希望（也就是正式提出他的报告）。"

20世纪20年代是禁酒的日子，但大部分人不理睬禁酒令。"帕特里克将军收到一些有关在塞尔福里奇机场酗酒的报告。"此事涉及伊拉·埃克。"他把斯帕茨叫进他的办公室，问他是否有这种情况，斯帕茨回答：'长官，没有。在塞尔福里奇机场我们没有酗酒的问题。我所有的军官当他们该值班时都会在岗位上，而且他们小心翼翼遵守规则和规定。'他继续说在晚上他们的确有供应酒。'倘若我们有酒——您知道这是少有的事情——在机场我不禁酒，因为这是不切实际的，那样他们只会离开基地去惹是生非。为了把他们留在基地，我把基地变成一个愉快的地方，使他们愿意留在基地内的军官俱乐部。'事后，帕特里克告诉我斯帕茨的回答令他感动，斯帕茨有勇气不同意他的意见，斯帕茨本人则没有察觉到会面进行得如此顺利。他也记得斯帕茨走出去时说：'我猜我将会有一个新的派职。假如你让我知道地点是什么地方，我会感谢你，然后我就会去报到。'"

艾森豪威尔将军相当重视他的指挥官们的福利。1942年12月，马克·克拉克将军是进攻北非的副指挥官，与艾森豪威尔在阿尔及利亚参加一个会议。艾森豪威尔必须匆忙离开飞往直布罗陀（Gibraltar）。在机场有许多新闻记者和摄影师希望能有一个记者会。时间十分短促，艾森豪威尔无法回答任何一位记者的问题，克拉克将军说："然而，他做到了。他做了一个艾森豪威尔典型的亲切、体贴的举动。当记者和摄影师挤在他的四周，他说他只有时间做一件事情。然后他从口袋摸出一颗星星钉在我的肩上。他说：'韦恩，为了替你戴上这第三颗星，我已经等了很久了，我希望能为你戴上第四颗星。'"

艾森豪威尔很少要求他的指挥官们在战场上向他报告，他宁愿走到他们那里，省去他们离开指挥所的不便。当他来到前线时，他始终坚持将他的临时总部安置在远离战场指挥官总部的地方，确保他不会成为忙于指挥实际作战的指挥官们的负担。

在这些最高领导者中间，有很多体贴的关怀行动。"范登伯格（Vandenberg）将军在朝鲜战争期间去了一趟韩国，我和他一起前往。"范登伯格将军的副官，理查德·格鲁森多夫（Richard Grussendorf）少将回忆说，"在麦克阿瑟将军的总部，他的副官请柯林斯和范登伯格进去，我看到在麦克阿瑟将军办公室的外面有张椅子，我正要去坐下时，范登伯格说：'你跟我进来。'因此，我就跟着他进去了。我见到了麦克阿瑟将军，他非常诚恳而且接受了我跟着进去这个事实，在房间里只有我一位上校。但是范登伯格说：'我要你进来听我们谈些什么。'范登伯格是那么的体贴，但我想这也是训练我的一部分——会使我更了解电文和联席会议文件及诸如此类的事。那不仅仅是一句'跟我一起进来见大人物，好让你可以告诉你的子孙的事'。"这个举动也代表了他的细心考虑。而这也提供了一个"明哲导师"的例子。

内森·特文宁将军在他的整个军人生涯中，都是一位对军官和士兵细心和体贴的人。艾尔伍德·"皮特"·奎萨达（Elwood "Pete" Quesada）中将说了一个特文宁还是教官时的故事。奎萨达从马里兰大学被陆军航空队征募参加飞行员训练，但主要是去帮忙成立训练学校的足球队，奎萨达选择利用这机会学习飞行。他的足球队队友之一是特文宁教官。奎萨达说："我对特文宁比较多的印象是他当足球队员而不是当教官的时候。特文宁是一位有礼貌的、快乐的伙伴，那时他是中尉，曾经在陆军待过5年。我们一起在足球队时成为好友，虽然他是一位军官，说得更恰当一点，是一位资深军官，而我只是一个士兵。他始终对我特别友善，那是我所感激和喜欢的。军官和士兵是不可以混在一起的，但是他使我的生活十分轻松。

"我特别记得的事情是，我在踢足球时摔断了腿，而他们要我跟上班上的飞行训练进度，因此他们在圣诞节假期给了我一个机会，当其他人回家或去别的地方过圣诞节时，我则接受飞行训练。当然，他们必须建议一个飞行教官志愿放弃他的圣诞假期来进行我的飞行训练。内森·特文宁自愿当我的教官,因此,在圣诞节的两个星期假期中,我接受了特别训练。对他而言,做这件事是很平常的,而我永远也忘不了这件事。"

劳里斯·诺斯塔德将军记得他到第一个任职单位报到时,还是一位刚出炉的少尉。"我的第一个空军基地是在夏威夷的惠勒机场(Wheeler Field)。我住在斯科菲尔德(Schofield)营区,内森·特文宁则是一位住在单身军官宿舍的资深军官,我被分配到他的宿舍区,我记得很清楚他对我是多么好,他把我介绍给宿舍区的每一个人及营区的人员。他十分体贴、十分细心并且十分和善。我一直很喜欢他,我永远也忘不了我和他的第一次接触。"

1950年7月,特文宁在华盛顿成为空军参谋总部人事部门的副参谋长。在这个职位上,他表现了对士兵的特别兴趣,因为他体会到在高技术的空军中为他们花费的训练成本多么庞大,假如这些士兵在他们第一次入伍期满后就离开空军,训练将只是浪费金钱,因此必须将"留营率"升高。为了解决这个问题,他感觉应该使空军生涯更吸引人,配合特别福利、较高的薪水及较好的宿舍,他也想逐渐让军人感受到他们的职务是稳定的,并且为一般平民所尊敬,他的态度几乎成了空军的信条。随着这句简洁的注解"数字只不过是一个骗局",高级军官开始摒弃有关空军应该有多大这个问题,而改为讨论如何使士兵们视服役为其个人事业生涯的问题,一位将军甚至坚持:"我愿带100架飞机出征,如果我知道每一个人都受过良好的训练及在工作上表现稳定。"

特文宁在邓肯机场(Duncan Field)的责任之一包括和正在设立的新飞行学校一起工作。丹尼尔·E.霍克(Danniel E. Hooks)少将说:"当我是个中尉时,我被派到其中的一所学校。那个时候,内森·特文宁军阶是少校,也是我们区里的一位督察官。我们习于盼望他的到访，因为我们知道他不仅会告诉我们何处可能有错误，也会告诉我们如何去改正我们的错误，他会告诉我们何处有其他的学校正陷入类似的麻烦之中，而我们如何可以避免那样的麻烦。他有兴趣帮助我们，不仅仅是批评。他是专家，开放、率直、友善又十分诚实。我们感谢他的帮助，而且我们永远很高兴见到他。"

柯蒂斯·李梅将军于1948年被选为战略空军司令部司令。冷战刚开始时，李梅已注意到了苏联的威胁。他对下属的要求非常严格，特别是要求众多的轰炸机机组人员保持24小时的警戒。这些轰炸机组员长时间地和他们家人分开——经常是数月之久，在空军基地的组员警戒待命区待命或被部署在海外地区。但没有人怀疑李梅将军对他下属的关心。

李梅告诉我："你必须关心你的下属，如果你不去关心，没有别人会去关心的。即使晋升到参谋长仍要照顾下属，这些事情很花时间。我无法指出任何比这个更具挑战性的任务了。另一方面，我试着去设立一个标准准则，保持国家利益最优先，空军及其他军种次之，最后是你的下属。你必须花很多时间在你的下属身上。显然，除非你有个很好的专业团队来解决问题，否则你无法完成空军交付的复杂任务。这就是说，要注意到你得到的下属的类型、你拥有的下属的类型——那是个需要花很多时间的领域。我感觉我已作了一些贡献，但肯定是不够的，在这个领域一定还有很多的工作要做，接任我参谋长职位的人也需花很多时间在这方面。"

当李梅担任战略空军司令部司令时，一位将军对我说："我是总部的基地设施处长。李梅将军是一个不知疲倦的工作者，致力于建设战略空军司令部并使之成为现今最佳的威慑力量。他全力以赴，亲自指导改善战略空军司令部的许多军官和士兵的待遇。他特别积极去改善营区、单身军官宿舍和家庭宿舍。每一次访问空军总部，他经常就这个问题来找我，我们一直保持通信。他持续不断的贡献使我们获得了成功。空军的官兵们认同并赞美李梅将军全力以赴地改善他们的福利。"

老B-36轰炸机的领导组员代表着300万美元的投资，但金钱并不是关键的因素。"我们能补充金钱，"李梅说，"但非常令人怀疑的是，我们能否在危机时刻，有充分的时间来补充组员。"

在李梅担任战略司令部司令时，一架飞机悲剧性地坠了，幸存者不久后死亡。我们学到的教训是按兵不动无法帮你打败寒冷、饥饿和孤立。这些勇敢的组员承受了很多，但他们的勇气和顽强是不够的，他们应该被教会为了生存应该怎么去做。李梅说："领导者必须在心理与肉体上武装自己并采取必要的行动。"

李梅确实采取了行动去改善这个情况。他从空军的人员名单——现役和预备役——及陆军人员中去找滑雪人、探险者、登山者、猎人和樵夫等来设立学校，教导被击落的飞机组员在陆地上的求生技能，不管那是冻原、丛林、沙漠或山区。这拯救了许多具有无法取代的训练与经验的人。

李梅继续说："也许迄今仍有一些现实主义者，他们会耸耸肩说，组员的损失只不过是空军正常运作耗损的一部分。他们错得太离谱了。对战略空军司令部而言,没有飞行员、轰炸员、机枪手、组员是可以放弃的。

"战略空军司令部的任务是借着向敌人24小时持续不断地待命而不是全面报复来确保和平。我们和平时期的威慑价值和战时灭性的能力，同样依赖我们投放 灭性原子弹打击的战备——不是一年、一个月或一个星期后，而是现在。这些不是靠我们最后可以训练的组员，而是靠我们今天能支配的精确投射小组。"

约翰·瑞安（John Ryan）将军，1969—1973年担任空军参谋长，我请教他为什么一些领导者在战时能让他们的人自发去执行复杂和危险的任务。他回答说："如你所知，人们多年来一直试着去找出这个答案。但是我想最重要的事情是消除你拥有的自我。你的成功依赖你的人员的工作表现，你一个人的确是无助的。我想我的成功要归功于许多我的下属人员的努力，我试着去对他们对小组、单位的贡献表示我的尊敬，当然他们成就了我。

"我问他们问题，我发现他们正在做什么，我对他们正在做的有兴趣，用这种方式你也能学到很多东西。你问的每一个问题，你要回答的比他好，我从未看过一个人，当别人对他正在做的事感兴趣时，他没有善意的反应。例如很多晚上，在老 B-50 轰炸机的日子，当我们疯狂地更换即将过时的发动机汽缸时，我晚上 10 点或 10 点半会出现在那儿，爬上梯子站在一个正在修发动机的人旁边，开始问他问题：'你正在做什么？'当然，我学到了。我了解了很多其他的事情，诸如或许他没法获得一杯咖啡，因为餐厅已经关门了，所以我就在这方面照顾他，我甚至会为他弄一杯咖啡来。如果通宵达旦工作，我还会负责他的咖啡及早餐。我对他的工作有兴趣，而他会倾囊相授并努力工作。"

我请教瑞安将军，他如何从人们那儿激发出更多的努力。"靠着与他们沟通。我和他们交谈而不是对他们说教，因为我对他们正在做的事情感兴趣，我从问他们的问题中学到很多。

"例如，当我是准将时，我从师长到奥马哈总部的一个参谋军官，在那儿我是物资处长。每次我出去视察或是为熟悉业务到某个基地查看时，我把时间都花在维修工作上——和士兵谈话，和军官谈话，观察他们正在做什么，找出他们的问题是什么。"

乔治·布朗将军的军人生涯充满了体贴、关怀和对其他人的体恤。一位军官记得："布朗对他领导的下属有很强的敏感性，他的组员中有个来自蒙大拿州的特雷德伟（Treadway）中士，他相当沮丧。布朗与他进行了谈话，特雷德伟离开布朗回到自己的帐篷，一会儿之后，中士从帐篷中出来，全身披挂着齐全的牛仔靴、宽边帽，以及所有其他蒙大拿州传统的西部牛仔配件，然后他绕着基地走了一个多小时。这当然违反所有关于制服的规定，但他在这一小时结束后，回到帐篷重新穿回他的制服，又是一个全新的人。布朗告诉他这样去做，而这被证明是一个十分有效的疗法。"

布朗于1951年7月至1952年4月在麦克乔德（McChord）空军基地任指挥官，福特（Faught）将军回忆："那时在麦克乔德基地，我们的家眷仍留在凯利空军基地，这严重影响了我们所有人员的士气。布朗召集维修人员并向他们解释，就任务而言，我们需求的飞机数目要满足每日的计划表——将美军部队运往日本，然后将伤患运回。布朗决定，假如我们可以维持满足任务需求的飞机，也可以在麦克乔德和凯利基地之间安排往返的定期班机，使我们的人员能偶尔飞回去看看他们的家人。他安排了人员名册，因此大约每两周半，从最低军阶的士兵到最高阶的军官都可以从麦克乔德基地回凯利基地一次去看望家人。"

在麦克乔德基地，布朗在一个比他资深的上校手下指挥一个临时性联队。福特说："我一时想不起他的名字，但是我相信他嫉妒布朗。布朗在日复一日的例行工作中，执行上级指示的任务，而且做的比交给他的更多。他不理会比他资深的上校的干扰，最后这位资深上校认为没法对布朗做任何事情，所以这位上校试图找布朗的下级指挥官来出气。布朗把我们四个人列入晋升名单，但是这位上校不希望我们中的任何一人晋升，他的说法是我们仅仅是部队运输人员，不值得晋升。布朗告诉他，他要去见他们两人的上级——史都威（Stowell）将军，就有关晋升一事亲自面报，但在尚未成行之前，指挥官已同意布朗的晋升人员建议表。我们永远也不会忘记布朗对这次晋升所做的努力。"

这件事引起了布朗的评审军官理查德·F. 布罗米利（Richard F. Bromily）上校的注意，他说："他忠于他的下属及他的组织，但有点儿过度。"

　　还有另一件显示布朗对下属关怀的事情。弗兰克·罗杰斯
（Frank Rogers）说："在我们的案例中，有一个叫吉姆·约翰逊（Jim
Johnson）的中校，他是一个有能力的人，在后勤部门（A-4）任
联队后勤主管。吉姆有个实际上的问题，他必须建立对我们区域
内两个空军师之间'飞机管制和预警'系统的后勤支援。我曾和
布朗讨论一份有关吉姆的个人绩效报告。在这次讨论中，布朗告
诉我：'我把过大的责任加在吉姆身上，让他去解决这些问题，他
一直在努力工作，但没有多大的帮助。'那时，我体会到布朗承认
每个人都有一些内在的极限。

　　"这个系统为我们提供了那么多的人员，但不是每一个人都能
成为博士或是战场上的拿破仑。人必须有一种同情的感觉，或至
少是理解的体恤。有些人竭尽全力而且真的努力工作，然而，结
果不一定是很美好的，这种人在组织里有一定的价值，我们应该
认识到这一点。我认识吉姆很久了，虽然他是一个很有能力的人，
我想这样说比较公平，那就是在空军中还有比他更有水准的后勤
主管。无论如何，他是我们的人，他为我们的指挥官尽他最大的
能力去把事情做好。布朗感谢他的努力，也希望看到他前途似锦。
他把人性因素纳入考量。"

　　布朗对他人的关怀不限于军人。他与部队的关系融洽，尤其
是军士和士兵，这当然来自他的军事背景。他已具备了作为领导
者的广泛知识。在塞尔福里奇空军基地里有一个已使用数年的九
洞高尔夫球场，文职雇员不可以去球场打球，那里是严格保留给
军职人员使用的，布朗接任指挥官不久后在基地的理发厅知道了
这事。理发师是一位热爱高尔夫球的人士，他说："我很想偶尔有
机会在这球场打球。"布朗没说什么，但决定文职人员在工作日（周
一至周五）可以在球场打球，但是周六、周日不可以，因为这两

天军职人员不用上班。许多文职人员开始在早上上班前使用这个球场，在晚上或中午午餐时间打3—4洞，这个事件表明了文职人员是这个团队的一分子，这对文职人员而言是很重要的。布朗把决定告诉了怀特上校，怀特说："你不能忽视你指挥部的部分人员，并视他们为可怜的乡下人，布朗一视同仁地对待每一个人——军官、士兵、文职人员。"

偶尔一些军官倾向于忘记士兵的存在，但是乔治·布朗不会。两个战机中队有永久性砖盖营房，每个营房都有自己的餐厅，布朗说："我无法理解，为什么这些人在星期天早晨必须爬起来走到福利站去拿他们的报纸，然后再回到餐厅用餐。"不幸的是，餐厅在星期天的开饭时间和平常一样，虽然基地已在星期天关闭，人员也无需工作。这就是说在星期天，早餐用餐时间是6点至8点，布朗说："住在宿舍里的人没人会在星期天早上6点到8点间去吃早餐。我们有一个悠闲的周日早餐和看报时间，为什么军营中的部队不能拥有同样的待遇？"因此他把餐厅周日早餐时间改为了8点到11点。

怀特说："部队真的喜欢这个改变。他们可以在8点到11点之间的任何时候穿着浴袍跋着拖鞋去餐厅吃早饭，他们不须穿上军服。而送报人员接到指示，将报纸送至餐厅而不是福利站，基地人员可在餐厅门口挑选报纸，然后排队用餐。可以向厨师说：'我要两个蛋两面煎熟、一些培根和薄饼。'点完餐后，他们就可以找张桌子坐下，因为东西都是现做的，他们有时间看报纸等早餐做好。"

前空军参谋长大卫·琼斯将军，任命罗伯特·汤普森（Robert Thompson）为总工程长（chief of engineering）——一个两颗星的职务。他开始运用"民间工程管理评估小组"去研究和基地服务有关的每一件事，琼斯的关心范围从营区办公室到福利站、仓库和不同种类的库房。招待人员有礼貌吗？空军这方面有提供服务吗？答案通常都是否定的。小组并没有采取高压的方法，琼斯仔细地阅读了他们厚厚的报告，他们的研究没有完全记下缺点，但是有积极的、建设性的建议去改善对空军人员的服务。他们提供了许多的相互学习法，如从不同的基地去学他们所看到的，琼斯那时就想把这些信息扩展到全空军。

琼斯的军中牧师亨利·米德少将说："有一次，我和琼斯到日本旅行，那是1977年年底至1978年年初。他是一个慢跑爱好者，到现在一直都是，他很少漏掉一天不跑。不管怎样，他已经穿好早上晨跑的服装，我们是在日本的横田（Yokota）空军基地，他穿过一个士兵居住的叫美国村的地方，该地正好在基地外面。我从没看过他如此生气。我们看到的是可叹的、凄惨的，美国士兵住的地方那么破烂让他很难过。他到每一站都提这件事，一直到太平洋空军总部所在地希卡姆（Hickam），我知道横田基地指挥官很难堪地离开了这个职务。但是琼斯大力整顿这类情况，一个了不起的人。一些士兵即使他们的军阶不合携眷标准，也常把家眷带去日本。不合携眷标准的人员无法配发宿舍，只好住在外面，也无法享受到各种福利，这使琼斯非常愤怒。他确实改变了这些规定，他真的是士兵的好朋友。"

琼斯将军是一个以下属为导向的人。有些人——若干是资深军官——批评这件事，说这些都是精心设计的。牧师米德告诉我："我从来没有一刻觉得琼斯是骗子。他所做的与下属有关的事情从来没有一次是为了自己的利益，他没有理由去做那些为自己谋利的事。他是空军参谋长，他特别关心少数族群，十分认真地确保少数民族在空军得到了真诚地对待，没有花言巧语。他在国防部介绍这些人际关系计划，提出种族问题，并向全军发布这个消息，要求大家参与这个计划。每一位军官被强制性参加一年数次的人

际关系会议。在会议中也提出少数族群问题，这个做法让一些人
发疯，他们讨厌参加这种会议，他们认为有点像在上主日学校，
在那里他们被人说教，那好像是对他们智慧的一种侮辱。琼斯希
望这些对少数民族的障碍能早日消除，不可思议的是，这个计划
完成了。"

罗伯特·巴克斯特上校（已退休）告诉我："琼斯关于人员的
另一个计划是有关使空军退休人员更积极的计划。他与所有指挥
官谈话，表示空军是一个大家庭，鼓励他们打电话给退休人员，
并视当地的情况而定，请他们来参加基地的活动，也许半年或任
何感觉适合的时机。他希望重新与退休人员接触，继续把他们当
作团队的一份子，向他们表示对他们的关心，并征求他们的建议。
举例来说，他经常和李梅将军商量，倾听李梅的意见，让李梅了
解自他退休以后的改变，他把这个方式当作一个政策推荐给他的
指挥官们，但要他们自己去体会退休人员的帮助有多大价值及他
们应如何掌握。他的要点十分简单：'我们想要更多的邀请他们来
参加基地的活动。'被邀请的对象包括军官及士兵。他也十分关心
士兵们的遗孀家庭。他们从少量住在圣安东尼奥的军官家庭率先
开始，并获得了强烈地支持。"

汤普森将军说："（琼斯）鼓励基地指挥官、联队长及各级长
官在举办各种活动时要把退休人员包括进来。假如你去波林空军
基地或安德鲁基地，你可以发现有间办公室由退休人员轮班组成，
还发行一份涵盖这个地区约80公里半径范围的刊物。琼斯提出了
这个想法，退休人员有任何问题或要求都可以打电话来，谈话、
访问，甚至经济上的支援——由指挥官们及一个基金去帮助有特
别需要的退休人员。"

汤普森说琼斯也对友军展现了关怀之意。当前越南陆军指挥
官和陆军参谋长克赖顿·艾布拉姆斯（Creighton Abrams）将军去

世时，在他的葬礼后数周，琼斯为他的遗孀艾布拉姆斯夫人举行
了一个仪式。琼斯和艾布拉姆斯并没有很多直接的接触，但是他
很清楚地知道，在越南由于布朗将军和艾布拉姆斯建立的关系，
促进了空军与陆军的进一步合作。他为去世的艾布拉姆斯将军制
作了一个指挥飞行员的胸章盒，裱装了一套指挥飞行员飞行胸章，
代表空军一个最具象征性的东西送给艾布拉姆斯将军。他为艾布
拉姆斯夫人举行了一个小型的仪式，就在他的办公室内，不到10
个人参加了这个仪式。在赠送指挥飞行员胸章时，琼斯致辞并感
谢了艾布拉姆斯将军。

　　琼斯将军一个最具意义的关怀行动，是由牧师米德提供的。
"在一次去日本的旅行中，琼斯将军展现了一些伟大的个人品质。
1981年的访问简报中，提出了有关美国士兵和当地韩国妇女所生
的孩子——美亚混血儿的问题。有一位叫阿尔·基恩（Al Keane）
的神父，他是玛利诺会（Maryknoll）的牧师，他在汉城与美国驻
韩陆军及空军关系密切。他是少数几个关心美国士兵和韩国妇女
所生孩子的人之一。在大多数情况下，身为父亲的美国士兵　下
没有结婚的韩国妇女和孩子回到美国，但韩国社会拒绝接受被
弃的韩国母亲及孩子。基恩神父的目的是告知军方和美国国会这
个恶劣的行为，他靠着自由捐献的基金，成立了3—4个孤儿院去
保护这些儿童。他创办了一个范围广泛的领养计划，在计划中美
国人可以领养这些被　弃的儿童，但假如这些儿童在他们小的时
候没被领养，以后被领养的机会就很小了。琼斯听了简报之后就
一头扎进了这个计划，琼斯夫人与美国驻韩指挥官夫人一起和我
参观了这些美亚孤儿家庭，当我们到了那儿，我们的心都碎了。
琼斯邀请基恩神父回到美国，告诉他他会尽全力支持，并向所有
他能接触到的任何一位国会议员介绍这个领养计划，他的确做到
了。

"基恩神父1982年5月到美国为'美亚法案'（Amerasian Bill）辩论，他经过了多方的努力才争取到发言权。在听证会后，基恩神父要求琼斯作证，琼斯也答应了。"

空军中出现了一些批评琼斯的声音，说："空军在琼斯的领导下正分崩离析，当他把时间与金钱花在人员计划、人员需求与人员行为上时，空军的基本任务逐渐受到腐蚀。而这些是我持续听到的。有些人说假如他不把时间与精力用在他的人际关系计划上，而用在工作上去推动国会议员赞成空军采购更多的飞机和防卫系统，他在总统决定要砍去B-1轰炸机预算时就会更具说服力。"

但是这些批评不能阻碍琼斯去关怀指挥部每一个阶层的部队的决心。对国会山来说，他是一个机敏的观察者，但作为一个人道主义的领导者，他的主要角色始终是关怀下属。

另一个单纯的领导统御中"人道关怀"的例子，是由当时任上校的施瓦茨科夫观察到的，他十分清楚地记得在李维斯基地里他的师长对他的关怀。

"当卡瓦佐（Cavazo）的执行官打来电话时，我从总部的演习回来才两天：'将军正在去见你的途中。他要和你谈谈你的维修计划。'我觉得很奇怪，因为我的维修计划没有问题。我挂上电话，走到窗户旁，看见两辆吉普车停了下来，跟随卡瓦佐的是他的助理师长和士官长。卡瓦佐冲进我的办公室大声说：'诺曼，陆军这次真的搞砸了。'

"我说：'长官？'

"'你会相信美国陆军已经选你为准将了吗？'他大声笑着，抽出正式的晋升名单，那应该是第二天才公布的。他热烈地和我握手，同时两位军官端进来一个蛋糕，上面装饰着一个巨大的红星。我被这庆祝与道贺所感动——但是我所能想到的只是要回去告诉我的太太布兰达（Brenda）。"

当晚卡瓦佐到施瓦茨科夫家去拜访他的新准将和布兰达。施瓦茨科夫问他："我有一个请求……我想让我的旅休一天假。"卡瓦佐回答："没问题。"

施瓦茨科夫继续说："早上6点30分全旅集合在阅兵场，我登上司令台，通常那是指挥官用来指挥做体操的。'今天下午14时，陆军部将宣布我晋升准将的消息。'我告诉全旅官兵。全旅开始欢呼，我没有想到会出现这种场面，令我激动得说不出话来。然后我说：'任何一位称职的指挥官都知道，当一件好事降临到他身上时，这件好事的发生应归功于在他指挥下的官兵的奉献。我以本旅为荣。'"

在今天这个时代，大量的书籍在探讨领导与管理的问题，所有的军官应该都了解关怀下属的重要性。不幸的是，并不是这么一回事，这是由施瓦茨科夫提供的最近的一个例子：

我最具挑战性的工作是军民指挥（community command）。对德国而言，这是很奇特的，我们才刚到德国美因茨（Mainz）一个月，布兰达接到邻居一位上尉太太打来的电话，她刚搭载了一位搭便车的人，这个年轻人正在哭。她问他怎么回事，他解释说，他太太和女儿预计当晚搭飞机抵达法兰克福，他没钱也没地方安顿她们。布兰达打电话给正在上班的我，我立刻接通第1旅旅长。他说："我会把事情弄清楚，但他们是无补助的眷属。"

"那有什么差别？"我问。

"这就是说，他们不在我们的责任范围内。"

"上校，你的一位手下正站在路边哭，因为他不能照顾他的太太和孩子，而你告诉我那不是我们的责任？你把那个兵的营长、连长找来听电话并且解决这个问题。然后到我这儿来告诉我你们是怎么解决问题的。"

由于施瓦茨科夫的介入，这件事很快就解决了。他们安排了一个紧急贷款，帮他的家人找了一家旅馆，帮他租了一间公寓，营站福利社、诊疗所和托儿所均对这位无补助的眷属开放。虽然按规定专业四级士兵与上等兵不允许带太太和孩子来，但因为这个家庭已经来了，施瓦茨科夫知道了这事，因此他们受到了照顾。

显然，乔治·布什总统了解到了周到考虑事情的重要性。施瓦茨科夫将军讲述了1990年12月的一件事，当时他是"沙漠之盾"与"沙漠风暴"的指挥官："我回到国防部的办公室。布兰达送来一棵有彩灯的小圣诞树，我点亮它，将圣诞歌曲音乐带放入录音机内，几乎快睡着了。那时我听见办公室通往华盛顿的红色电话响了，那是布什总统。'我没法不在今天打一个电话给你，祝你和所有在你麾下的军人圣诞快乐。'他说，'我知道你远离所爱的人们，但是我要你知道，我们的心和祈祷与你同在。你知道我们正在走的这条路，我们祈祷在接下来的日子里与你同在。'我告诉他我们多么感谢他的来电，并且代表中央司令部全体人员感谢他。

"在挂上电话后，我再度把圣诞音乐打开，一直听到晚上，直到我睡着。"

施瓦茨科夫也体会到教导下属关怀作用的重要性。在越南服役时，他访问营里的一个连，但是连长不在那儿。连行政官说连长去后面医院探视受伤的弟兄，因此，他等着连长回来夸奖他去看望连上士兵的行为。但连长一直没有回来，施瓦茨科夫便出去找他，他发现连长正在餐厅穿着漂亮整洁的制服和他的一些军官朋友吃圣诞晚餐。

我就他去探望在医院的连上弟兄的事称赞了他，然后问他："为什么你不直接回你的连队？"

"长官，我想吃圣诞晚餐。"

"那你的部队怎么办？你难道不知道去看看他们的圣诞晚餐是你的责任？"

他表情不悦。"长官，就我关心的而言……"他开始说，但马上停顿下来，"长官，我知道您正给他们带来圣诞餐，而我只想在这里，我想冲个澡，穿上干净的衣服，吃我的晚餐。"

"上尉，你知道你刚告诉你的部队什么事情吗？你认为他们不知道，当他们在荒野过圣诞节时，他们的领导者在后方？假如你不愿意和你的部下在战场度过一个圣诞节，去经历这样的艰苦条件，你如何期望他们相信在作战时你会和他们在一起？"

在越南，施瓦茨科夫也展现了他对越南军人的关怀。在离柬埔寨边界几公里的地方，有一场激烈的战斗，造成了美军和南越部队的伤亡。直升机飞来运送伤患。施瓦茨科夫回忆：

越南军人决定把尸体装上直升机运回波来古（Pleiku），直升机组员告诉他们"尸体不能上飞机"，并且试着把尸体推出去，此时飞行员正提高发动机转速。我跑过去爬上直升机驾驶旁的滑橇，驾驶员是一位上尉，我大声吼着："怎么回事？"

"我们直升机不运尸体，他们会把机舱弄得到处是血及排泄物。"

"嗨！我们非把尸体运走不可，假如我们不能运走的话，我们必须搬运这些尸体。"

"我不在乎。我们就是不运尸体出去。"如果死的是美国人，我知道他不假思索地就会运走，这使我怒火中烧。

"让我告诉你，干脆一点，是你把尸体运出去，或你就停在这里。我不会从滑橇上下来的，假如你起飞，我会从飞机上掉下去摔死。你愿意为此事负责吗？还有假如你起飞的话，我就开枪打你的屁股。"或许他没看出我是在虚张声势，或者因为我是少校，总之他们把尸体装上了飞机。

不知道是否是那次行动造成的影响，我使自己成为了南越部队永远的怀念。他们看见一个美国人关心他们，爬上直升机的滑橇并且使飞行员接受他们的尸体，这一事件传回西贡又辗转相传，传至空运司令杜·寇克东（Du Quoc Dong）准将的耳中。在我回到西贡几星期后，美国顾问来告诉我，他们从越南同僚那儿得知了此事。

沙里卡什维利将军——另一个现代军官——告诉我："我不能夸大风格和关怀的重要性。我想人们会对他们深信的领导者有好的回应，因为他们知道他们在做什么，因为他们是有风格的人们，因为他们对下属展现出了深深的关心，我深信最佳的领导者真正爱他所领导的下属。你会问我为什么在平时人们跟随领导者。这和战时不同，因为在平时，军人有比较多的时间把事情想清楚，要有比战时更自觉的努力。你必须喜欢部属，我知道每天这样做是很困难的。你也许会看见一个年轻的少尉正坐在他的坦克旁边吃口粮，你走过去，坐在他旁边正视他，你可以看出他是否正在享受他所处的环境。你慢慢会认识很多人，知道他们的名字，知道他们住哪里和他们正在做什么，你做这件事是因为你会开始享受与他们在一起。你是经常看到当你带一位将军到战场去视察，并且发现现场搭起一个帐篷，让将军和军官们可以坐在里面，还是会看到将军们坐着和士兵聊天？和士兵在一起是将军们最高兴的事，也是士兵永难磨灭的记忆。"

你如何激励和你一起工作的下属，让他们尽己所能？第一，领导者是献身于上帝和国家的人，是一个激励和模范的角色，他有一个会被广为流传的领导统御的风格。其次，领导者的正字标记是他对人的尊敬和赞美，那是通过关心下属和表现真正的关怀所获得的。这将促进部属的信心和忠诚以及提高他们的士气。指挥官的根本力量来自于他个人的人性。

第8章 授　权

假如你的部属无法执行你所交办的工作，那是因为你未对他们作好妥当安排。

——乔治·马歇尔，陆军五星上将

你必须避免让指挥官作琐碎的决策……让他们放下铲子，走出战壕，督导所有的工作人员。

——亨利·阿诺德，空军上将

1943年11月，在举行开罗会议期间，艾森豪威尔将军飞抵开罗，前往现在颇有名气的梅纳别墅酒店（Mina House Hotel）参加联合参谋首长会议。在会议中，他对与会人员说明了未来的作战计划，主要是有关进攻法国的"霸王计划"。

马歇尔将军见艾森豪威尔一脸疲惫颇为忧心，于是建议他休几天假。马歇尔告诉他："假如你的部属无法执行你所交办的工作，那是因为你未对他们作好妥当安排。"

对艾森豪威尔这位登陆日的指挥官而言，马歇尔是位非常懂得授权的长官。1942年，当艾森豪威尔被派到欧洲时，马歇尔曾告诉他："你不必接受或留用任何一位你对他没有十足信心的指挥官。只要是在你的战区内担任指挥职的人，我都会认为你对他们很满意。指挥官的好坏关乎许多人的生死，我不要你对自己的权威与责任有任何怀疑，对于无法完全满足你要求的指挥官，只管不要接受他们或把他们调离你的战区。"马歇尔本人从未违反过这一原则。

在整个第二次世界大战期间，马歇尔也坚持不让联合参谋长团（由英、美两国军官组成）干预艾森豪威尔在北非、意大利、法国与德国所进行的作战。每当联合参谋长团企图对战场指挥官下达命令或指示时，他都不遗余力地加以反对。

1945年1月，在雅尔塔会议即将召开之前，盟军的将领聚集在马耳他举行会谈。会谈的最重要议题是有关结束对德作战的战略计划。英国提出了一套计划，艾森豪威尔则由他的参谋长史密斯将军代表出席并提出了美方的计划。马歇尔非常在意艾森豪威尔身为欧洲盟军最高统帅的权威，因此坚持艾森豪威尔的计划必须被采纳。他对英国的联合参谋长发出一份最后通牒，宣称假如英国的计划最后被提呈英国首相与罗斯福总统，并获得他们批准，他将别无选择，只得要求艾森豪威尔辞去盟军最高统帅的职务。平常沉默、内敛的马歇尔说出了重话，使得艾森豪威尔所提的计划获得了批准。

在艾森豪威尔接任欧洲盟军最高统帅后，马歇尔就设法让他少接触使他分心及耗神的事情。他指示艾森豪威尔不要涉入政治事务，最重要的是，不要把他宝贵的时间与精力用在为过去的行为作辩护上，未来的事就够他烦恼的。有重要人物前往拜访艾森豪威尔时，马歇尔会指示他不要与这些人争辩，"只要很有礼貌地倾听，必要时点头称是，最要紧的是，不要浪费你的脑力"。

1943年12月，在艾森豪威尔被选为欧洲盟军最高统帅后，曾为了是否要回国休假几天而犹豫不决。他承受了很大的压力，极需放松一下，让头脑恢复清醒，但是面对眼前的重责大任，他怎能离开工作岗位呢？最后，马歇尔为他作了决定。1943年12月30日，马歇尔发了一封电报给他，内容是："现在，回家吧，与妻子团聚，英国的工作请人暂代。"

马歇尔与艾森豪威尔的关系反映了他的典型领导模式。身为陆军参谋长的他，以同样的模式对待所有的下属。马歇尔曾说："陆军军官都很聪明，你给他们一棵光　的树，让他们自己把树叶补满。"

艾森豪威尔对待参谋的方式是，积极鼓励他们提供意见，但也强调授权的重要性。他在1942年6月25日写道："参谋军官随时都可以见他们的长官或指挥官，并就需要加以注意的事项提出报告。他们也应尽可能自行解决自己的问题，不要养成把事情推给上级处理的习惯。"

当艾森豪威尔在编组他的总部时，对于参谋人员的选任非常用心。他告诉获选的参谋人员："你们都是我从各个领域的专家中挑出来的，我期望你们不必有人监督就能把工作做好，否则就是我识人不明。"

他靠参谋人员替他处理行政上的琐事。他在第二次世界大战期间的首席参谋史密斯将军形容艾森豪威尔在授权方面的本事"漂亮得很"。他将权责充分下授，但没有人会怀疑他的长官身份。我面谈过及作过通信采访的所有艾森豪威尔麾下的参谋官都有这样的看法。身为最高统帅的他能听取各种不同的观点，对问题进行分析时能抓住核心并找出解决方法。他极具天赋，能迅速准确地掌握问题的关键。

麦克阿瑟也是个熟谙授权之道的将领。他尽可能不召见下属。他的资深参谋随时可以见他，而资浅参谋则可通过他的参谋长转达意见。诚如他的空军参谋长乔治·C. 肯尼（George C. Kenney）

所言:"麦克阿瑟避免事必躬亲,所以能成就大事业。"他不让自己的脑子里充满着战斗计划之类的琐事,因此可以将心思集中于对战争的长程展望,如此一来,机会一出现,他即可迅速加以利用。他曾说:"我做的事不多,但经常在思考。我很少责备人,偶尔鼓励一下下属,而且,我设法把眼光放远。"

曾在他麾下担任过参谋长的史蒂芬·J. 钱伯林(Stephen J. Chamberlin)中将说,麦克阿瑟是一位英明的领导人,因为"他会把责任交给下属,然后放手让下属去执行。有时候,身为他参谋群中的一员,我会感到害怕,我心中会想,他是否知道我在干什么。在我担任他的参谋长后,我才发现他总是知道我在干什么,只是我不了解他为什么会知道得这么清楚。"

有一次,乔治·肯尼将军前往见麦克阿瑟,请求麦克阿瑟准许他开除某位不适任的军官并授勋给有功人员。麦克阿瑟当下就同意了他的请求。肯尼将军回忆道:"你再也找不到这么能与你配合的长官了。假如麦克阿瑟决定信任你,他就会信任到底。有这样的长官支持你,你很容易为他卖命工作。"

麦克阿瑟重视成果,他要的就是能获得成果的军官。肯尼在抵达澳大利亚后,迅速决定将他的所有战机大队纳于单一的指挥部之下。他打算挑选一位年轻的上校来担任这个新指挥部的指挥官,并让他晋升准将,麦克阿瑟批准了肯尼的请求。但是当麦克阿瑟的参谋群听到肯尼提出的请求时,其中某位参谋军官说道:"那个小孩啊,真希望他已满21岁。"麦克阿瑟听到后回过头来对这位参谋军官说:"我们在这儿晋升军官是看他们的效率,不是年龄。"这位即将晋升的军官的实际年龄是32岁。

肯尼将军提到他和麦克阿瑟多年的共事经历时说:"我崇敬他作为将军的身份,喜欢他的为人,并受到他与生俱来的领袖气质的启迪。麦克阿瑟领导你,但不驱使你。在他底下工作的人会自我鞭策以实现他的愿望。他们认为绝对不能让'老先生'失望。你从来不会觉得他对你直接下达过什么命令，但另一方面，他将自己的意念表达得非常清楚，你不会陷入疑惑中。印象中，在我和他共事期间，他没有对我直接下达过任何命令，但我总是非常清楚他要我干什么，也十分了解他希望我该如何做。"

麦克阿瑟在1930—1935年担任陆军参谋长期间，并未把最困难、最棘手，而且势必会遭到严厉批评的工作交给下属做，此点令人敬佩。在美国遭逢经济大萧条期间，经常有退伍军人前往美国的首都游行。在20世纪30年代，参加过第一次世界大战的退伍军人就曾在华盛顿举行大规模游行，希望促成国会拨发250亿美元作为他们的补助金。

游行的人越聚越多，胆子也越来越大。很快华盛顿的警察已经无法控制这群争取补助金的激动民众。这些人聚集在阿纳卡斯蒂亚河（Anacostia River）搭建的临时住所中，可能成为散布疾病的来源，情况令人忧心。他们的饮食、　身场所及卫生状况都很糟。

最后，胡佛总统被迫采取行动。他向麦克阿瑟下达了以下的命令："你即刻派部队前往游行现场。与现在负责处理此次事件的哥伦比亚特区警察密切合作。包围骚动地区并驱散人群，不得延误。将所有滋事分子交给执法权责单位。你在下达行动命令时，要坚持以体谅与仁慈的态度来对待现场的妇孺。执行任务时要尽量保持人道精神。"

700人的陆军部队以催泪瓦斯、军刀柄和威胁使用刺刀将游行者驱离市区。对于开车的游行者，军队向他们提供汽油，要求他们离开。游行者在离开市区后，军队将他们临时搭建的住所烧得精光。

在这次令人遗憾的行动中，麦克阿瑟亲自担任指挥者的角色。他了解美国民众非常厌恶见到退伍军人被驱离自己国家的首都，不论这些人的行径多么恶劣。他大可将任务交给下属指挥官执行。但麦克阿瑟的作风是，他绝对不会命令下属去做他本身都不想做的事。诚如他对某位下属军官所说的："假如总统下令要我采取行动，我是不会把这件令人厌恶的工作交给其他任何一位美国陆军军官的。"

1938—1946年期间担任美国陆军航空部队司令的亨利·阿诺德将军强调，指挥官不应企图亲自作所有的决定，这样太累人了。他曾告诉某位下属军官："随时让指挥官了解部队的最新动态，但应避免要指挥官作无关紧要的决定及接触烦人的琐碎细节。"

虽然阿诺德将军本人充满干劲，但他强调指挥官不应事必躬亲。他说："一个指挥官在他的参谋尚未进入状态前，他本人应亲自督导所有的任务，但这样一来他会吃不消。所以，假如他够聪明的话，应该尽早训练他的助手进入状态，然后将权责下授给他们，自己保留监督权责。"

对空军的中队长或大队长而言，可能有很多细节的事情可由他亲自加以处理，因此，他可能会尽量减少授权，凡事自己来。但是，任何阶层的指挥官都必须学习以超脱的视野来管理他的单位。随着阶级的升高，他不能再参与细枝末节的事，甚至不再自己动手。诚如阿诺德将军所言："让他们放下铲子，走出战壕，督导所有的工作人员。"

阿诺德的领导统御很成功，其中的一个原因是，他能选用能干的下属，将全部权责下授给他们，而只对他们作原则性的指示。克拉伦斯·P. 凯因（Clarence P. Cain）准将回想阿诺德将军早期的领导方式时说："在20世纪20年代航空部队为美国邮政管理局空运信件的那段时期，我在阿诺德将军麾下担任补给官。阿诺德将军挑选专家来担任重要职务，并放手让他们独自执行任务。他会对下属支持到底，永远不会忘记照顾下属。但假如他讨厌某一个人时，可能会对他非常严厉。"

另一位拉什·P. 林肯（Rush P. Lincoln）少将在回忆阿诺德将军的领导风格时说："当我奉命前往澳大利亚时，阿诺德将军对我非常信任，只下了一道命令给我：'卢斯，你到那儿去阻止日军的攻势。那边情况不太对，你去把它改正过来。'"

我曾问卡尔·斯帕茨将军，阿诺德将军是怎样找到他可授权的人的，斯帕茨将军答道："在两次世界大战之间的岁月里，所有的国防开支都用于海军的建军工作，而海军却在珍珠港事件中遭到重创。我们航空部队就只有那么一点点人——四五百名军官而已，其中有些素质并不好。我们就以这些人为基础，扩充到投入第二次世界大战时的两三百万人。"我问道，阿诺德将军是否善于选用他的参谋，他答道："我认为，他所能挑选的人就这么多而已，所以他算是很会挑人……他能掌握有限的资源，对其作最佳的运用。"

然而，令人惊讶的是，像阿诺德这么英明的将领在第二次世界大战初期却不愿见到他底下的优秀年轻军官快速跳级晋升。当时由于陆军航空部队的大幅扩张，马歇尔将军建议阿诺德选择空军中少数相当资浅的军官，让他们跳级晋升，以储备未来的领导人才。阿诺德答称，假如他让这些军官晋升，将会影响曾经参加过第一次世界大战飞行任务的现有资深上校的士气。他们之中很多人在1919年时从原有的战时军衔遭到调降，其后光是中尉军衔的停年就长达17年。因此，他认为让30岁出头的"小伙子"跳级晋升，将会对年纪较长、经验较丰富的军官造成打击。然而马歇尔仍然坚持己见，迅速将劳伦斯·库特中校晋升为准将。库特晋升中校才三个星期，就又晋升准将。接下来，阿诺德遵照指示将36岁的库特安排在他的参谋群中担任重要职务。马歇尔要他多关心如何给年轻军官提供工作诱因，少挂心年长军官的士气。

曾经和阿诺德将军一起参加过两次世界大战，而且也是他在西点军校的同学之一的海登（H. B. Hayden）少将在提到阿诺德的领导风格时表示："他能将权责下授给其他人，将明确的任务交给下属，放手让他们执行……假如他们无法如期完成任务，就会被换掉。他知道要维持良好的纪律，要对下属进行督导。"

阿诺德在第二次世界大战期间的主要计划官奥维尔·A. 安德森（Orville A. Anderson）将军提到阿诺德时说："他几乎完全任我们自由行事。我从未进过他的办公室。有时候，我们想向他报告说'我这里发生了一件重要的事'，我想让他知道这件事。但作为他的计划官，除非他对我说：'唉！你简直在乱整。'否则我会想象如果阿诺德和我一样有机会深入了解此问题时，他会怎么做，然后我就这么做。换句话说，只要我认为我的立场站得住脚……我就不怕阿诺德或任何其他人。"

关于阿诺德对下属授权一事，有一个非常有趣的故事："据斯马特回忆，第二次世界大战期间，有一天，阿诺德把一群参谋军官——其中有好几位将官，叫到他的办公室来，痛斥他们把某件重要的事搞砸了。当时正逢中午12点，办公室墙上的一个挂钟发出了震耳欲聋的吵闹声，就像五角大楼内所有的钟一样。阿诺德的训斥被打断了，心中怒不可遏，大声吼道：'难道没有人能让它静下来吗！'此时人群中一位名不见经传的上校采取了行动。只见他拿起了阿诺德桌上的一只沉甸甸的空墨水池底座，扬起手臂，瞄准、投射，墙上的钟顿时被砸得粉碎，从此再也不会发出恼人的吵声了。这位灵光的上校名叫奥唐奈（O'Donnell）。阿诺德当即认定他是个可委以重任的人，将来要好好重用他。奥唐奈几乎马上就晋升了准将，后来晋升到四星上将。假如不是那天的特殊表现，他可能干到上校就到顶了。"

托马斯·怀特将军告诉笔者："谈起决心的下达，我首先想到的就是不要被细节困住，或许这点并不是最重要的事……但是许多下不了决心的人，多半都是那种见树不见林的人。

"为了避免被困住，一个领导人必须要能授权，并准备接受他所授权的下属因犯错而造成的后果……他必须能支持这位犯错的下属。"

1957年，怀特上将在担任空军参谋长期间于美国空军军官学校的一场演讲中，进一步阐述了授权对于下决心的重要性。他说："何为领导气质，可谓人言人殊。我无法告诉你们如何成为一位好的领导人，这点是要你们自己去找答案的。没有明确的公式可供依循，但是你们要有成为优秀领导人的渴望。"接着他引述了德国前陆军部部长库尔特·冯·哈默斯坦－埃垮特（Freiherr von Hammerstein-Equond）的一番话：

"我将军官分成四类：聪明的、勤劳的、懒惰的及愚笨的。每位军官总会具备其中的两种特质。聪明又勤劳的人，我会派他当一般参谋。聪明又懒惰的人注定要派到高级司令部工作，因为他有胆识处理所有的状况。而在某些情形下，可以用那些既愚笨又懒惰的人。但是，愚笨又勤劳的人，应当马上被开除。

"我常常觉得哈默斯坦的观察非常有趣，尤其是当你仔细去分析这四类特质的军官时，更是如此。

"我非常了解为什么哈默斯坦要用既聪明又勤劳的军官当他的参谋。今天我们尤其需要这样的人。这种具有想象力，又有能力理解问题或状况的人，是指挥官心目中的无价之宝。

"但为什么哈默斯坦说既聪明又懒惰的人适合担任最高层级的领导职务呢？所谓聪明不外是指脑筋好及经验丰富，其余毋庸赘言。经验之所以重要是因为高级司令部的职位是不会考虑交由一位没有丰富经验的人来担任的。

"对我而言，哈默斯坦所说的'懒惰'是具有特殊意义的，不是指这个词的表面意义。无疑地，他是指分辨重要事物与次要事务的能力，能抓住要点，而不被无关的因素所困扰的能力。具有这种特质的人会依据关键因素来确定自己的方向，把其他的工作下授给下属——他所选择的，能加以信赖的下属。这些下属负责'干活'，使指挥官能执行重要的任务。而这位聪明又'懒惰'的指挥官将为自己的行为负起完全的责任。他必须独自作出重大的决定并接受能干的下属执行细节工作所造成的结果。哈默斯坦说这种指挥官有'胆识'处理所有的状况，指的就是这回事。"

卡尔·斯帕茨将军是美国空军成为一个独立军种后的第一任空军参谋长。我问他，依他的看法，为什么他能成为一位成功的领导者。他回答："我喝上等的威士忌，要求别人替我工作。"这不只是一句幽默的话而已，它有更深一层的含义。这句话是指他重视授权。斯帕茨的助理副参谋长威廉·F.麦奇（William F. Mckee）在接受采访时提到了斯帕茨将决策权下授的政策：

　　　　让我告诉你一个有关斯帕茨将军的故事，你就会了解为什么他会那么成功了。斯帕茨将军担任空军参谋长时，霍伊特·S.范登伯格担任副参谋长，我则担任助理副参谋长。那段时间让我对斯帕茨将军有了一个很好的了解。某个星期六的上午，范登伯格已离开办公室。我手上有3份文件必须交由参谋长签署，起码我个人认为是该交给参谋长签署。因此，11点刚过，我带着这3份文件去见斯帕茨将军。我向他报告："报告长官，我这里有3份文件需要你签署。"

　　　　当时我的军阶是少将。斯帕茨将军抬头看了我一眼，说道："你不是刚刚晋升了吗？"

　　　　我回答："是的，长官。"

　　　　"谁晋升了你？"

　　　　"报告，是您晋升的。"

"那你知道我为什么晋升你吗？"

"报告，不清楚。"

"好，我告诉你。我升你官就是要让你来签署这些文件。这些文件与明天即将开始的战斗有关系吗？

"没有，长官。"

"那就由你来签署它们。假如你犯了错误，我会原谅你一次，如果你犯了第二个错误，就会遭到革职。另外，我现在急着要离开，因为我和几个朋友约好11点45分见面，就快来不及了。那些文件就交给你签。"

我回到自己的办公室，很仔细地把这几份文件看了3遍后，在上面签了字。从此以后，我再也不为这种事伤脑筋了。我之所以告诉你这个故事，是要让你了解，当斯帕茨将军信赖某个人时，他会遵循领导统御的最基本原则——将权责下授给部属。把事情讲清楚，让他们负起责任。

这种领导方式可能会造成领导者无法得到应有的赞誉，例如不喜欢出风头的斯帕茨就可能面临这种状况。柯蒂斯·李梅曾对我说："对我而言，斯帕茨是个懒惰的长官。我怀疑，他的许多成就应归功于他身边的人。然而，这种本事——教你身边的人为你工作的本事，让他成为了一位优秀的领导人。斯帕茨自己曾大言不惭地谈到，他很懒惰，他会让身边的每一个人替他工作。斯帕茨会定下目标，然后对大家说：'照这个方式，不用我亲自参与，我们就可以把事情做好。'"

斯帕茨曾经开玩笑地对罗伯特·伊顿（Robert Eaton）少将说："我成功的原因有两个：一、我把事情交给某人做，然后绝不告诉他应该如何做；二、这个人应该自己知道要如何做。"

哈罗德·巴特隆（Harold Bartron）准将曾说："依个人所见，

斯帕茨将军是我接触过的所有人中，最擅长激发下属指挥官信心的人。他的做法就是对他们完全信赖。

"第二次世界大战期间，某位派驻地中海战区的美军部队指挥官因为精神崩溃，急需将其撤换。斯帕茨将军要我去接替他的职务……他把我拉到一旁，对我说：'巴特隆，邓肯（Duncan）生病了，我们正将他送回国，你去接替他的职务。这个职务是地中海战区内压力最大的职务，邓肯已经崩溃了。我希望你不要也搞得精神崩溃。你可以自己决定该怎么干。任何时间，想去哪里就去哪里。想休假就休假。假如你要离开办公室超过三四天以上，让我知道一下。'

"在第二次世界大战期间，我担任该职务的一年多时间里，斯帕茨将军只来视察过一次，而且说是视察，还不如说是种社交性质的拜访。他在离去前对我说：'巴特隆，我知道你会觉得怪怪的，怎么我没有询问你一大堆有关战况发展的问题。事实上，我出发前已先看过相关的报告了。当我去视察某位指挥官时，我只关注一件事，就是他的精神状态。'我猜想，他是想来看看我是不是也快崩溃了。"

但是在重要的时刻，斯帕茨会密切注意情势的发展。罗伯特·B. 威廉姆斯（Robert B. Williams）少将有一段这样的回忆：

1944年10月13日晚上，我所指挥的第1空中师接到了有关对德国北部安克拉姆（Anklam）附近的战机工厂发动大规模空袭的任务提报。10月14日凌晨3点，我在作战室内了解基地周遭的天气状况。当时基地笼罩在浓雾中，能见度为零。有位作战官走过来告诉我说，斯帕茨将军打保密电话来找我。

我拿起电话，听到斯帕茨将军说："罗伯特，你那边状况怎么样？"我回答说，我们完全被浓雾笼罩，连滑行道都看不到。他接着说:"现在德国北部天气很好,是几个月来最适合实施空中轰炸的时候,我们不知道明天天气是否还会这么好。"我当然也知道这个状况。斯帕茨将军接着又说:"不过你那边若被大雾所困,飞机无法起飞,也是无可奈何的事。要不要执行这次任务,我完全交给你决定。"

我告诉斯帕茨将军,我们师的轰炸机会起飞,由没有在起飞过程中撞损的轰炸机对安克拉姆进行轰炸。我们飞行员的表现优异得令人难以置信,在大雾中起飞的数百架B-17轰炸机竟然无一架飞机发生人员伤亡的事故,轰炸安克拉姆的任务非常成功。我提起这段往事,是要指出,斯帕茨当时处理这件事的方法堪称是优秀领导统御的典范。假如他强行命令我们出任务,我可能会设法让他相信在那种情况下是不可能的。但是,当他把决定权完全交到我手上时,你说我还能怎么办?

怀特上将在担任空军参谋长时,全赖他的副官乔治·布朗上校来替他减轻工作负担。举例而言,假如布朗判断送上来的文件中含有太多选择方案,他会将文件退给参谋,请他们好好研究,设法减少选择方案的数量,并让参谋长能在两种方案之间,而不是5种方案之间作决定。

布朗也对送进办公室的文件加以过滤及摘要。通常参谋长每天要签署的参谋摘要报告、发给其他军种的及外单位的来函大约有30—50件。其中参谋摘要报告占大多数,而这些报告常常是厚厚的一大沓。布朗会先阅读这种报告,然后在每份报告上写上一两句话,如"报告内容没有争议性"、"参谋意见一致"或"没有潜在的问题"等等。在布朗的协助下,怀特将军桌上的文件从来没有留过夜。

　　有一次，怀特将军将前往旧金山演讲。当他拿到别人帮他拟好的讲稿时，对提姆·亚恒（Tim Ahern）上校说："这份讲稿没什么内容。你和布朗研究一下，帮它添点具体的内容。"当时，媒体经常引用军事人员所讲的话，因为他们说的话具有权威性。这次演讲的听众是前来美国开会的北约各国议员。布朗和亚恒认为，以怀特将军的身份，应该在演讲中呼吁我们的北约伙伴为自己的防卫多尽点力。他们两人审慎地将这个想法写进讲稿中，并按规定将这篇讲稿送审。副部长唐纳德·夸尔斯（Donald Quarles）看过讲稿后，同意了其内容。接着这篇讲稿经过繁复的官僚体系审查程序，由国务院与联合参谋长看过后，最后交给国防部长办公室安全审查小组进行了仔细的检查。怀特终于如期前往演讲，事后旧金山、华盛顿与纽约的各大媒体纷纷引用演讲的内容。

　　亚恒回忆道："我们回到办公室后，觉得这次演讲相当成功。第二天早上，办公室的电话响了。怀特的秘书对他说：'总统的电话。'是艾森豪威尔打电话来。当时怀特助理的座椅下，安装了一个用脚操作的小型麦克风，所以不会发出一般拿起话筒时的咔嗒声。因此，我能听到怀特与总统的谈话。艾森豪威尔显然怒不可遏，他连客套话都省了，劈头质问道：'你到底在搞什么鬼？你用意何在？你想搅和什么？为什么要搞得大家那么激动？'艾森豪威尔咄咄逼人，简直没个完。

　　"怀特将军回称，他并没有信口胡说，随便发言，这篇讲稿通过了所有必要的审核程序。他已经想过所有的立论依据。因此，他并没有向总统说出：'很抱歉，我没什么理由可说。'他只回答：'我做了自己认为该做的事。'"

　　1987—1991年，拉里·韦尔奇将军担任空军参谋长时，我曾问他："你对授权一事有何看法？"

　　他答道："就算我已经当了参谋长，有时候我还要当承办军官。

例如现在我就是军官绩效考评案的承办军官，这是需要使然。当然还有其他人在做这个事情，但我要亲自参与，这点大家都知道。我会和人事部副部长密切合作，以免他被排除在外。人事部副部长底下也有一些资深的承办军官在帮他忙，我们将一起来办这件事。但要让这个方式行得通，而又不破坏参谋作业，唯一的办法是你必须妥当选择你所参与的事务。

"克里奇将军就是采用这种方法。罗伯特·狄克逊将军也是如此。狄克逊将军专注于'红旗'空中演训。我则在办公室中负责上尉及少校阶层的工作。当我们正为如何培养出我们所需要的大量飞行员伤脑筋时，克里奇将军则正专注于研拟空动人员的训练课程。克里奇将军当起了执行军官，并设法教导各联队长如何扮演执行军官的角色。他说：'不要唱独角戏。不要想自己一个人来管理整个联队。选取某些你必须亲自投入的事情，自己当执行军官。'我经常要大家注意这一点。我曾经有一段时间未能充分将权责下授，而且还让这种坏习惯变得越来越严重。我是在自己离开某单位时，发现该单位的人才并没有增加，才惊觉自己所犯的错误的。我发现，我调离联队长的职务后，该联队开始问题丛生。"

韦尔奇将军认为授权是问题的关键，也是提高决策品质的最有效方法。他告诉我："首先，要让那些最适合作决策的人来作决策。而这些最适合作决策的人几乎都是比官僚体系所允许的决策阶层低的人员。其次，将决策阶层向下推的最大好处是，可对适当阶层的人进行决策训练。像庞大的官僚体系中的那种中央管理式体制，不是我要数落它的缺点，这种体制的决策权大多掌握在高层人员的手中，其所依据的假设是，高层人员原本就比较有能力作决策，也就是说，他们不是比较聪明、见识较广，就是经验比较丰富。

"我对这种看法不以为然。我认为，必须为决策的执行负起责任的人才能作出最明智的决策。假如我们要求由位于这种阶层的人来作决策，就可马上看到决策品质的提升。我们常常在训练决策人员，因此，我们每一个阶层的决策人员素质都比以前好。

"在军官的经历发展过程中，每个人都应该有机会体验在适当的阶层作适当的决策。每一阶层的决策人员都应该了解，他们必须要针对某些事情作决策。了解自己有作决策的责任，最能够让军官们全神贯注，而这种全神贯注的态度，本身又可强化他们的决策能力。

"有一天，我问克里奇将军，当他在担任战术空军司令部司令时，有没有感受到授权所带来的风险。我这样问他，我说：'你将权责下授，不就等于放弃了对事情的控制权吗？你让联队长、中队长及前线督考官作某些重大的决定，难道不会面对很大的风险吗？'

"我想他的回答非常正确。他说：'第一，这样做不是放弃了控制权。'他说他并没有控制决策过程，他控制的是标准与目标。资深人员没有必要去控制过程，要控制的是结果。你透过对目标高标准地掌控来控制结果。其次，他认为将决策阶层向下推至要负责落实决策的督导人员，将会减少出现不当决策的风险。本人对此点深有同感，因为这样的决策人员必能全神贯注，他比较不会受到无关因素的影响，更可能作出正确的决策。如此一来，将可减少风险。

"克里奇将军会提供明确的价值、标准与目标，然后放手让你执行你的工作。依克里奇的方式，你是否能通过考验，全看你自己的表现。他提供机会、指导，并指出你所面对的考验是什么。对将级军官而言，要晋升到三颗星的军阶是非常不容易的事，因为那代表辛勤工作的成果。我了解，在我的工作中，要和其他的四星上将及国防部长等人一起决定由谁来补三星中将的职缺，可能是最困难的一件事。"

布朗将军在麦克乔德（McChord）空军基地干得有声有色，主要是因为他对下属的体恤，换得了他们的全力支持。柯特尼·福特少将说道："我们很感谢他每次主持参谋会议的时间都很短。他很清楚他要求的事是什么，并且在开会中告诉我们，我们的工作就是展开行动，执行他要求的事项。我们尤其感谢的是，他有时愿意承担下属的建议所可能产生的风险。我们的建议不见得全对，但是当他的下属给了他不当的建议时，他有时会在这些下属的长官面前为他们辩护。我想布朗将军的领导统御的特色是，每一个人都乐意去执行他所交办的任务，不论任务的性质是什么。"

曾在布朗将军担任指挥官的新墨西哥州桑迪亚（Sandia）空军基地服役过的阿尔伯特·科克兰（Albert Cochrane）写道："布朗将军在我们的参谋会议中，展现了他那种简要、坚定、讲求实际的领导风格。当时我只是初级军官，但我很喜欢参加参谋会议，因为他坚持会议的讨论层次要让大家都听得懂。他非常重视基本原则。违反了他这个主张的参谋人员都干不久。桑迪亚基地内有少数技术人员在吃尽了苦头后才了解他的风格。"

布朗在桑迪亚基地担任指挥官时也因为善于授权而获益匪浅。霍华德·莱恩（Howard Lane）中将（已退役）曾指出："第二联合特遣部队的人员都是布朗精挑细选的。他把这些人聚集起来，然后发挥他那套了不起的本事，即精确地掌握他对于细部事务应参与到什么程度，以及哪些事务他不应介入。他非常了解自己的脑力有其局限，必须依赖部属的协助，必须能充分信任部属。他有着别人无法真正了解的宏观目标。我无法确定他的上级长官给了他什么样的指示，但他和国防部长有频繁的互动。他给我们原则性的指导方针，然后对我们说：'要发挥想象力。'他不想知道所有的细节，他要的是结果。"

艾德·麦克戈夫（Ed McGough）上校（已退役）表示："我个人认为，他的领导特质中很重要的一点是，他对别人的那种真心的信任。他知道每个人的能力与限制，并深信分派给他们的任务与责任都会在规定的时间内圆满达成。他不会干扰作业或不断地核查工作进度。在今天的政治与军事环境下，要这么做是需要勇气的。他的部属与同事对于他那种信任别人的态度敬佩有加，并作出回报。没有人会想让他失望的。"

莱恩将军在担任空军参谋长时，对细节的事情要求得比布朗还多。例如，他主持的晨会中，会完整地讨论美军在东南亚地区的近距离空中支援任务的状况。每天早上，都有人将详细的相关图表呈送给莱恩、国防部长及参谋长联席会议主席。约瑟夫·威尔逊（Joseph Wilson）中将回忆道："乔治·布朗第一次主持参谋会议时，我仍照以往的方式提报。当我提报到一半时，布朗说：'好了，到此为止。我这一生参加过两次世界大战，而且我才刚刚结束为期一年半的东南亚地区第7空中部队指挥官职务。我不需要了解这些细节内容，那是你（作战部副部长）的工作。假如你有任何问题，可以告诉我。'他让你不受羁绊地去执行你的任务，他不想了解细节。他能一眼就看出问题的症结所在。"

威廉·埃文斯（William Evans）将军指出："布朗曾告诉我，他不想让他的脑子塞满一大堆细微琐事。有一天，当我告诉他许多琐碎的细节时，他正色地跟我说：'比尔，我不想知道那些细节。我知道你说的是什么事。你好好记住那些细节，而我会记住你，也会记得到哪里找你，假如我需要那些背景资料时，我会打电话给你。'"

1970年9月，当时担任系统指挥部指挥官的布朗必须选几个人来担任数项研究计划的主任，而这些人选必须获得国防部长的核准。在布朗麾下的某位将官被布朗指派担任其中一个主任职务。

据他回忆："布朗找了很多人选，准备请部长核定。他对我说：'杰瑞（Jerr），我要你去找西蒙斯（Seamans）博士谈谈。我已选你负责防卫压制计划，在我们去见帕卡德（Packard）部长前，他要与你见个面。'布朗将军对于我要首次晋见部长一事，没有冗长的指示。虽然我有优异的工作记录，但仍然对于自己这么容易、这么直接就被委以重任感到惊讶——布朗对我没有威胁利诱、没有讲条件，也没有冗长的指示。在我们一起渡河前往晋见部长的途中，我对于布朗及他要我负责的研究计划产生了一种强烈的责任感。见了面后，部长似乎很满意，布朗当场就向帕卡德部长宣布我就是该项研究计划的主任。"

布朗将军是越南战场上的资深空军将官，但他从来不会宣称他什么都懂。基冈（Keegan）少将指出："对于自己不了解的领域，他会善加利用参谋的知识。我想，长期而言，以这种方式进行领导与执行复杂的空中作战会比较稳当。因为布朗较欠缺在越南作战的经验，这点有别于其他在越南战场上的资深将官，所以我们要以完全不同的方法来对他进行评估。他将权责下授给参谋的方式与做法和别人不同。他了解分工的重要性，也了解一个人能做的事有其局限，因此不会要求一个人什么事都管，由此营造出一种比较健康的作业环境。或许，这种作业环境的效率不如莫迈耶（Momyer）将军领导下的作业环境，但是我认为这种方式绝对比较健康。"

乔治·布朗非常了解，人是一个部门成功的关键。肯尼斯·托尔曼（Kenneth Tallman，当时为上校）是负责调派空军联队长前往越南战场的"上校派任处"处长。他回忆道："布朗将军在离开华盛顿之前，曾口头上请求我'继续派一些能干的联队长到越南'。他是个重视用人方法的长官，他讲求权责下授，他想找一些他能够信任的人。他知道空军有许多这样的人，但因为他脱离作战指挥职务——也就是战术空军司令部司令职务——已经有一段时间了，所以认识的人不多。而战术空军司令部是东南亚美国空军上校的主要派出单位。因此，他认为我可以在这方面协助他。

"经过我提名的，准备派赴越南工作的上校军官，很少有被布朗将军拒绝的情形。我想这是因为我们先前已有过相关谈话，而且我曾向他保证，我将派最好的，而且最近有在战术空军司令部服务经验的人选给他。

"布朗告诉我，他担任怀特将军的副官时，最大的收获是学到了怀特的领导方法。怀特强调一个领导人要能将真正重要的事与次要的事区分开来，要能将权责下授给部属。由部属执行日常工作，并让指挥官能指导重要任务的执行。布朗的部属向我所作的报告全都指出，他很擅长将重要的事与不重要的事区分开来。他知人善任，常使部属发挥出他们自己都料想不到的潜力。"

会让一个人想额外付出心力的原因，在于他能被交付明确的任务，然后能放手让他去执行这个任务。这就是布朗的行事风格。他将一位能干的人摆在某一重要职位上，让他自由发挥。他不去干扰他，只是定期检查工作进行的状况，并确保这个人能获得相关参谋的协助。他充分信赖部属，部属对此点深感敬佩，并以实际行动加以回报。他们觉得布朗是与他们在一起的，而不是与他们对立的。他的理念是，指挥官若干预细节的事务，将会破坏部属的工作。许多军官谈及布朗权责下授的方式时表示："你会常常感受到要把事情做好的驱动力……你会感受到他的坚决态度……坚决要求你把事情做好的态度……你有一项明确的任务，而他要求你完成这项任务。他的领导主要在于以身作则，但此点并不表示他不会偶尔给你施加压力。但他要求你的方式会让你敬爱他。"

在越南期间，布朗的下属将他对授权的观点归结成他所讲的几句话："你们将负责空中作战，负责相关的计划。假如你们的意见与上级司令部的意见不同时，我会支持你们。"布朗告诉他底下的联队长："假如你们想找我，打电话来；否则，我们就在指挥官会议中见。"布朗从未随身携带"砖块"（一种双向无线电设备的昵称），他常对部属说："我手下有那么多联队长，有那么多助理人员。我们有一个指挥体系。假如它不能发挥功用，我们就麻烦大了。"

这番话点出了授权的真谛。

当某件事必须由布朗作决定时，他的部属大可放心，因为布朗会作出周全的决定。埃文斯将军回忆道："但另一方面，布朗也会将权责下授。你会觉得自己不应该就细节问题向他请示。"然而，布朗有他的基本原则。他曾告诉下属说："不要让我面对突如其来的意外状况。假如你们有问题没办法处理，可以告诉我，我会帮你们解决，不要让我措手不及，我受不了这种事。"

将权责下授给部属可激发他们发挥最佳的工作效能。他们不会让善于授权的领导失望，他们不会糟蹋这样的领导给予他们的信赖。领导了解他们的工作状况，因为他会时时注意工作的进展，但不会受困于细微琐事。

你在军中能晋升到多高的职位依赖你的授权能力如何而定。在一个大单位中，你势必很快就能了解你不可能事必躬亲。你可以试试看，但是以往想这样做的人都落得失败的下场。施瓦茨科夫将军曾告诉我："我在越南当营长时之所以处境艰难，唯一的原因是我手下没有几个部属可以让我放心地将权责下授给他们。当时人才十分缺乏，我们找不到优秀的士官，也找不到优秀的军官。我底下的连长及一干上尉军官在陆军中服役的年资只有一年而已。状况非常糟糕，但你必须想办法，尤其是你必须设法培养出一位能干的部属，将权责下授给他，然后好好倚重他。我能够善用我的参谋，自从我晋升上校后，不论派任什么指挥职务，都能善用我的参谋长。我会善用我的副师长、我的师参谋长或其他参谋人员。我会明确告诉他们各自的责任范围，并期望他们能圆满完成自己的工作。我当指导者，我告诉他们整体性的构想。我会自己先确定相关构想，然后让部属去落实构想，因为假如你不这么做，将注定要失败。"

授权的概念已经载明于陆军的准则中，而且是战斗命令的要素之一。"指挥官应描述他所期望的目标是什么，应以简洁的方法表达他所期望的目标是什么。应以简洁的方法表达作战的目的，并让下两个阶层的人员都能了解。要明确指出任务的目的，这是为所有部属心力集中的唯一焦点。此举不在于概述作战构想，而是在于让部属将注意力集中于期望的目标上。其作用在于使部属专注于必须达成的任务，进而获得成功，即使作战计划与构想已失效也不受影响，并促使他们朝这个目标努力。"

简而言之，指挥官若能有效地对部属说明他对某一次作战的构想，能明确界定作战的目标，或说明应达成哪些重要的任务才能获得胜利，则将使其下属领导军官有机会采取主动以确保作战的成功进行。即使原先的作战计划已经失效，他的下属军官必须能作出调整，并依当时状况执行新的作战计划，且心里非常笃定，深知他们仍在上级指挥官所拟定的计划架构内执行任务。

将权责而非责任下授给部属，显然是必要之举。随着责任的增加，你不可能事必躬亲还能获得优异的成效。但是权责的下授并不只是在减轻领导的工作负荷而已，也是培养下属领导能力的一项重要作为。军中的资深军官有责任培养年轻一辈军官接任未来更高阶层的指挥职务。此外，一位领导最为人称道的作为之一，是将任务下授部属，并放手让他执行。他的部属将因此产生不愿辜负其厚望的心理，并驱使自己全力以赴。

艾森豪威尔将军曾经告诉笔者，要注意一件事："当你对部属进行授权时……你仍必须承担全部的责任，而且必须让他了解这一点。身为领导者,你必须为这位部属的行为负起全部的责任。"此点将在下章中讨论。下一章的主题在于强调你必须设法解决问题，而不要逃避责任。

第9章 设法解决问题，不要逃避责任

设法解决问题，不要逃避责任。

——马歇尔，陆军五星上将

我在采访艾森豪威尔将军时，他说："领导的艺术无他，就是事情出差错时，自己担责任；事情成功了，功劳归别人。"艾森豪威尔终身坚守这个信念。

艾森豪威尔在决定选择1944年6月6日作为进攻法国的攻击发起日一事上，所担负的责任十分重大。当天，他在下达"展开行动"的命令后，坐在一张轻便型桌子旁边，写下了一旦此次任务失败，他将发布的新闻稿："我们的登陆行动失败了……我已下令部队撤回。我是依据现有的最精确情报作出于此时此地发起进攻行动的决定。所有参与的陆、海、空军部队表现得十分英勇与尽责。假如这次进攻有任何错误或过失，由我一个人负全责。"

在我进一步和他讨论这个主题时，他告诉我，他记起了南军的李将军在葛底斯堡（Gettysburg）遭到大败时发表的声明。关于那次战役南军惨败的原因，有各种不同的说法，但李将军只将责任归于自己。他在写给杰弗逊·戴维斯总统的信中说道："不该怪

罪我们的部队未能达成我所期望的目标，也不该责备他们未能符合民众不合理的期望，该负起责任的人只有我一人。"接下来，李将军在1863年8月8日向戴维斯提出辞呈时写道："通常，对于一位无法获得胜利的军事指挥官的处置方式是将他革职……继续留用他将危及未来的胜利。因此，本人诚恳地请求阁下另觅人选取代本人的职务。"

1862年11月5日，林肯总统因为麦克莱伦将军迟迟不应战，且在最后终于投入战斗后，战果又乏善可陈，而解除他的"波托马克军团"（Army of Potomac）指挥官的职务。取代他的是安布罗斯·伯恩赛德（Ambrose Burnside）。这位新任指挥官显然对林肯与其内阁厌恶麦克莱伦迟迟不应战一事作出了过度的反应。他对李将军采取的第一次军事行动是将他统领的12万部队投入夺取弗吉尼弗雷德里克斯堡（Fredericksburg）的作战。此次战役从1862年12月11日展开，持续到12月13日，战况十分惨烈，北军伤亡达1.26万人，南军只伤亡5300人。

数天后，伯恩赛德获悉，有人批评林肯总统不尊重他的意见与判断，强迫他投入弗雷德里克斯堡的争夺战。为消除这个谣言，伯恩赛德要求面见林肯。他告诉林肯总统，他将发表一封公开信，在信中表明他会完全负起北军在弗雷德里克斯堡战败的责任。林肯听了非常欣慰，事实上，他因此松了一口气，欣然接受了伯恩赛德的提议。伯恩赛德成为北军将领中第一位愿意替林肯背负北军作战失败责任的人。

李将军在阿波马托克斯（Appomattox）向格兰特将军投降后，格兰特在他的回忆录中记下了一段当时他们两人的私下谈话："我们两人骑着马在各战线之间巡行。我们很愉快地聊了半个多小时，期间李将军告诉我，南部联邦是个很大的国家，我们可能要攻进南方三四次，才能使战争完全结束，现在我们应该有能力达成这个目标了，因为南军已无力抵抗。然而，他诚恳地表示，希望北军不要造成更严重的生命损失，虽然他无法预测未来战争的结局。我听了之后向他建议，基于他在南部联邦中对士兵及普通民众的影响力无人能及的事实，假如他愿意起来呼吁所有南军部队弃械投降，南军必定会听从他的劝告。但李将军回答说，他在没有先向南部联邦的总统报告之前，不会做出这种事。那时我就知道了，如果想促使他做出违反自己理念的事，将会是徒劳无功的。"

李将军到最后一刻，仍然坚持文人领军的原则。

阿尔伯特·西德尼·约翰斯顿（Albert Sidney Johnston）是南军军官中愿意承担过失的一个鲜明的例子。他手下只有5万名士兵，却要在从东肯塔基经过密西西比河、越过密苏里、一直到印第安领土之间绵延约800公里以上的地区内与北方军队作战，这几乎是项不可能完成的任务。随着战事的进行，他的部队阵亡殆半，田纳西部队所剩无几，而肯塔基部队则全军覆没。他因为如此惨重的损失而被指控愚笨、无能、渎职，甚至叛国。他接受了这些指责，就像他以往接受称赞一样，并毅然决定辞职。他在写给戴维斯总统的辞呈中说道："胜利是考验我事业成败的指标。这是一种严酷的规则，但我认为这样是对的……人民希望打仗就要打胜仗。"结果戴维斯驳回了他的辞呈。

1864年3月，格兰特将军奉命前往华盛顿，并接受晋升中将，在此之前唯一拥有这个军阶的人是华盛顿将军。格兰特一如往常，将他的功劳归给别人，他写信给谢尔曼将军称："我的成就归功于很多人，尤其是你和麦克弗森（McPherson）将军。你们的忠告和建议让我受益匪浅。以你们执行任务的优异表现，你们有资格获得我现在所接受的荣誉，此点我知之甚详。"

在美国内战期间，谢尔曼将军从未接受过任何称赞，不论是该得的或不该得的。在1862年4月6日与7日的夏伊洛之役中，南军部队出其不意地对北军部队发动攻击，几乎造成北军的惨败。当谢尔曼得知战况时，迅速投入战斗并领导部队击退了南军。他对此次胜利毫不居功，反倒恭贺格兰特将军的成就。

当艾森豪威尔的部队向德国境内推进时，希特勒于1944年12月16日不顾众将领的反对，对位于阿登高地的盟军发动奇袭。他为此次奇袭投入了25万名士兵，一时之间让盟军部队不知所措。最后巴顿将军的第3军团及其他部队赶来救援，才使德军的攻势停顿下来。

英国的蒙哥马利将军随即召开记者会，宣称在阿登高地击退德军是他的功劳。他在记者会中的部分言论如下："艾森豪威尔将军指派我负责指挥整个北方战线。我动用了所有英国集团军的所有可用兵力，这支兵力小心翼翼地逐步投入战场，以免干扰了美军的交通线。最后，进入战场的英军开始发威，现在，英国的陆军师正在美国第1军团的右翼与敌人展开激烈战斗。因此，各位可以了解，现在的概况是，英军正在遭受重创的美国部队的两侧进行战斗。这正是一幅盟军并肩作战的美好景象。这场战役非常有意思，我想这可能是我指挥过的最有意思、最诡谲的一场战役，而且也是一场至为重要的战役。我所采取的第一个步骤是阻止敌军进入各险要地点，成功完成这个任务后，接下来我开始驱逐他们……绝对不让他们如愿前往他们想去的地点……就这样，我阻止了敌人，驱逐了敌人。现在，我们正在消灭敌人。"

这番说辞有违事实，蒙哥马利因此受到美国将领的激烈抨击。他并未如自己所宣称的那样，拯救美国士兵脱离灾难。这场战役美军伤亡达7万人，英军只伤亡500人。要追究责任的话，蒙哥马利应该为在德军攻势被阻挡下来后，未对其进行更猛烈的进攻，从而使大部分德军有机会撤退并逃离战场而受到谴责。

布莱德雷将军对于蒙哥马利的不当言论备感愤怒，他在事后告诉艾森豪威尔说："我无法接受蒙哥马利的指挥。假如所有地面部队都要归他指挥的话，你必须把我调回国内。"巴顿将军也有同感，他也不愿意为蒙哥马利效劳。

先前即有许多美军人员对蒙哥马利多有怨言，但蒙哥马利惹得美军将领群情激愤，这可是头一回。由于事态严重，艾森豪威尔告诉丘吉尔，这件事令他非常苦恼。丘吉尔当然了解究竟是怎么一回事，为了化解美军的不满情绪，丘吉尔在英国的下议院演说时，将此次战役的功劳归给美国部队。

第二次世界大战期间领导美国第3军团威震欧洲战场的巴顿将军，向来不会拒绝承担责任。在一般人的印象中，巴顿是一位暴烈的战士，但巴顿本人与别人印象中的他大不相同。约翰·M.迪瓦恩（John M.Devine）将军曾说："他刚当上军长时，我是他的参谋长……我除了曾听过他的大名外，对他一无所知，我想他一定是个很难相处的人。但我很快就发现，他本人和他的名声并不相称。后来我对他既佩服又尊敬。"

这种对巴顿的观感出现改变的情形，并非是不寻常的事。与一般的看法相反，巴顿对他的下属指挥官并不严厉，除非这些指挥官犯了不该犯的错误，或造成了无谓的人员损失。1944年7月底，兰斯福特·E.奥利弗（Lunsford E. Oliver）少将统率的第5装甲师正在诺曼底集结，准备展开行动。奥利弗接到第3军团司令部的命令，要他的部队循着通过圣洛（Saint-Lo）突破点的一条路进入介于锡斯河（Sees）与色伦河（Selune）之间的地区。团部要求他的部队在晚上行动，并告诉他，这条路将只供他的部队使用。

但事实并非如此。这条路上挤满了其他师的部队、各种车辆及补给车队，以致奥利弗的师难以向前推进。奥利弗将军后来写道："我很快接到命令，要我把部队撤离道路，并前往巴顿的指挥所向他报到。我在黑暗与混乱中，很困难地向巴顿的指挥所前进，心中充满不祥之感。我了解我的师所面临的窘况错不在我，但却很担心巴顿会怪罪于我。我也了解，一旦巴顿认为我未能完成任务，则连我们之间的友谊也救不了我。巴顿最终把他的参谋、军长与师长们全都召集起来开会。他在会议开头便说：'我们陷入了一团混乱，这是我的错。我要部队展开行动，但在参谋们未拟妥行动时程的情形下，我便要他们下达行动命令，结果把事情搞得一团糟。现在，我们全都按兵不动，直到我的参谋拟妥行动时程并恢复秩序为止。'"

巴顿和艾森豪威尔一样，都认为指挥官"应担负起失败的责任，不论责任在不在他"。而假如事情进展顺利，一定要将"功劳归给别人，不论他们是否真的有功劳"。他的论点是，一位指挥官若能承担所有过失的责任并将所有功劳归给别人，将能获得部属的更大支持。

布莱德雷有一次以晚宴招待数位高级将领，在这次私下的聚会中，他公开赞扬巴顿统率的第3军团在突出部战役中的优异表现，并特别对巴顿的领导能力赞誉有加。巴顿闻言立即回称："所有的功劳，百分之百应归给第3军团的参谋，特别是赫普·盖伊（Hap Gay）、莫德·米勒（Maud Miller）、尼克松（Nixon）与布施（Busch）等人。"

不只是那些了解巴顿的制胜关键在于他的优异领导能力的军官们会私下对巴顿有所赞扬。其他场合也有人对巴顿大加赞誉，但巴顿都不居功。在突出部战役结束后的记者会中，巴顿也说了同样的话："简单地说，我们初期攻击的目的，在于打击侧翼的那些龟儿子并阻止他们的攻势。这样说起来，好像乔治·巴顿这个人是个伟大的天才。事实上，他（指他自己）根本没什么事可做。他只负责下达命令。创造出这个无与伦比的优异战绩的是军团团部的参谋与前线的部队。"

西奥多·R. 米尔顿（Theodore R. Milton）将军对于一位军官所展现的风格一直感激在心。他说："我认为李梅将军拥有崇高的风格。他认为对的事，就毅然为之，不计毁誉。我还记得 1943 年他为我仗义执言的往事。当年我率领第 8 空中部队的轰炸机出任务，当我们开始对不来梅（Bremen）投弹时，敌方在地面施放烟幕以混淆我们的视线，导致我们的轰炸任务成效不佳，损失了不少轰炸机。由于此次任务成效不佳，加上损失了不少轰炸机，因此军方高层将领前来伦敦召开作战检讨会，而且，很明显地，他们要找代罪羔羊。这次任务不算是惨败，只是成效不佳而已，而且也是我们开始尝试进入德国境内进行轰炸的首波任务之一。总之，检讨会开始后，有一两位军官站起来发言，他们所陈述的作战经过，在场没有人有异议。但我自认为在这次率领轰炸机执行任务的过程中，确实犯了某些错误，而且，我才刚到任不久，所以我站起来认错，并详细说明我犯了哪些错误，并表示我实在不应该犯下这些错误。不知不觉间，与会的所有军官都把注意力集中到我身上来。

"在场的与会人员中，有位李梅上校，他几乎是与会人员中阶级最低的军官，但他看到一群资深军官全都冲着我来，于是站起来发言。他说：'且慢！'然后转过头来对着我说：'米尔顿，假如你所犯的错误就只有你刚刚所说的，那么，你不会有事的。'他说这句话的用意，是在让这群资深军官了解，他们为了找代罪羔羊已经模糊了事情的焦点。李梅上校的发言，使全场安静了下来，资深军官们停止了询问，事实上，检讨会也因此不了了之。其实这件事与李梅上校无关，我与他也不属于同一单位。李梅上校在会场听到大家的说辞后，认为这群人偏离了正确方向，我只不过是犯了普通的错误……我们选错了攻击发起点……地上的烟幕误导了我们……我想这次事件体现出了李梅上校的行事风格。他也有缺点，偶尔会犯错，但对于自己认为对的事，他会坚持到底。
我想他不会修正自己的行为和态度来配合其他人。他是个有主张
的人。"

但是，有时候我们却有必要追究责任。

越战期间，有位名叫罗恩·瑞登豪尔（Ron Ridenour）的美国
士兵于1969年3月29日写信给几位国会议员及美国政府高层官员，
指出美军曾于1968年3月在越南的美莱（My Lai）村犯下了令人
发指的罪行。信中指控，当时美国师第11步兵旅的查理连队屠杀
了许多越南平民，死者主要为老弱妇孺。

当时美国陆军参谋长威廉·C. 威斯特摩兰（William C.
Westmoreland）将军获悉此事后，立即下令进行调查。这个事件
必须要追究责任。威斯特摩兰将军写道："几乎和这件惨剧一样可
悲的是，第11旅及美国师的军官不是掩盖这个事件就是没有对其
进行彻底调查。刑事调查中所发现的证据以及指挥阶层失职的种
种迹象，使得雷瑟尔（Resor）部长和我针对刑事调查的适切性及
是否有掩盖消息的情况非常关切，因此安排了另一次调查。当我
得知尼克松政府中的某些要员想要掩饰指挥系统中可能的疏失时，
我通过某位白宫官员放话称，我将利用身为参谋长联席会议成员
的权力，直接面见总统，向总统抗议。这才制止了政府高层想掩
盖真相的进一步压力。"

威斯特摩兰指派雷·皮尔斯（Ray Peers）中将担任调查委员
会的主席。其原因何在？"因为他在陆军中以处事客观与公平出
名……而且他也曾在越南担任过师长职务，因此非常了解当地的
状况。他从未管辖过广义省境内的任何活动。此外，他是通过参
加加州大学洛杉矶分校的预备军官训练团而进入陆军服役的，因
此不会受到毕业自西点军校的军官之间的那种特殊关系的影响。
皮尔斯调查委员会查出来的证据，被用来对12名军官进行控告，

罪名主要是掩盖消息及未遵守法律规定等失职行为。这12名军官中有前美国步兵师师长卡斯特（Koster）将军，而他在接受此次调查时的职务是美国陆军军官学校校长。他担心此事会影响校誉，因此请求辞去校长职务……像美莱村屠杀事件这么严重的事，相关的负责官员竟然不知道或未能察觉可疑迹象，显然美国步兵师的指挥系统出了问题。"

身为美国步兵师师长的卡斯特将军也曾下令对此事进行调查，但威斯特摩兰将军认为："他所犯的一个基本错误是，指派当事单位的指挥官负责调查工作。"后来，卡斯特将军只受到申诫处分。皮尔斯认为对卡斯特作这样的处分，"是对司法的嘲弄，而且开了一个要不得的先例，陆军将难以洗刷这个污名……我认为这件事应交由适当指派的军事法庭来审判，这样对卡斯特将军、对陆军及国家都最有利"。校级军官都在问，为什么对高级军官的控告都被驳回，而低阶人员却要受到军法审判。

卡斯特的调查结果，导致4位军官及9位士兵遭到控告。最后，其中的两位军官与3位士兵受到了审判。经过审判，除了一位排长外，其余都被判无罪，但这位被判有罪的威廉·卡利（William Cally）中尉被控谋杀100多名平民。1971年3月29日，他被判决"至少谋杀了22人"。最后他被判从陆军退役及终身监禁并服重劳役，但这个判决后来又减轻为20年监禁。在威斯特摩兰将军退伍后，陆军部长又将他的刑期缩减为10年，而这个决定获得了尼克松总统的批准。后来，卡利获得假释。

但是美国步兵师的师长卡斯特将军为此事负起了什么责任呢？在发生这一屠杀事件时，威斯特摩兰将军是越南美国陆军部队的资深司令官。他并没有逃避他是否应负责任的问题，威斯特摩兰自己曾说："假如卡利有罪，他的上级，包括威斯特摩兰，怎么会无罪呢？"

一般民众也对此事感到困扰。《纽约时报》上一篇由麦克瑞特（Bob MacCrate）所写的文章提到："本人对于第 1 军团司令在开始处理其以前单位中的军官遭控告一事之前，就先撤销对卡斯特少将的控告一事，感到非常震惊……他这种做法对陆军造成了严重的伤害。此举显示他未能体会到陆军对一般民众的责任，也未能确认陆军行事应遵守国际法、战争法以及我国宪法原则的重要性。"

众议院军事调查小组委员会的 4 位成员之一的塞缪尔·S. 斯特拉顿（Samuel S. Stratton）议员对陆军的做法给予了更严厉的谴责。他在 1971 年 1 月 29 日的新闻发布会中说道："陆军决定撤销在美莱案中对卡斯特将军的控告一事，依我个人的看法，是军事司法体系的重大过失。由于本案撤销了对该负责任的最高级军官的控告，使得军队隐瞒实情的老问题再度浮现出来。"

1971 年 2 月 4 日，斯特拉顿议员在众议院发表了一篇冗长、牵涉广泛的演讲，在演讲中，他激动地指责陆军对卡斯特案的不当处理。以下为他讲稿的部分内容："在这个重大案件的涉案低阶军官（卡利）正在接受审判的过程中，同一单位的高级军官在没有经过公开审判，甚至都未讨论要对他提出控告的情形下，就贸然撤销对他的控告，这种做法只会严重损害美国陆军及美国的声誉，还会破坏军事司法体系在处理此类攸关国家与国际舆论的案件时的功效。

"撤销这种控告的做法，本身已经非常不当，而且执行这个行为的方式让人觉得是在为军方高层人员以及五角大楼的文职领导人洗脱所有的责任。"

皮尔斯将军的结论是："我实在无法相信西曼（Seaman）将军是在没有受到五角大楼的影响下，自行决定要撤销对卡斯特将军的控告的。或许反过来说，才是真实的状况。一定是五角大楼决定在卡斯特将军的部属正在被依更严重的罪名审判时，让他能置身事外，因为他们担心若媒体公开报道卡斯特遭到控告的情形以及他对自己的部队的管理糟糕到什么地步，则将对陆军的形象造成极大破坏。"

整个调查过程中，彻底检视了威斯特摩兰将军是否有罪，最后的结果判定他无罪。当然，此举绝对不是在为威斯特摩兰将军"脱罪"。我们只要详细阅读皮尔斯将军的调查报告就可以了解，他很努力找出事情的真相，并确定这位当时的陆军参谋长并没有偏袒部属的行为。在卡利的案子中，追究责任的重要性在于确保此类事件永远不会再发生。

一个军官在与媒体打交道时，最能够考验他的风格。1987年春天，美国和伊朗之间关系紧张，伊朗人威胁要在波斯湾布雷，而且还真的说到做到了。美国面对威胁的作为之一是让途经波斯湾水域的船舶改悬美国的旗帜，如此一来，这些船舶被水雷损坏就等于伊朗对美国进行了攻击。

海军上将克劳指出："科威特的'雷卡号'（Rekkab）油轮改名为'布里奇顿号'（Bridgeton）。不幸的事发生了，这艘油轮碰触了一枚系留水雷。这一事件代表伊朗已经决定以行动来对美国进行挑衅。所幸，此次事件中无人受伤，而且这艘油轮还可以航行。然而，假如触雷的是美国海军的护航驱逐舰，则我们可能损失这艘军舰，并造成严重的伤亡。美国媒体对'布里奇顿号'触雷事件大加挞伐。其原因何在？因为我们在对油轮实施护航前没有先派出扫雷舰……我们对船前方水域的巡逻工作不够彻底……我对这些事实无话可说……媒体对此事的抨击似乎也没有平息的迹象……有一天，我告诉温伯格，假如他允许的话，我有办法让媒体不再对这个事件穷追猛打。温伯格问道：'你要怎么做？'我说：'我打算告诉他们，"布里奇顿号"之所以触雷，是因为我们犯了错,而犯错的人就是我。我们在该处水域应该部署更多扫雷舰,而且我们应该更详细地分析当时所获得的情报。'温伯格的脸涨得通红,激动地说:'千万不要那么做。你绝对、绝对不能承认自己犯了错,否则他们会整得你苦不堪言!'我说:'好吧。'因此,我并没有对媒体提起此事。"

但是三个星期后,克劳前往圣地亚哥演讲。在演讲结束后,有位当地的记者站起来,咄咄逼人地针对"布里奇顿号"触雷事件,提出了一长串问题。很明显,此举是故意要让克劳难堪。此时,克劳不再听从温伯格的劝告了,他决定承担起责任。他说道:"好吧,让我对这件事作个了结。当时我们都很嫩,要学的东西太多了。我个人犯了错,所以'布里奇顿号'触了雷。"

克劳后来在接受我采访时说:"这位《圣地亚哥论坛报》(San Diego Tribune)的记者以怪异的表情看着我。他可能从来没听过有人这样回答他的问题。他坐下来,不再多言。事后他把我说的话刊登出来,从此以后,媒体再也不提'布里奇顿号'触雷的事了。通常,诚实的确是最佳对策。我永远记得史迪威将军在缅甸打了败仗后的讲话。他最后历经千辛万苦走出丛林抵达印度,这段经历本身就很了不起。他在印度举行记者会时,记者问道:'发生了什么事?'史迪威说:'我们遭到了敌人的痛击。'媒体非常喜欢史迪威的坦诚应对。简单地说出'我错了',胜过千言万语。

"当然,犯了错的人必须承担起自己的责任。他不能说:'这件事错在总统。'他不能把每一个人都拉进来和他一起受过。他甚至都不应说出'我们'这个字。他应该说:'我犯了错,此事与其他人无关。'这是犯了错后,面对问题的正确方法。但是,我们只能偶尔使用这个方法,否则要不了多久,就会有人质问道,这个人除了不断犯错,还能干什么事?"

有关高级将领公开认错的最近的例子,是施瓦茨科夫在海湾战争期间做的一件事。当时五角大楼的新闻处长要求施瓦茨科夫为随着国防部长前来战地的记者们举行一场记者会。他回答说："那是不可能的事，我和钱尼部长及鲍威尔将军在一起可有得忙的。"结果，折中的办法是，由施瓦茨科夫指派一位"有权代表他"的人来参加记者会。施瓦茨科夫选了卡尔·沃勒（Cal Waller）中将来代替他参加记者会，而沃勒中将调到海湾战区才一个月的时间。沃勒在记者会中捅出了大纰漏。他在回答某位记者有关中央司令部战备状况的问题时，为了表示军方乐于满足人民知情的权利，竟然公开告诉这群记者，美军的地面部队可能在2月中旬之前都不能充分具备发动攻击的能力。麻烦的是，这个说法与总统的立场相抵触。总统希望在美国给伊拉克定下撤兵期限之前，能对伊拉克施加压力。

事后，施瓦茨科夫非常担心沃勒会受到处分。他回忆道：

沃勒知道自己搞砸了，第二天一大早就跑来告诉我事情的经过。当时我觉得是我陷他于不义，我非常担心他会受到处罚。在"沙漠之盾"作战初期阶段，钱尼部长就曾因为空军参谋长麦克·杜根（Mike Dugan）上将对记者泄露了军事机密而将他革职。因此，当钱尼部长与鲍威尔将军1小时后抵达司令部时，我把他们两人请进了我的办公室。

我对他们说："沃勒将军为自己说错话而感到非常难过。但该为这件事负责的人是我，因为他才刚调来本战区，我就要他去参加那次的记者会。"

出乎我的意料，钱尼部长与鲍威尔将军都表示，他们并不是非常在意沃勒将军在记者会中的言论。钱尼部长甚至还开玩笑说："对敌人释放出混乱的讯息，不见得是件坏事。"

在海湾战争期间担任参谋长联席会议主席的鲍威尔将军也有勇于承担责任的美德。随着联军将伊拉克部队逐出科威特的作战行动发起日的迫近，是否要对伊拉克的生物武器生产设施进行轰炸，成了必须尽快加以决定的事。相当于美国参谋长联席会议主席的英国大卫·克雷格（David Craig）爵士对这个问题颇为忧心，在未作决定之前，他曾对鲍威尔说："作这个决定的风险很大，对不？"

鲍威尔点头同意，接着他说："进行轰炸行动可能摧　致病的生物战剂。但是，也可能因此释放出致命的病菌。"鲍威尔将军担心这次轰炸行动可能会危害平民以及所有军事部队的安全。联军了解这个行动的严重性，也了解一旦伊拉克借机展开生物战，我们将无法以牙还牙，因为联军组成国均签署了禁止生物战的条约。鲍威尔最后决定进行轰炸，他说："关于对生物武器工厂设施进行轰炸可能变成是在散布灾难而非防止灾难一事，我告诉克雷格爵士说：'假如轰炸所造成的尘埃向南飘移，就怪罪我吧。'"

我采访过的所有军种的参谋长与历任参谋长联席会议主席都一致认同艾森豪威尔的那句名言："事情出差错时，自己担责任；事情成功了，功劳归别人。"本人某次在采访大卫·琼斯将军时，他曾说："假如你不在乎谁会居功，则你将无往不利。事后静下心来回想一下自己的功劳即可。我向来不欣赏那种不请自来，只为了向我陈述他功劳的人。那些想要蒙骗我的人，我一眼就能看穿他们，我是不会信赖这种人的。"

沙里卡什维利将军在接受我采访时曾说："我想，最悲哀的事是看到一位能力很强的人，本来前途不可限量，却因为老是在烦恼怎样邀功，而导致一事无成。"

前空军参谋长罗纳德·福格尔曼（Ronald Fogleman）的人格特别值得我们敬佩。1996年，沙特阿拉伯境内的某处美军营房遭到炸弹袭击，造成19位美国空军人员死亡。国防部长科恩坚持要该基地的空军准将指挥官接受处分，因为他未做好安全防护工作。但福格尔曼将军反对把这位准将当作代罪羔羊，因此，他在上将任期未满之前，提前办理了退伍。理查德·J.纽曼（Richard J. Newman）在《美国新闻与世界报道》（*U.S. News & World Report*）上撰文评论道："福格尔曼的离职是在表达一种比他为自己所认定的理念作辩护更具深意、更具爱国精神的原则：即军人服从文人领导的重要性。在当今军方对国家大事的影响力日增，已经开始令人忧心军方的行事逾越了权限时，他却能以实际行动来强化文人领军的观念。历史学家理查德·康恩（Richard Kohn）表示，最近军中的将领'比较有意愿玩政治游戏'，把他们的触角伸进了预算、安全策略及其他的重要事务中。"

　　最后还有一点可用于强调承担责任的重要性：即艾森豪威尔能获得辉煌的军事成就，其中一项要素就在于他对本身职务的政治方面所持有的理念。1943年12月，艾森豪威尔在卡萨布兰卡与罗斯福总统讨论他处理达尔朗事件的情形时，曾告诉罗斯福总统："我认为一位战区指挥官可以自行处理此类事情，用不着把问题回给本国政府，然后等待政府的批示。假如一位将军犯了错，我们可以谴责他，革他的职。但是一个政府不能谴责自己，不能革自己的职——在战时，无论如何，这样做是行不通的。"换句话说，就是假如一位将军犯了错，要"下台"的人就是他自己，这是干军人这一行所要面对的现实。

　　格兰特将军也有相同的看法："在战时，身为陆军与海军最高统帅的总统须负责选派作战指挥官。他不应该在选派指挥官的过程中感到为难。一旦被选为指挥官，我的责任即在于尽全力做好分内的工作。假如我钻营职务或透过个人与政治影响力谋取职位，那么我会心虚，不敢执行自己构思的计划，而很可能会等待远处的上级长官的直接命令。靠钻营或政治影响力而谋得重要指挥职位的人，注定要失败。必须要有人为他们的失败负起责任。

"虽然林肯总统与哈勒克（Halleck）将军承受了巨大的压力，但他们却一直支持我到战争结束为止。我从未与林肯见过面，但他对我的支持无所不在。"

愿意承担过失，是领导特质的要素之一。迪瓦恩少将提到的巴顿讲的那句"我们陷入了一团混乱，这是我的错"，可说是道尽了承担责任的重要性。而迪瓦恩因此"对巴顿既佩服又尊敬"，则充分显示了这种领导特质所发挥的影响力。

第10章 风格的回顾

美国内战之前的格兰特将军

在内战前，格兰特可说是诸事不顺。在驻守旧金山期间，由于军中待遇微薄，为了贴补生活，他干过各种副业。如卖冰；收购牛、猪及马匹，转卖给移民；种植马铃薯；放款供商店周转；开台球店。不过，所有这些生意都以失败收场。

格兰特被派驻于旧金山附近的洪堡（Fort Humboldt）时，孤家寡人一个，寂寞得发慌，因而开始酗酒。某位帮他写传记的作家曾透露了他这段悲惨的岁月："忧郁、沉默、沮丧，对周遭的事物漠不关心，他异常孤独，是个出了名的酒鬼。

"或许喝酒给他带来了勇气，他决定最后一搏，在旧金山开了一家台球店，但因经营不善而关闭。他又开始酗酒。假如当时布坎南（Buchanan）中校对他有好感的话，他的下场可能会好一点。但当格兰特带着一身酒气去执行他的发饷工作时，布坎南要求他先写好辞呈，并告诉他，假如他再次酗酒，就要他在辞呈上签字。

"这下子，格兰特暂时克制住了酒瘾。不久后，他参加了一次派对，某位军官的妻子怂恿他浅尝一下鸡尾酒，他因此不客气地喝了起来。第二天，整个单位的人都知道他喝得烂醉如泥，而且，当他们看到格兰特步履蹒跚地走过阴沉的校阅场前往布坎南的办公室时，都知道接下来要发生什么事。布坎南把那份写好的辞呈拿出来，问格兰特知不知道现在他应该做什么事。格兰特就这样在辞呈上签了字，当天是1854年4月11日。格兰特在穿了15年军服后，恢复了平民的身份。

"格兰特在离开军队后，曾试过务农，但也以失败收场。他甚至沦落到在街上贩卖木材为生。1858—1859年间的冬季里，他把家搬到圣路易斯，和妻子的某位堂兄哈利·波格斯（Harry Boggs）合伙从事收租的行业。这个行业很麻烦，并不适合他。而且，他和波格斯经常吵架。"

这位传记作家写道："格兰特37岁时，回想自己的所作所为，不得不承认自己是个失败者。他年少时购置马匹拙于讲价；成年后，仍然不善于从事马铃薯的批货或收取租金的工作。对他而言，他的前半生充满羞辱。"

为什么格兰特前半生穷困潦倒，后来却成为了一位勋业彪炳的军事将领？答案在于他的风格。我在向施瓦茨科夫将军问起这个问题时，他的回答令我会心一笑。他说："要我去卖木材、务农、当店员、收账，我也一样干不来。"

谢尔曼将军与格兰特将军：风格与职业的和谐一致

布鲁斯·卡顿（Bruce Catton）在他那本有关北军的经典之作《波托马克军团》（*The Army of the Potomac*）一书中提到："这个军团的将领，不论是人才或是庸才，都非常嫉妒别人的声望与地位。"他指出，北军将领之间存在的问题很明显地反映出一个事实，即他们风格上的缺陷损害了他们的能力。这本书中充斥着北军将领之间相互敌视的谈话："对麦克莱伦而言，有关波普（Pope）将军指挥波托马克军团时多有疏失与玩忽职守的指控，是确有其事的。对他而言，不论是以一般人的身份还是以军人的身份衡量，波普将军都不值得尊敬……"。而"塞缪尔·斯特吉斯（Samuel Sturgis）少将一次与赫尔曼·郝伯特（Herman Haupt）上校开会讨论铁道所有权与火车时程争议问题时，曾对郝伯特上校说：'我把波普将军看得比粪土都不如。'"布鲁斯·卡顿在论及北军的士气时指出："争吵与纠纷不断，损耗了波托马克军团的力量。"他还提到，人称"战斗乔伊"（Fighting Joe）的胡克（Hooker）少将"跟所有的上司都处不来"。在谈到菲利普·奇尔尼（Phillip Kearny）将军时，他写道："他痛恨麦克莱伦与波普……"。在谈到菲茨·约翰·波特（Fitz John Porter）对波普将军的态度时，他写道："波特对波普将军只有鄙视而已，他用言语和文字来表达对波普将军的不屑，这件事后来造成了悲惨的后果。"谈到约翰·哈契（John Hutch）少将时，他写道："哈契和波普将军之间有许多过节，他恨死了波普将军……波普将军曾对他厉声斥责、解除他的指挥权、将他降级，哈契认为他受到了不公平的待遇。现在，他逮到机会可以报一箭之仇。"

　　有关北军将领之间相互嫉妒的报道可说不胜枚举。但此点并不表示北弗吉尼亚军团的将领会有所不同。不过，李将军靠他的风格及领导能力，得以在大部分的问题浮现出来时立即加以解决。

　　然而，北军中的格兰特将军与谢尔曼将军之间的关系却是一种异数。他们两个彼此十分友善，依我所见，他们之间的和谐关系是基于两人的风格。当格兰特被李将军困在弗吉尼亚时，谢尔曼正因为攻进佐治亚而获得热烈的喝彩。他攻克亚特兰大一事，是林肯于1864年的选举中能力挽狂澜，免于落败的因素之一。由于这段期间，格兰特的战绩乏善可陈，而谢尔曼则屡传捷报，因此华盛顿的政治人物们莫不热烈地讨论要让谢尔曼晋升中将。但他本人完全没有牵涉到这件事中，他并非好大喜功的人。他后来还采取行动反对这个构想，这充分显现出他的崇高风格。1865年1月22日，谢尔曼写信给他的弟弟约翰·谢尔曼（当时为俄亥俄州选出的参议员）："我写这封信是想告诉你，我认为再晋升一位中将或设置上将军衔都是不恰当的事，让相关法律维持现状就好。我不会接受晋升，这个做法只会在我和格兰特将军之间制造对立。我希望他能获得他应有的荣耀。"接下来，谢尔曼的无私精神显露无遗，他写道："我已经获得自己希望得到的军衔……至于是少将还是元帅对我来说没有什么区别……我曾经指挥过10万部队投入战斗及远征行军，且均获得了优异成效，没有出现混乱状况，这点已足以让我感到荣耀。现在，我只想平静过日子……"

谢尔曼还为了此事直接写信给格兰特将军。他在信中写道："有人告诉我，国会考虑要通过一项法案让我晋升中将。我曾写信给我的弟弟约翰·谢尔曼议员，请他阻止这件事……现在你我相知甚深，但却有一群好事者想分化我们，真是胡闹……我将坚定地拒绝意在分化我们两人的晋升机会……我怀疑是否有国会议员能真正了解，在这个追求欲望与野心的行业里，你我是正直的人。我觉得他们全都不了解这一点。从今天起，我将逐步将我的地位与影响力交给更能善用这些权力的人。我最近的成功所造成的轰动很快就会销声匿迹，而被事情新的发展所取代。"

谢尔曼很了解华盛顿的官僚体系，因此当他得知格兰特被召至华盛顿，将由林肯授予中将军衔及联邦军（北军）总司令职务时，心中颇为担忧。他在写给他的弟弟，参议员约翰的信中提到："请你尽可能给予格兰特所需的支持。他将经历被人奉承这个令人讨厌与危险的过程……格兰特是位难得的优秀领导者。他诚实、人格高尚、目标专一，并且没有争夺内政权力的欲望。比起军事天分，他的风格更能化解各军团之间的不和，有效维系军队的团结。"

1865 年 2 月 7 日，格兰特写给谢尔曼的一封信进一步显示了他们两人之间水乳交融的情谊。他在信中写道："对于你的晋升，没有人会比我更高兴。假如我们两人互调职位，我成为你的下属，也丝毫不会改变我们两人的关系。我依然会竭尽所能维持这种良好关系。"

嫉妒成性的哈勒克少将则有极卑劣的表现。在维克堡之役后，身为资深军官的哈勒克指派格兰特担任他的"副司令官"，事实上，这是个无所事事的职位。也就是说，格兰特完全被架空了。哈勒克对他不理不睬，不分派任务给他。哈勒克底下的一群谄媚的将官对格兰特投以轻蔑的眼光，并散布伤害他的不实言论，这些言论经媒体加以传播，在部队中的流传甚广。格兰特深受其害，但却保持沉默。而北军的将领中，谢尔曼是个异数。虽然在格兰特前途黯淡之际，他正官运亨通，但他对格兰特仍然忠心不二，此点颇为特殊。假如谢尔曼只顾钻营功名，他大可好好利用这个时机，但他没这么做。

格兰特后来变得非常丧气，使得哈勒克差点就达到了他的目的——逼退最令他感到嫉妒的人。格兰特曾考虑向上级请求准许他返回故乡，而事实上，此举可能就代表了他辞职。谢尔曼得知格兰特有此念头后，立即策马飞奔到格兰特的营区，向他问个究竟。格兰特回答道："谢尔曼，你了解我现在的状况，我想尽量忍耐，但如今已经忍无可忍。"谢尔曼问他是否有生涯规划，格兰特答称："完全没有。"他们两人在经过一番长谈后，谢尔曼劝服了格兰特。格兰特同意重新考虑这件事情。所幸格兰特留下来了，我们才能在历史记载中看到他后来在军事方面的丰功伟业。这两位伟大的军事领导人之间的深厚情谊传为美谈，而谢尔曼的崇高风格是促成这个美好关系的关键。

李将军与杰克逊将军：风格与职业的和谐一致

1861年，南部联邦军队的初期编组期间，李将军就展现了他的高尚风格。当弗吉尼亚大会召开时，会议中提出了南军军官晋升名单，李将军排在许多已经任官的军官之后。南方联邦的副总统史蒂芬斯（Stephens）担心李将军会因此不高兴或受人鄙视，他便去找李将军说明。事后，他回想李将军的反应，说道："他马上表示，他个人的利益绝对不能影响到整个国家的利益，而且，他愿意接受任何职位——甚至当一名士兵都无所谓——只要能在这个职位上对国家作出最大贡献。而且，他的军衔问题不应该阻碍到军队的理想组成……他绝对不是那种以直接或间接的方法，为自己谋求职位的人。"

李将军胆识过人，而且在整个内战中一直都保持着乐观的态度，他从来没有神情激动的时候。在整个内战中，他和杰克逊将军之间从未有过任何问题或摩擦。在他们两人的交往过程中，从来没有任何事件让李将军感到困扰过。杰克逊在河谷会战（Valley Campaign）中大获全胜一事，是军事史上大家最喜欢研究的案例。杰克逊反对与比南军人数多的部队进行战斗。对于南军而言，这次的胜利来得正是时候。他们为之兴奋异常，简直可以说是欣喜若狂——南部联邦因此争取到了民心。接下来，杰克逊在奇克哈默尼（Chickahominy）对麦克莱伦的右翼展开攻击，再度获得胜利。他将部队向北推进，在雪松山（Cedar Mountain）击溃北军部队，然后率领部队攻击正向马纳萨斯（Manassas）移动的波普将军部队的后方，把北军阻挡下来，等待李将军的部队前来支援，接着，他在随后的战斗中扮演了重要的角色。当李将军的部队进入马里兰时，杰克逊夺取了位于哈伯斯渡口（Harper's Ferry）的北军军械库。接着他和李将军在夏普斯堡（Sharpsburg）会师，使得南军因此未被击溃，和北军形成拉锯态势。接下来，杰克逊又在钱斯勒斯维尔（Chancellorsville）大获全胜。

在整个作战过程中，对于杰克逊所受到的赞誉、南方人对他的崇敬，及北军将领对他的敬重等，李将军从未表现出一丝嫉妒之心。李将军对于杰克逊所受到的赞誉，总是真心替他感到高兴。甚至连别人称赞他时，尤其是在钱斯勒斯维尔战役后，李将军总是把功劳归给杰克逊。

杰克逊则对李将军敬爱有加。李将军有什么特质会让杰克逊这么敬爱他呢？我们想想杰克逊的风格就会了解，显然是因为李将军不但是位精于军事战略与战术的军人，而且还是位善良且有虔诚宗教信仰的人。在内战初期，李将军曾受到不少批评。而若有人在杰克逊面前批评李将军，杰克逊会立即不客气地加以反驳。某次，有位军中同僚批评李将军反应"迟钝"。杰克逊即刻加以斥责，并说道："李将军一点儿也不迟钝，没有人能了解李将军所肩负的沉重责任。他是我们的总司令，他深切了解，我们的军队若被歼灭了，就再也无法加以补充。李将军绝对不迟钝！或许有些人对我印象不错，所以很重视我的观点，我要说，假如你们再听到有人批评李将军，拜托你们挺身反驳他们。我认识李将军已经25年了，他为人谨慎，他也应该如此，但他不迟钝。他是个天才，他是唯一让我会死心塌地追随的长官。"

显然，杰克逊对李将军的领导才能有很高的评价。李将军给他的建议都是最适当可行的，杰克逊总是满心欢喜地接受李将军提出的意见。他对李将军只有崇敬与佩服，从来不会和他意见相左，唯一的例外是他在钱斯勒斯维尔战役后接到李将军的贺函时。李将军在信中将这场战役的胜利归功于他，对此，杰克逊反驳道："李将军很够意思，但是他应将荣耀归给上帝。"

李将军对于杰克逊给予他的敬爱也有所回报，较之其他军官，他和杰克逊经常交换意见，而且他也最信任杰克逊。他们两人之间没有谁是长官谁是下属的问题。

　　李将军对杰克逊的信任程度，可从一件小事情看出来。在弗雷德里克斯堡战役时，李将军对他的传令参谋军官说："告诉杰克逊将军，关于如何对付敌人一事，他知道的和我一样多。"一位下属对其领导最感激的一点，莫过于他的领导赋予他任务，然后放手让他去执行。

　　在钱斯勒斯维尔战役中，胡克少将的部队威胁要歼灭北弗吉尼亚军团。面对这个威胁，有人提议应考虑撤退。杰克逊听到这个提议后，怒斥道："没有这种事。我们不撤退，我们要痛击敌人。"

　　杰克逊受到他的参谋及士兵们的尊敬，但却不见得受到他们的爱戴。杰克逊深信军事教育的重要性，但他认为当一位将军必须具备判断能力、胆识及风格的力量。没有人怀疑杰克逊具备了风格的力量。某位从杰克逊的部队中逃离出来的士兵所说的一番话，充分道出了杰克逊的领导风格。当时每一位南军士兵都知道北军的作战物资是很充足的。一位南军的士兵因为受不了长时期的作战而逃离部队，当北军部队靠近他时，他马上向北军投降。当他看到北军所拥有的充足物资时，不禁惊叹道："你们就像驮货的骡子，而我们却像赛马。老杰克逊只发给我们每人一支步枪、100发子弹，及一条毡子，而且他还把我们逼得快累死了。"

艾森豪威尔将军：盟军领导阶层所面对的挑战

　　对艾森豪威尔将军的风格的最佳证明，或许是他对曾在阿拉曼（Alamein）战役中获胜的英国陆军元帅蒙哥马利的忍让。对某些人而言，蒙哥马利是第二次世界大战中的杰出将领，但对另外一些人而言，他却是个自负、傲慢、爱出风头的军官。自以为其身为领导人、战略家与战术家所作的判断，优于其他所有军官，不论是美国军官或英国军官。在盟军统帅的人选尚未决定前，他就已经是个麻烦的人物了，在统帅人选最后决定由美国人而非英国人担任后，他变得更加难以相处。

原本被选为盟军最高统帅的英国陆军元帅艾伦·布鲁克爵士于1944年5月15日在他的日记中写道："我对艾森豪威尔的主要印象是，在思想、计划、力量或方针等方面，他并非是一个真正的领导者。他只不过是一位协调者，一位交际家，一位倡议盟军内部合作的人，而就这些方面而言，很少有人能比得上他。"后来布鲁克爵士在回想他对艾森豪威尔的评语时说："假如现在有人要我检讨那天晚上对艾森豪威尔的评论的话，基于他后来的表现，我仍要一字不变地重复上次的那段评语。他是位处理盟国关系的高手，他为人公正，赢得了所有国家的信赖。他有迷人的个性，而且是善于进行协调的人，但并不是一位真正的指挥官。"

在整个第二次世界大战期间，蒙哥马利不断以行动及言语来羞辱艾森豪威尔，但艾森豪威尔为了盟国的团结，对他百般忍让，这充分显示了艾森豪威尔的风格力量。对于盟军的战略问题，美国与英国一直存在分歧。有关此点，有件事特别能显现艾森豪威尔的崇高风格。在1944年6月6日成功进行了诺曼底登陆后，蒙哥马利认为盟军应展开单一的集中攻势，这个构想被称为"蒙哥马利单一攻势构想"（Montgomery's single thrust idea）。艾森豪威尔不赞成这个构想。虽然最后蒙哥马利被剥夺了掌控盟军战略的权力，但自此之后，蒙哥马利借由一连串的事件来挑战艾森豪威尔的职权。

艾森豪威尔有关战略的决定获得了马歇尔将军的强力支持，但蒙哥马利却批评艾森豪威尔"完全与陆上作战脱节"，并要求和他面对面讨论战略问题。艾森豪威尔同意在他的总部与蒙哥马利

　　见面，但蒙哥马利因为"很忙"而且自视甚高，坚持让艾森豪威尔前往见他。这是个非常傲慢无礼的要求，虽然艾森豪威尔因膝盖受伤而剧痛难忍，但为了盟国的团结，他仍然于1944年9月10日飞往布鲁塞尔与蒙哥马利见面。由于他膝盖的伤势非常严重，使得他根本无法离开飞机，因此，两人只得在飞机内进行讨论。

　　更过分的是，蒙哥马利还要求在进行讨论时，艾森豪威尔的参谋长史密斯不得在场，但他的参谋长则应该出席。为了和谐起见，艾森豪威尔同意了这个要求。在讨论期间，蒙哥马利对艾森豪威尔的战略加以批评与嘲笑。蒙哥马利麾下的情报副处长比尔·威尔寇斯（Bill Wilkows）准将说道："艾森豪威尔的忍让，使得蒙哥马利得寸进尺。"蒙哥马利态度恶劣，艾森豪威尔不得不告诉他："蒙蒂，冷静点！我是你的上级，你不可以这样对我讲话。"

　　蒙哥马利提出了一项代号为"市场花园"的作战计划。这个充满想象力的计划是派英国第1空降师与美国第82及第101空降师前往夺取莱茵河至阿纳姆（Arnhem）之间的桥头堡，以控制这个"打开通往德国心脏地带的门户"。虽然艾森豪威尔对这个作战构想不以为然，但该构想有成功的可能性，因此，他还是同意展开这个作战。

　　结果此次作战成了不折不扣的大灾难，英国的空降师几乎全军覆没，美国的两个空降师也伤亡惨重。艾森豪威尔对于自己先前同意了这个作战计划一事颇感懊恼，说道："这次作战的结果可以证明，所谓'单一的浴血攻势直取柏林'的构想是愚不可及的。"但生性傲慢的蒙哥马利非但没有承认自己犯了错，还指责说这次作战的失败是因为艾森豪威尔未能适当地提供作战所需的空中兵力、部队及其他支援。

　　传记作家诺曼·吉尔伯（Norman Gelb）对于这次作战的概要评述或许最为中肯，他说："'市场花园'作战不只是一次拙劣的作战行动，它还使得盟军指挥官一下子从幻想中回到了现实。想迅速打败希特勒的希望已经破灭，因为他们发现盟军已错失良机，敌人已从诺曼底的溃败中恢复战斗力，已经不再陷于一团混乱中。布鲁克爵士非常痛心，他认为艾森豪威尔未能掌握住迅速终止战争的大好机会，未能依照蒙哥马利的建议将盟军兵力集中起来发动攻势，却只想以分散的兵力及广阔的前线向前推进。然而，蒙哥马利在稍后的作战中又犯下另一个重大错误，使得战争时间的拉长成为了不可避免的事。"

在阿纳姆的作战失利后，艾森豪威尔于 1944 年 9 月 20 日召集了资深将领到同盟国远征军最高司令部开会，以研拟击溃德国的最佳战略。布莱德雷、巴顿与霍奇斯（Hodges）等人都出席了，只有蒙哥马利为了让艾森豪威尔难堪而故意缺席，只派了他的参谋长弗朗西斯·德·吉因刚（Francis De Guingand）少将代表他出席。会议结束后，艾森豪威尔写了一封信给蒙哥马利，信中提到："我对于全体资深将领无法互相保持密切联系一事深感遗憾，因为我发现，只要我们能够聚首一堂，坦诚地共同研究各种问题，通常都可以找出确切的答案。"

蒙哥马利在他的"单一攻势"战略未被采纳后，曾放话说，艾森豪威尔"与战场的现况完全脱节，而且根本不了解如何与德国人作战"。1944 年 10 月 8 日，当马歇尔将军前往他的总部视察时，蒙哥马利趁机打艾森豪威尔的小报告。他告诉马歇尔："同盟国的作战缺乏方向、缺乏管制。事实上，我们的作战既不协调也不连贯，简直可以说是一团乱。"

蒙哥马利犯了一个错误，因为马歇尔对蒙哥马利在北非战场表现的领导能力并不以为然，当然，对他的部队在诺曼底登陆作战中的表现也没什么好印象。马歇尔虽然认为艾森豪威尔对蒙哥马利太纵容，但他自己也克制住没对蒙哥马利多说什么。他事后说道:"当时我要克制自己不生气还真是很困难,因为他说的话根本不合逻辑,只突显了他的刚愎自用。"

然而,蒙哥马利还没个完。他傲慢地写了一封信给艾森豪威尔的参谋长,要他告诉艾森豪威尔"西欧地区同盟国部队的指挥编组有问题",并称艾森豪威尔不适合指挥作战。蒙哥马利希望同盟国部队由一位陆上作战司令来领导——当然,这个司令人选就是他自己。

艾森豪威尔觉得蒙哥马利简直欺人太甚。他第一次开始反击,甚至还质疑了蒙哥马利在法国的表现。艾森豪威尔告诉蒙哥马利,原先要他夺取鲁尔河(Ruhr)的任务,将改派布莱德雷执行,而他负责支援布莱德雷作战。最重要的一点是,艾森豪威尔郑重地告诉蒙哥马利,假如他的表现不理想,"则为了确保未来的作战效率,我们将迅速作出必要的处置"。艾森豪威尔警告蒙哥马利,假如他认为蒙哥马利的作为"危及了作战的顺利进行,则我们有责任将此事交付上级权责单位,由其选择适当的方式加以处理,不论这个方式多么激烈"。

如此一来,艾森豪威尔终于暂时制住了蒙哥马利。蒙哥马利心知肚明,假如他和联合参谋长们闹开了,倒霉的是他自己。因此,他对艾森豪威尔的强势要求作出了回应,他说:"你再也不会听到我谈起有关指挥权的问题了。"他在写给艾森豪威尔的信中,将他的意思表达得更明确:"我已经向你表达过我的意见,而你也已经给出了你的答案,事情就此告一段落。我和第21集团军总部的所有人员将百分之百地遵照你的命令行事,竭尽所能克服困难,心中绝不犹疑。"他还在信上署名"你的忠诚部属蒙蒂"。

事情后来的发展显示,蒙哥马利是个伪君子。因为在11月他就写信给布鲁克爵士,指称同盟国的作战指挥体系延长了战争的时间,而艾森豪威尔的命令"与作战的实际需求没有关联",并称艾森豪威尔选择"直接指挥一场规模异常庞大的作战，但却不知道应该怎么做"。最后，他加了一句，"我想，我们正陷入危险的境地中"。

蒙哥马利的行为，加上他对媒体泄露不实的消息，造成英国的报纸登出了艾森豪威尔担任最高统帅的职务已经力不从心的消息。布鲁克爵士甚至将此事反映给了丘吉尔，丘吉尔接着向罗斯福抱怨艾森豪威尔的不适任，但罗斯福却告诉丘吉尔，他对艾森豪威尔有十足的信心。蒙哥马利见状，只好故作谦卑地写信给布鲁克爵士说："艾森豪威尔似乎决心要显示他是一位伟大的战场指挥官。让他好好表现吧，我们大家一起来帮他渡过难关。"

12 月的第一个星期，蒙哥马利请求艾森豪威尔召开会议，并要求双方的参谋长都出席，但是"都不许发言"。艾森豪威尔同意召开会议，但拒绝蒙哥马利要求他的参谋长史密斯不得发言的请求，他告诉蒙哥马利他不会命令他的参谋长不得发言，因为这样是在侮辱人。

于是，会议于 1944 年 12 月 7 日召开，泰德元帅、布莱德雷将军与参谋长史密斯等人都参加了这次的会议。会议中，蒙哥马利坚持认为当时正迅速穿过法国向德国中部推进的巴顿以及从法国南部向北推进的邓维斯两人的部队应该受到"节制"，并将可用资源集中于他本人所进行的攻势上。

在会议上，蒙哥马利完全不接受其他人的意见。不过，艾森豪威尔倒是同意蒙哥马利向北推进的攻势，并将美军第 9 军团的指挥权转移给他，但是艾森豪威尔拒绝切断对巴顿与邓维斯的补给。这个决定让蒙哥马利与布莱德雷都感到不快。

布莱德雷后来甚至批评说，艾森豪威尔的决定"是典型的艾森豪威尔式妥协方案，令我感到非常难过，此举不啻暗示我的第 12 军团的攻势已经失败"。会议结束后，蒙哥马利写信给布鲁克爵士说:"假如要在合理的期限内结束战争,你必须设法让艾森豪威尔不要插手陆上作战任务。我很遗憾地指出,艾森豪威尔根本不知道自己在干什么。"

因为事情闹得很僵,于是丘吉尔在1944年12月12日请艾森豪威尔与布鲁克爵士前往伦敦,共商解决之道。在会谈中,布鲁克爵士非常不客气地批评艾森豪威尔未能依蒙哥马利的建议把兵力集中起来。但丘吉尔却站在艾森豪威尔一边,此点令布鲁克十分生气,甚至因此考虑辞职。

突出部之役使得问题进一步恶化。希特勒不顾他身旁一干德国将领的反对,决定作最后的一搏,于1944年12月16日对驻守阿登高地的美军部队发动猛烈的奇袭。一开始,同盟国部队处于劣势。蒙哥马利因此指责艾森豪威尔,声称若让他本人来指挥地面部队,就不会发生这种事。

1944年12月25日,蒙哥马利邀请布莱德雷到他的总部讨论战术问题,但才一坐定,蒙哥马利"就像训小学生一样地数落布莱德雷",并说依他的意见,阿登高地的战事失利,不当的领导统御要负最大的责任。很明显地,他是指艾森豪威尔领导无方。蒙哥马利真是傲慢自大到无以复加的地步,居然胆敢写信给布鲁克爵士称,布莱德雷同意他的看法。

事情绝非如此。布莱德雷是个有崇高风格的谦谦君子,他想维系同盟国的团结,但他曾写下对这个事件的感想:"蒙蒂比以往我看到他的情形还要更傲慢,更自大……我从来没有这么生气过。我可是费了好大的力气才克制住自己,而没有对他恶言相向……"

为什么布莱德雷这么能忍耐?他进一步说明道:"然而,为了避免同盟国指挥体系的瘫痪,我只好喜怒不形于色。"

巴顿开展了一次漂亮的行动,在48小时内将部队开抵了巴斯通(Bastogne),扭转了盟军的败局,成功阻止了德军的攻势。但蒙哥马利不听布鲁克的劝告，执意于 1944 年 12 月 29 日写信给艾森豪威尔，在信中列出艾森豪威尔所犯的错误，并警告道："除非立即设立他所建议的指挥架构，否则盟军将再度遭到败绩。"他接着又指出："一位指挥官必须有权力对作战进行指挥与管制，你一个人不可能做到这点，因此，你必须指定别人代劳。"

艾森豪威尔终于受够了，他决定终止蒙哥马利的傲慢、刚愎自用与恣意胡为。艾森豪威尔将他准备发给马歇尔的一份电报稿出示给吉因刚看，并表示他准备换掉蒙哥马利。事实上，艾森豪威尔真正的意思是，除非蒙哥马利被解职，否则他就辞职。吉因刚深知，蒙哥马利若被解职，势必将带着污名返乡。他也很清楚，艾森豪威尔确实有本事开除蒙哥马利，因为罗斯福与马歇尔都明白表示他们非常信赖艾森豪威尔。

吉因刚请求艾森豪威尔延迟 24 小时发出这份电报。他描述了当时蒙哥马利的反应："我很少看到蒙哥马利这么忧心与苦恼，我想他真的完全没想到会有这种事，一时难以接受我告诉他的事……我从来没看到他那么丧气过。他似乎被孤独笼罩住了。"

吉因刚向蒙哥马利分析道，假如他不向艾森豪威尔道歉，他的军旅生涯将就此结束。蒙哥马利发了一份电报向艾森豪威尔表达悔意："我了解在这段困难的日子里，你要为许多事情操心。我坦诚向你表达了我的观点，因为我觉得你会喜欢我这么做。我确信有许多因素具有我无法理解的意义。不论你的决定是什么，你可以百分之百的放心，我会遵照执行，我知道布莱德雷也会和我一样。"

虽然蒙哥马利以前也曾经对艾森豪威尔作过承诺，且事后又故态复萌，但是为了同盟国的团结，艾森豪威尔还是接受了他的回应。蒙哥马利并且说，他不会再三延迟行动，而会加快他的部队向北进攻的速度。

　　但事情并未就此告一段落。蒙哥马利在某次记者会中，本来应该借机修补他和艾森豪威尔之间的不和，但他却给了大家一种印象，即德军对阿登高地发动攻势时，是他的领导以及英军的英勇作战，才得以扭转盟军的败局。这种说法非常可恶，完全不符合事实。

　　艾森豪威尔告诉丘吉尔，必须采取行动纠正蒙哥马利，并让英国媒体与英国人民了解真相。丘吉尔答应了艾森豪威尔的要求，前往下议院演讲，并在演讲中斥责了蒙哥马利的不当言论。

　　无疑地，假如不是艾森豪威尔的坚强风格、优异的领导能力及忍让的精神，那么蒙哥马利的刚愎自用、傲慢、恣意行事及欠缺变通等缺点，可能会破坏同盟国的团结。能自我控制的人最了不起，而艾森豪威尔显然拥有经得起考验的风格。

　　艾森豪威尔在与蒙哥马利共事的时间里，展现了极大的耐性。1945 年 6 月 7 日蒙哥马利写给艾森豪威尔的一封亲笔函，最能显示艾森豪威尔在这方面的成功。这封信的内容如下：

艾森豪威尔勋鉴：

　　既然我们都已签署了柏林和约，我想我们即将从此开始各管各的事。在此之前，我要告诉你，能在你麾下服务是种荣幸与光荣。我非常感谢你对我的明智指导与宽宏大量。我很了解自己的缺点，也知道自己不是个容易驾驭的部属，我喜欢独断独行。

　　但是在那段艰难紧张的岁月里，你让我不致走偏，还给了我很多教导。

　　对此我非常感激。谢谢你为我付出的一切。

你的忠诚好友
蒙蒂

或许丘吉尔的一句话，最能够表明蒙哥马利的为人。他说蒙哥马利"打败仗时，神情优雅；打胜仗时，恶形恶状"。

乔治·马歇尔：消弭军方与国务院之间的嫌隙

很明显地，军方对陆军上将乔治·马歇尔的领导能力与崇高风格极为敬仰。然而，马歇尔并不只是在军事领域中受人敬仰。在20世纪，美国军方人员与国务院的官员之间向来缺乏好感，有时还相互猜忌与鄙视。查尔斯·博伦大使——与乔治·凯南大使都曾是苏联外交政策方面的专家与资深顾问——在他那本取名为《历史的见证》（*Witness to History*）的回忆录中，提到了1947年1月马歇尔被任命为国务卿时的状况："对于军方人员被任命为国务卿一事，国务院的驻外机构事务局内充满着不安的情绪。马歇尔的声望无与伦比，但是前任国务卿伯恩（Byrnes）并没有把心思放在国务院上，因此国务院的士气低落。大家都担心，新就任的这位大将军可能会制定严格的纪律与规定，而导致下情无法上达。

"但是没多久，国务院内几乎所有的重要官员都开始对马歇尔产生好感。他让大家的工作有了目标与方向。他的个性感染了整个驻外机构事务局。我在驻外机构事务局服务的40年里，以马歇尔及赫特（Herter）担任国务卿期间，国务院的工作绩效最优异。没错，马歇尔身边有优秀的副国务卿，先是迪恩·艾奇逊，接着是罗伯特·罗维特，后者在第二次世界大战期间曾在战争部长亨利·史汀生麾下担任战争部副部长。而且，由于伯恩并不关心国务院的业务，所以对马歇尔而言，事情会比较好办。在马歇尔的领导下，所有的资深官员都会受到咨询，而且政策一经决定，大家对其内容都不会有疑问。据我所知，当时国务院的运作效率之高，可说是空前绝后。"

乔治·凯南在他的回忆录中写道："我想，在我的回忆录中谈谈马歇尔将军是再恰当不过了。我是在他漫长的公职生涯中的最后一项任职中才认识他的。我和他私下的交往并不密切（我猜，很少有人和他有密切的私人交往），但从1947年5月到1948年年底的一年八个月在国务院和他共事期间，唯有我的办公室和他的办公室只有一墙之隔，而且我还享有可经由双方共用的侧门进入他办公室见他的特权（但我尽量不滥用这个特权）。在工作上，我和他的关系非常密切，因此我有很多机会可以观察他是如何做好国务卿的工作的。

"在我所回忆的人物中，马歇尔是最值得称赞的人。我和大家一样，都因为他的风格而敬佩他、敬爱他。这种风格有些是我亲眼所见，有些是尽人皆知的，有些则鲜有人知：如他的正直清廉；他的谦谦君子风度；他强烈的责任感；他在面对干扰、压力与批评时的沉着冷静；他的沉稳作风———旦作了决定后，即勇敢承担结果，不论结果好坏；他的不好虚荣，没有野心；他对反复无常的舆论，尤其是大众传媒的批评所表现的淡然处之的态度；他对待部属的那种大公无私的精神……"

1947年1月，战争部长罗伯特·帕特森（Robert Patterson）有意请迪安·腊斯克（1961年时在肯尼迪政府中担任国务卿）担任陆军的首席国际法专家。而马歇尔在1947年就任国务卿后，也想请腊斯克接任国务院特别政治事务处处长的职务。

腊斯克回忆道："我选择到国务院服务，主要原因是我想与马歇尔共事。他是我心中最了不起的人。丘吉尔说马歇尔是第二次世界大战同盟国获得胜利的功臣，而杜鲁门则称他为'当今最伟大的美国人'。他们两人说的都对。

"马歇尔对每一位与他共事的人都有很大的影响力。他也是位良师。他会以身作则或给我们一些训示，教导我们如何做一个好公仆。举例而言，他会对我们说：'各位同仁，不要坐在那儿等我来告诉你们要做什么事。要主动一点。你们反而要告诉我，我应该做什么事。'不论你碰上什么问题，他都希望你能把工作做好。他上任后不久，有次在主持约有15人参加的晨间参谋会议时，有人抱怨国务院内的士气太差。马歇尔将军站起来，环顾会议桌四周的与会人员，然后说：'各位，士兵可能会有士气问题，但官员不能有士气问题。我希望国务院内的所有官员要为自己的士气负责。'当马歇尔不希望官员们消极地找人诉苦的话传遍了国务院各单位后，国务院的工作士气达到了最高点。

"马歇尔的态度激发了同仁们的信心。这位老将军常勉励我们，'打起精神！''不要丧气！''不要抗拒问题，要解决问题！'"

但国务院内对马歇尔了解最深的人，非副国务卿迪恩·艾奇逊莫属，他于1948年接替了马歇尔的国务卿职务。据他的描述："马歇尔将军每次走进一个办公室，办公室内所有人员都会感觉到他的存在。他具有那种强烈的、与人精神交流的力量。他身材魁梧，而那低沉、不疾不徐而又强而有力的说话语调，进一步强化了他的威仪，令人肃然起敬，给人一种权威与沉稳的感觉。他不刻意展现军人的威风和严肃，但大家都称他'马歇尔将军'。这一称呼和他如影随形。他在接电话时也千篇一律地自称'我是马歇尔将军'。这样的称呼似乎是理所当然的。我从没想过要称他为'国务卿先生'，而且除了马歇尔夫人外，也没有人会称他为'乔治'。马歇尔希望别人尊重他，而他对别人也很尊重。这点是他人际关系的基本原则。此外，杜鲁门总统还提到马歇尔将军风格中的另一个基本要素。他写道：'马歇尔从来不为自己着想。他的自我意识从来不会夹杂在他本人与他的工作之间。'"

忠诚的重要性

造就成功领导人的要素之一，是对部属的忠诚，而这点并不容易做到。马歇尔就具备了这种崇高的风格。1941年夏季，当时美国尚未投入第二次世界大战，但决定先研拟一套作战计划，内容包含战时的生产需求、部队人员数量及美国的国家政策目标等等。虽然罗斯福总统希望能避免参战，但眼看希特勒正在欧洲进行侵略行为，罗斯福显然是与英国人站在同一边的。

当时是由陆军参谋长秘书处的阿尔伯特·魏德迈少校负责这个计划的参谋研究作业。他在研究报告中指出："我们必须准备直接与德国作战并将其击败。"报告的结论提到，为参加战争，陆军与陆军航空兵共需要900万名士兵，海军则需要150万人的部队。这份报告被列为绝对机密。没想到，1941年12月5日的《华盛顿时代先驱报》（*Washington Times Herald*）居然一字不漏地将该报告刊载出来，而且第1版的标题写着《罗斯福的作战计划》，令总统、陆军指挥阶层及魏德迈少校本人都大感惊骇。此事在华盛顿引发了轩然大波，美国政府极为尴尬，因为我们跟德国并未处于交战状态。

魏德迈马上受到了大家的怀疑。他的姓是德国人的姓氏，他认识许多德国军方高层将领——因为他曾在20世纪30年代参加过德国高等军事课程的学习——而且还和纳粹党的高层干部有私交。在这份报告于媒体上曝光的前一个星期，他曾经和某位律师见过面，而这位律师的父亲伯顿·惠勒（Burton Wheeler）参议员是位偏激的孤立主义者，曾经指控罗斯福"企图把四分之一的美国年轻人的前途葬送掉"。此外，魏德迈还刚在银行的账户中存入了一大笔款项。甚至还有一封写给战争部长的匿名信宣称："魏德迈曾经有感而发地说希特勒是救世主。"

这些间接证据似乎对魏德迈十分不利。他曾遭到联邦调查局的审问，但却无法证实是他泄露了报告的内容。在这种情形下，魏德迈的上级大可表明"我们不想去了解这个人"而把他调走，或将他流放海外。但马歇尔没有这么做。他非常看重魏德迈的能力，据魏德迈自己说："马歇尔将军从未怀疑过我。"事实上，在发生这个事件后的数个星期，马歇尔还将他晋升为中校，并让他成为在参谋长联席会议之下新成立的联参计划人员小组的一员。

1942年4月1日，马歇尔出差执行某项具有高度机密性的任务，并带魏德迈随行。此事充分显示出马歇尔对他的忠诚，更重要的是，显现了马歇尔的崇高风格。他忠于魏德迈，无惧于对魏德迈不利的间接证据及孤立主义者与媒体的公开批评。对于马歇尔的支持，魏德迈终生难忘，他后来晋升到了四星上将，他曾表示："在那次事件后，我愿意为他赴汤蹈火。"

有关对部属忠诚的事例，比较近者出现在鲍威尔将军身上。海湾战争结束后，1991年5月，有数家媒体（1991年5月13日出版的《新闻周刊》[*Newsweek*] 及前一天的《华盛顿邮报》[*Washington Post*]）指出，鲍威尔是位"不情愿的战士"，暗示他曾私下反对总统出兵的决定。

鲍威尔在他的自传中写道：

> 在我遭受媒体的无情抨击时，打电话给我的人少得出奇……
>
> 当媒体开始作此不实报道的当天早上，白宫的接线员打电话来说，总统要与我通话。我忐忑不安地等着。总统说话了："鲍威尔，不要理那些胡说八道的报道，不要为这件事烦恼，不要被这些媒体搞得心神不宁。"
>
> "谢谢，总统先生。"我回答道。

"芭芭拉向你问好。回头见。"说完，电话就挂了。

在稍后有关农业政策的记者会中，布什总统又被问了许多有关我的问题，诸如伍德沃的书中所描述的那些问题。结果，总统回答说："任何人都别想分化我和鲍威尔的关系。我不管他们是引用了哪本书的说法，不管他们有多少匿名的消息来源，也不管他们引述了多少不在场人士的话……"

我永远忘不了在我最需要朋友支持时，美国总统对我表现出的忠诚。

但是对人的忠诚并不能与袒护徇私混为一谈。当然，正直的人格中并不包含偏袒的成分。格兰特将军在夺取田纳西州唐纳森堡（Fort Donaldson）之役一战成名。而这个战役中的降将西蒙·玻利瓦尔·巴克纳（Simon Bolivar Buckner）将军在内战爆发前是格兰特的好友。当年格兰特被迫辞职，灰头土脸地离开加州时，可说是穷困潦倒，一文不名，连返乡的车资都没着落。巴克纳先替他付了旅馆钱，再帮他筹得了50美元。而这场战役中，当巴克纳眼见要守不住唐纳森堡时，遂向格兰特开出投降的条件，他自忖格兰特会顾念旧情而同意他的要求，但格兰特却不为所动。他对巴克纳说："不能讲条件，我只接受无条件的立即投降。"

马歇尔在第二次世界大战时展现的优异领导能力，赢得了无数的赞誉，但至少有一个人对于他对待部属的方式颇感不满。某位陆军资深将领的夫人曾写道："参谋长是我儿子的教父，当我在医院待产时，他整个晚上在走廊上来回踱步。我想他是个好人，但我对他的领导方式不予苟同。他后来对我丈夫非常无情……他让好朋友失望至极……他　了我丈夫的前程，伤透了他的心，撤销了他的少将军衔……"

事实上，这位军官夫人说的这番话，等于是在恭维马歇尔将军。她的丈夫在第二次世界大战期间犯下了不可原谅的判断错误，虽然他是马歇尔的挚友，但马歇尔并不护短，把他降级成上校。

马歇尔有天傍晚偕夫人散步时，告诉夫人说："我不能讲感情，我只能讲道理。"话虽如此，曾经受马歇尔指导过的军官都对他难以忘怀。战争部长史汀生说："他们都对他忠贞不贰，就像他们在五角大楼时一样。"

担任登陆日进攻指挥官的艾森豪威尔也有类似的经历。当时担任军需司令的亨利·杰维斯·米勒（Henry Jervis Miller）少将与艾森豪威尔是西点军校1915年班的同学。1944年4月，欧洲战区的反情报官埃德温·L.史伯特（Edwin L. Sibert）少将在克拉里奇（Claridge）旅馆偷听到米勒一边饮酒一边抱怨道，要到6月中旬的登陆作战之后，美国才会将补给品送抵战区。史伯特将这个情况告知布莱德雷，布莱德雷转而向艾森豪威尔报告。米勒知道自己犯了错之后，请求艾森豪威尔看在朋友的份上，让他保有少将军衔调回国内"以听候命运的安排"。艾森豪威尔回复米勒说，他对于要"审判"一位朋友，感到非常难过，但米勒犯了严重的泄密罪。艾森豪威尔下令将他降级为上校后遣送回国。

抗拒离开军队的诱惑

对于军事将领而言，或许在和平时期比在战时更需要具备崇高的风格。本书中论及的将领都具备了奉献的精神，但他们也是凡人。有时候，他们也免不了会因为升迁缓慢、待遇微薄、调动频繁、训练装备不佳及其他的困难因素，而心生离开军队的念头。

马歇尔在担任过陆军参谋长、国务卿及国防部长后，有一次被问起他这一生感到最兴奋的时刻是何时，他答道："晋升中尉时。"他当了5年少尉。虽然马歇尔担任各项职务与教职都表现优异，但在1915年他35岁时，仍然只是个中尉军官，此时距离他自弗吉尼亚军校毕业已经14年了。

是年，意气消沉的马歇尔写了一封信给弗吉尼亚军校的校长爱德华·W. 尼克尔斯（Edward W. Nichols）将军："步兵人员晋升的停滞，已经使我暂时决定，一旦外面就业机会好转就马上辞职。即使冬季时立法通过增加晋升名额，但在陆军要晋升仍然受到法律的限制，加上各级等待晋升的人数已经累积过多，因此让人觉得前途黯淡，我认为将自己的黄金岁月虚度在对抗这种无法克服的困难上是不对的。"

马歇尔在1915年并未真的离开军队。1916年他从菲律宾调回国内时，第二次被派任侍从官的职务，而这次他服务的对象是他向来极为敬佩的富兰克林·贝尔将军。此事令他精神一振。这项新职务的挑战，加上美国参与第一次世界大战，无疑是马歇尔决定继续留在陆军服役的原因所在。

马歇尔在第一次世界大战中的优异表现，引起了潘兴将军参谋群中好几位很富有的商人的注意。其中有位商人曾于1919年要马歇尔退伍加入摩根（J. P. Morgan）金融公司，他给马歇尔的起薪为两万美元。虽然马歇尔知道他在战争结束后随即要被降级，但他仍然婉拒了这个机会。1920年，他被降为少校，年薪只有3000美元。但是，他仍然留在军中。

1947年，艾森豪威尔从陆军参谋长的职务退伍，担任哥伦比亚大学校长，此时，艾森豪威尔夫妇买了他们的第一辆汽车，当这辆车送到他家后，艾森豪威尔检视了一番，然后开了一张支票一次性付清款项，他的毕生积蓄也几乎因此用尽。他牵着玛米的手走到车门旁，开口说："亲爱的，这就是我搭乘火车离开亚阿比林（Abilene）后，37年的工作所换来的全部成果。"

一个人当然不是为了钱而留在军中的。我在采访艾森豪威尔

时，曾问起他是否受到诱惑而有过离开军中的念头。他答道："曾
经有3次碰到有人提供相当吸引人的机会要我离开军队。第一次
是在第一次世界大战刚结束时。当时我就待在这个镇上（盖兹
堡）。有位来自俄亥俄州或印地安纳州——总之，应是中西部某个
地方——的制造商，很巧的是，他的名字也叫巴顿。他愿意以当
时中校薪饷的两倍高薪请我为他工作。长期以来军中的待遇一直
都偏低。我仍留在军中，可说受玛米的影响很大。我因为未能参
加作战而感到消沉，我想我的军旅生涯已经　了。我若无法参加
作战，则以往所有的研究与辛勤工作都是白费功夫。但经过玛米
的一番开导，我决定继续留在军中。"

　　第二次机会出现在1927年。当时有一群人正在筹组一个新的
石油公司。主要出资人与艾森豪威尔有过数面之缘，但他却宣称，
除非艾森豪威尔和他们合伙，否则他就不出资。他不是要艾森豪
威尔干董事长，而是要他成为公司的数位经理之一。他之所以要
艾森豪威尔加入是因为认为艾森豪威尔诚实可靠，可为他看紧荷
包。这次，艾森豪威尔同样拒绝了财富的诱惑。

　　艾森豪威尔在菲律宾服役期间，也有好几个人邀请他合伙做
生意。他们表示，若艾森豪威尔同意加入他们，他们将在银行内
为他存进30万美元。假如以后生意失败了，艾森豪威尔可以支用
这些钱。

　　每当有机会找上门时，艾森豪威尔都会和玛米商量。"我们总
认为，既然我已经在军中这么久了，应该继续待下去。这3次机会中，
只有第一次机会真正让我心动，因为当时我没有机会参加作战而
感到心灰意冷。"

　　艾森豪威尔在他所著的《闲暇时刻：说给朋友们听的故事》
一书中，提到了他的儿子约翰决定进西点军校的事："约翰一定曾
想过为什么我还会留在陆军。为了给他一个比较好的印象，我告

诉他我的陆军生涯非常有趣，我可以接触到许多能力强、有荣誉感，又一心想报效国家的人。我告诉他我早年在菲律宾的经历。当时有一群人希望我能离开军队，他们要与我签订5年合约，答应支付我每年6万美元的薪水。但这个机会对我没有多大的吸引力。我能从军中的工作中获得快乐，而且，我已准备好要平心静气地面对晋升迟缓的事实，我早就决定不为晋升问题而烦恼了。每次我们一家三口谈起我的部队生涯时，我都会说，一个人若尽了他最大的努力，就会获得真正的满足感。我在军中时的雄心壮志是，要在我调离时让上级长官觉得不舍。

"约翰已经决定进西点军校。我问他理由是什么。他的回答大意如下：'我是受了前几天晚上你那一番话的影响。那天晚上你谈到你从陆军生涯中所获得的满足感，以及你因为能与许多品德高尚的人共事而感到骄傲，当时我就下定了决心。'他接着又说：'如果在我结束陆军生涯时，也能有同样的感受，我想我会比你更不在乎晋升。'"

麦克阿瑟可能只有一次曾考虑过要离开军队。他一直到42岁晋升准将时才结婚。他的妻子是个曾离过婚，已经有两个孩子的富婆。由于麦克阿瑟夫人习惯于纽约与华盛顿的欢乐、热闹的社交生活，所以婚后觉得日子很无聊。她认为她的丈夫非常优秀，干军人太可惜了，因此要求麦克阿瑟弃军从商。最后事情演变到麦克阿瑟必须在军队与妻子之间作一个抉择。他选择留在军中，这段婚姻就因此结束了。

巴顿将军则从来没有真正想过要离开军队。他的财产足以让他温饱无虞，他的妻子也很富有。像他这种生活富裕的人会投身军旅是很不寻常的——因为军旅生涯充满艰苦与挫折。但巴顿向往军人的生活，实际上也过了一辈子军人的生活。

在第二次世界大战之前，当军人是要作出许多牺牲的，然而，美国何其有幸，当 1941 年 12 月 7 日珍珠港遭到空袭时，美国已经有了一批优秀的军事将领准备好要上战场了。这些人为什么会留在军中？

当我针对这个问题请教陆军五星上将布莱德雷时，他回答道："喔，大概是因为我喜欢军中的工作吧。我喜欢和士兵一起工作。我喜欢教别人事情，你也知道，你在军中大部分的工作都是在教导你部属或是在军事学校授课。我喜欢户外生活，而在军中会有很多时间在户外活动。另外还有一个因素，以前这种情形比现在普遍，就是以往军队的规模很小，你几乎认识军中的每位军官，不论是实际见过面的或听说过的。你通常住在营区里，部队就像个大家庭，这个家庭的气氛很好，你和一群亲切的人共事，大家有共同的话题。你会觉得你是在完成某些事情，是为国家服务。而且，你永远有事可做，永远有东西可学。"

当了 16 年上尉的克拉克将军也有同感。他说："我喜欢和士兵一起工作，训练年轻人。这就是我从陆军退伍后还来担任这个职务的原因（我采访他时，他是南卡罗来纳州一所名为"色岱尔"［Citadel］的军事学校的校长）。我喜欢户外生活。我喜欢登山、骑马等各种户外活动。我是在陆军营区里长大的，我喜欢过军官的生活，喜欢那些高尚的军人家庭，喜欢和他们的孩子交往，因为他们家里都笃信基督教，而且他们都非常有教养。"

柯林斯将军当了 17 年中尉。1919 年他差一点儿离开部队去念法律。他将他的想法写信告诉了某位友人，结果这位朋友指出，假如他只是因为当一位出色的律师每月可赚 250 美元而离开军队去念法律，那他简直就是"疯了"。这位朋友说："你天生适合当军人，你脑子坏了才会想放弃军旅生涯。"

由于他当时驻守欧洲，因此决定延后一年辞职。在这年年底，他提到了他的想法："我仔细评估了所面对的情势，最后确定军队有三件事吸引着我，而在别的地方是不会有这样的经历的。第一，我不是为了钱而与其他军官竞争。我实际的工作通常是较资深的人才能接触到的。虽然我领的是上尉薪饷，我却有机会做一些不受年龄与阶级限制的事，这点非常吸引我。第二，我喜欢我所接触的人，他们都是能干又正直的人。在我服役军中的3年内，不曾有人要求我做任何我认为不妥的事。"

他接着说："另一方面，我认识了一个女孩儿，也就是我现在的妻子，她当时对我有很大的影响。最后，我决定无论如何都要继续在军中待下去，因此打消了离开军队的念头。"

约在同一时期，斯帕茨将军与阿诺德将军都差点离开了陆军航空军，投入刚成立的泛美航空公司，但最后他们两人都留了下来。斯帕茨之所以留下来，是因为他喜欢军中生活，而且他酷爱飞行。他说："在两次世界大战之间的岁月里，军中不像现在，有吸引人留下来的诱因。当时并没有爆发战争的明显威胁。然而，我们待在通信队这个最早的航空单位的人，大都认为军事航空单位有很大的成长空间。我们对这个单位将获得其应有的地位有信心，因此都决定留下来。"

曾在两次世界大战之间、军中晋升非常缓慢的那段日子里仍然留在军队，而后来得以晋升空军高级将领的阿诺德、斯帕茨、范德伯格、特文宁与怀特等人，都具有崇高的风格。在美军航空史的最初几年中，当第一次有军人因气球意外事故而丧命（1908年，死者为野战炮兵中尉托马斯·塞尔弗里奇［Thomas Selfridge］）时，阿诺德正在想着晋升的事。他指出"自从美国有军队以来，每一个少尉莫不盘算着何时可晋升中尉。我当时也想设法晋升中尉。那段日子里，在常备部队中，少尉一干六七年是常有的事……"。阿诺德于1907年6月14日任少尉军官，一直到1913年4月10日才晋升中尉。

　　3年后，阿诺德晋升上尉，再过一年又晋升少校，1917年8月5日，他越级晋升为上校（暂时性军衔）。阿诺德用自己的话说明了他跳级晋升的原因，字里行间流露出他正直的个性。诚如本书第1章中所提及的，他在回忆录中曾写道："在战时，晋升的速度很快——尤其是在航空部队中，只有少数非常资浅的军官懂得飞行……我妻子和我常常望着我肩上的飞鹰肩章，虽然我们看了肩章会感到很高兴，但却有种不真实的感觉，甚至有点受之有愧的感觉。那段时期，年轻军官要晋升到上校是很困难的。"战争结束后，他又恢复了上尉军阶。

　　斯帕茨于1914年6月12日任步兵少尉军官。他在军事生涯早期的晋升情形比阿诺德顺利，因为他能在美国参与第一次世界大战前就投入了一场小规模的战斗。那是1916年6月，他奉调至新墨西哥州哥伦布地区的第1航空中队，并随潘兴将军的远征军进入墨西哥。1916年7月1日，他即因作战有功而晋升为中尉。1917年5月，他加入了驻守得州圣安东尼奥（San Antonio）的第3航空中队，并于同月晋升为上尉。

　　1917年11月15日，斯帕茨再度投入战场。他被派至驻守法国的第31航空中队，并在伊索东（Issoudon）的美国航空学校服役至1918年8月30日。在这段时间内，他暂时升任少校。战争结束后，他又恢复了上尉军衔，但在1920年7月1日，他再度晋升少校。此后的15年中，他一直维持少校军衔，到了1935年才晋升中校。

　　范登伯格将军担任少尉、中尉的时间共达12年。他于1923年6月12日任少尉军官，至1935年8月1日才晋升上尉。又过了5年，他才获得了暂时性的少校军衔。

　　怀特将军则比较幸运。他在1920年7月2日自陆军军官学校毕业时任步兵少尉军官，当天就晋升为中尉。虽然他的情形与两次世界大战之间军官晋升缓慢的现象形成了明显的对比，但他感到自我陶醉的时间很短，1922年12月22日他就被降回少尉军衔，一直到了1925年8月24日，他才再度晋升中尉。接下来，他熬了10年才在1935年8月1日再度晋升上尉，他担任少尉、中尉的时间总计长达15年以上。

或许特文宁将军的例子最为突出。他于1917年6月进入陆军军官学校，他就读的班因为第一次世界大战的关系，晋升比较快。他在1918年11月毕业并任步兵少尉军官，1920年1月1日晋升为中尉军官，接下来，一直等到1935年4月20日才晋升上尉，他担任少尉、中尉的时间总计长达17年。

由以上情形可以看出，这几位美国航空部队的第一批领导人的晋升过程是多么缓慢。他们的耐性与责任感非常值得称道，因为他们在那段晋升缓慢的岁月中选择留在军队，而没有追求民间待遇较高的工作机会。

诚如上文所提，阿诺德曾经考虑离开航空部队，到刚成立的泛美航空公司担任总裁。但是当他因为坚持支持比利·米切尔（Billy Mitchell）而被降调至莱利堡（Fort Riley）时，终于决定"打消辞职的念头，不去担任刚成立的泛美航空公司的总裁。我不能在航空部队遭到攻击时辞职"。

泛美航空公司在成立之初也曾邀请斯帕茨担任公司的副总裁。我问他，当时他为什么能抗拒这个诱惑。他回答道："除了我很喜欢航空部队外，很难找到别的理由。当时我们努力设法想发展航空兵力。我们进到通信队这个最早的航空单位的人，都认为军事航空部队有很大的成长空间，我们对这支部队将成为主要的防卫兵力有信心，因此决定留下来。现在情况不同了，你们在未来的好几年内，会有很大的军事需求，而且在可见的未来中，这个情形都不会有所改变。"

我问李梅将军，为何他会一直留在军中。他回答道："我在军中的晋升状况很正常。后来我面对要留下来或去飞民航机的抉择。经过慎重思考，我最后决定留下来，主要是因为我喜欢这个行业。我喜欢我的同事，他们是我接触过的最棒的一群人。他们都很有进取心，也都是不折不扣的绅士。

"当时的军官可以大大方方地走进银行，在一张票据上签了名字，存进银行，然后就可以开立支票，根本不需要有连署人，只要金额能与薪水配合即可。此点令我印象深刻。当然，这是我们之前的陆军军官以他们正直与诚实的形象为我们争取到的待遇。我对此事印象深刻，也因此决定投身军旅，虽然我非常了解当时军人的待遇并不好。我从未后悔作这个决定。当然，后来我在军中的成就远超过了自己的预期，我的军中生活非常充实。我觉得我一方面对国家有所贡献，一方面又过得很满足。我从未后悔当时所作的决定。"

第二次世界大战后军中许多资深军官都曾在战争期间获得快速晋升，但此点并不足以弥补20世纪20年代与30年代晋升迟缓所造成的缺憾。然而，在"一战"与"二战"期间离开军队的军官，大部分并非受到这个因素的影响。还有其他因素造成了军官，甚至最高层将领的提早退伍。柯林斯将军在他的回忆录中提到："我常在想，假如身为参谋长，无法发自内心地支持总统或国防部长所作的预算决定或其他政策，那他该怎么办？我想，碰到这种情形，他依法有权可在必要时越过国防部长直接向总统反映。我认为，为了忠于身为三军统帅的总统，参谋长应支持总统的计划，除非在遭遇危机时，他认为国家安全会因此出现问题，他才应该坚持己见。在这种情形下，他应要求辞职。在朝鲜战争爆发前没多久，我在一次三军政策讨论会中，觉得有必要告诉当时的陆军部长路易斯·约翰逊，我无法接受陆军现役师的数量受到进一步裁减的构想。当时我已经到了几乎要辞职的地步。假如不是朝鲜战争突然爆发，我可能会被撤换或被迫辞职。"

迈耶将军向我说明了他的立场："我会坐下来，列一张清单，写上我信奉不渝的原则，其中有小时候师长的教导，并以责任、荣誉、国家为指导，给自己定下一条界限。也就是说，我会事先坐下来，定出可能会造成我必须辞职的原因。具体地说，我要辞职的原因有二。第一，我与政府或我的上级对某些基本原则有重大分歧，以至于我不可能执行对方所交办的任务。第二，假如他们要求我做的事有违反道德或伦理的情形，使得我无法放手去做。碰上这些情形，我就会辞职。"

许多初级军官刚进入军队时，兴致勃勃地接受各种挑战，但在接触到某些无能的资深军官后，开始觉得失望，并因而气馁，进而离开军队。施瓦茨科夫将军本人就有过这种经历，他树立了一个最佳的典范，使我们了解，强大的风格将有助于克服这种失望的情绪。

他一开始以少尉的军衔被派至第 101 空降师服役。他原先以为来到了陆军的精英部队，结果却大失所望。他指出，该部队的资深中尉与上尉都是第二次世界大战与朝鲜战争期间所留下来的"酗酒的恶棍"。"我有生以来第一次要去搭理我并不尊敬的人——我心里并没有准备好要面对这种困境"。他形容他的连长是一位"矮胖、懒惰、已经 40 岁的中尉"，他在战后又回到陆军，因为"他在外面混不下去。101 空降师，顾名思义，每个人都要跳伞，但这位连长却不敢跳伞。每次要跳伞时，他就以自己感冒了或有其他毛病不能跳伞为借口，搭车前往空降区与大家会合"。

这位中尉连长不久后被调走了，换来一位上尉，他也是在社会上混不下去的人。他是个酒鬼，施瓦茨科夫常常要开车载他回营区，因为他不是醉得不能开车，就是在酒吧内不省人事。这位上尉连长告诉施瓦茨科夫，他不喜欢从西点军校毕业的军官，他差遣施瓦茨科夫做事，然后把功劳往自己身上揽。无怪乎，这个部队未能通过战备测验。事后，这位连长把大家集合起来训话："你们这些混球。你们把前几天的战备测验搞砸了，因为你们想整我……"有几位士兵向督察官报告有关连长酗酒的事，但这位督察官却把这几个人的名字告诉了连长，害这几位善良、热心的士兵从此常被连长找麻烦。

施瓦茨科夫非常厌恶这种情形，因此越过连长，向上级长官报告连长的无能表现，但这位上级长官却警告施瓦茨科夫，"无论如何"都要对这位上尉连长保持忠诚之心。施瓦茨科夫回称："报告长官，我以后不会再向你报告任何事了。"他走出这位长官的办公室时心里想：空降部队真是个烂单位。他虽然满心厌恶，但还是留了下来。五个月后，他被调到某一战斗群的参谋处。他说："有一天，我和新部队的上级惠伦（Whelan）谈起我对军旅生活的失望之情，他可是真了解要说些什么话才会让我继续留在军中。他说：'你有两条路可走。第一，你可以一走了之；第二，你可以撑下去。等到哪一天你军阶高了，再来整顿这些问题。但不要忘了，假如你走了，那帮恶人就赢了。'我可不想让这些坏蛋得逞。"

甚至在施瓦茨科夫军旅生涯的后期，都还碰到不少会让意志比较不坚定的人消沉丧志的事。他在回忆录中写道，由于他在各项职务中都表现优异，因此自认为很有把握会提前两年晋升上校。"整个秋天，每一个人都告诉我，我笃定会上榜。甚至许多部队已开始试探我去他们那里接任上校职务的意愿……我私底下也盼望能升上校。但是，令我震惊的是，这一年我并没有晋升……我坐在办公室内，无法置信地一遍又一遍地在晋升名单中找寻自己的名字。"但他还是留下来了，不久后终于晋升了上校。

越战期间，施瓦茨科夫在南越某一部队中担任首席顾问。有一天，上级长官搭乘数架直升机前来视察这支部队。他在自传中写下了当时的情形：

> 将军和陪伴他的上校终于来到了我面前。上校向将军报告："这位是施瓦茨科夫少校，他是这个部队的首席顾问。"将军趋步上前，但忽然又稍稍后退了一下，因为我已经一个星期没有换衣服了，而且我一直忙着处理尸体，身上沾染着难闻的臭味。此时摄影师跟了上来，数位记者把麦克风伸到他面前。将军说："拜托把麦克风拿开，我要和这个人讲讲话。"
>
> 我不知道将军会说什么话。也许他会说"这边的弟兄还好吗？你们损失了多少人？"或者"你们表现很好，我们以你们为荣"之类的话。然而，现场却是一片尴尬的静默，接着他突然问道："伙食还好吗？"
>
> 伙食？天啊，我们一直以盐拌饭以及阮中士冒着生命危险找来的野生萝卜果腹呢！我惊讶得不知如何以对，只好说："报告长官，还好。"
>
> "有定时收到信件吗？"
>
> 我们的信件全都送到位于西贡的总部，我想应该不会有问题，因此回答道："报告长官，有的。"
>
> "嗯，很好，很好，你们干得不错，小伙子。"拜托，什么小伙子？讲完这句话他就走了。他显然只是在作秀而已。在那一刻，我以往对这位将军的崇敬已荡然无存。第二天晚上，国内新泽西州的电视台打电话告诉家母说，我会出现在晚间新闻节目里。家母看了那次新闻报道后，一直到她过世之前，只要一谈起那位在越南战场上和他儿子讲话，用那种方式提振他儿子士气的将军，就会激动起来。

施瓦茨科夫在被问到为什么会留在军队中时，回答道："你自己研拟构想，负责执行这个构想并看到构想产生的结果，回过头来再看看你所领导的组织，得知每个成员都因成功而乐在其中，这种感觉非常好。能够带领一群优秀的人，能够让一群人因为你的组织很成功，而使他们觉得自己是胜利者而感到自豪，可说是最有意义的事。他们以你所指挥的部队为荣，他们对自己的表现感到自豪。这是多么令人兴奋的事啊。而能够说'事情是我办成的，是我的部队办成的，而且是我一手促成的'。那种感觉很棒。"

其他第二次世界大战中的杰出将领在被问起这个问题时，答案都相同：他们喜欢部队中的生活，喜欢与士兵一起在户外工作，喜欢教导别人、与正直的人交往，喜欢对某些重要目标作出贡献的那种成就感。当然有些人是因为和平时期军中生活安逸而留下来的，但对于能晋升到高阶职位的人而言，军中的生活可不是悠闲、懒散的。别人在玩乐的时候，他们可是在工作、在研究、在作准备。这些人留在军中的真正原因在于他们有高尚的风格，他们对于超乎个人利益之上的伟大目标有认同感，他们坚信"责任、荣誉与国家"的信条。

从"他是否留在军中？"这个问题的答案可看出一个人的高尚风格。马歇尔、麦克阿瑟、艾森豪威尔及巴顿等人，若不是对国家有强烈的责任感，是不会留在军中，并在第二次世界大战中肩负起那么重大的责任的。美国何其有幸，这些优秀的将领当年能有那么大的耐心去面对升迁缓慢、待遇微薄、缺乏住房、训练经费不足、调动频繁、子女不易交到朋友，及其他种种困难状况。只有全心奉献、无我无私的人，才能作出这样的牺牲。

在军中，随时都会有责任加诸你身上——公布栏上有任务名单、部队有任务派遣表、你有责任要让装备保持良好状况。这种责任的观念在军人生活的各个阶段是无处不在的。

　　但责任并不只表现在任务派遣名单上而已。对于本书所描写的这些人物而言，责任是指一个人应为所当为，而且要尽力而为。责任是为众人的利益全力以赴。《圣经》上对此点有精辟的见解："凡你手所当做的事，要尽力去做。"（传道书九章十节）

　　军中确实有些工作是没什么意思的，但把无聊的日常工作做好，是一位军官的责任。不论一个人多么喜爱他的工作，这份工作中仍免不了有其困难与不愉快的一面。

　　责任不以个人的利益为中心。这些令人敬仰的将领看到了自己的责任，履行了这些责任，这是需要牺牲个人的舒适生活、金钱与健康，甚至于生命的。他们在追求超乎个人之上的伟大目标时，心中已经没有了自我。

　　但是，他们的责任感和所付出的牺牲是有回报的。他们活得有价值，这种满足感是无法形容的。军旅生涯给了他们机会，让他们一生过着最有意义的生活。

　　这些将领的生活有目标、有目的。是因为他们有野心吗？野心是追求更佳境界的欲望，野心可能是无止境的，它是发自内心的一种力量。不同的野心有其不同的目的，有追求权势的野心，有追求名誉、金钱与威望的野心。因此，野心有好有坏。野心可驱使人们克服困难，但野心必须有方向、有节制。有方向的野心，才是好野心。历史上，野心是获得成功的最强动力之一。但是让人产生野心的动机不见得都是崇高的。这些将领的野心，其目的不是追求权势、金钱或名誉。他们的目的是在追求服务的信念。

　　他们都是无私的人。无私的人愿意为崇高的理想作出牺牲，放弃某些东西。自私的人首先想到自己，而无私的人会先想到别人的利益。这些将领奉献出自己，自己的时间、健康、财富与精力，只为达成有意义的目标。对他们而言，牺牲是一种生活方式。

　　他们的牺牲是个人的，他们远离家人，长时间埋首工作，忽略了休闲生活，有时甚至不顾自己的健康。他们不为财富烦恼，能作出贡献就已心满意足。当然，一旦任务来了，他们会准备奉献自己的生命。

军职并不是薪水最高的职业，也不是最轻松、最愉快的职业。事实上，军职是个危险的行业。为什么他们要作出这种牺牲与奉献呢？是出于对家庭与社会的大爱。这种爱使得许多人甘于作出重大牺牲。但令他们每日作出牺牲以服务人民的最崇高动机，是他们对上帝与国家的真爱。

第11章 领导模式

讨论领导统御的文章与书籍汗牛充栋，而对于如何当个成功的领导人，可说人言人殊。有一种理论称为"特质取向"（quality or trait approach），认为领导能力应包含专业知识、决断力、公正、人道精神、忠诚、勇气、体贴、正直、无私及高尚的风格等等特质。然而光是这些特质仍不足以说明成为一个成功领导人的方法。我们必须针对这些特质来讨论那些在接受最严酷考验——战争考验时，展现出优异领导能力的人，如此，才能赋予这些特质生命与意义。我在数本拙著中详细讨论过这些特质，这些著述有：《十九颗星：对美国四位名将之研究》（*Nineteen Stars: A Study in Military Leadership and Character*）、《飞将军：对空军将领的风格与领导能力的研究*》（*Stars in Flight: A Study in Air Force Character and Leadership*）、《布朗将军：天生将才》（*General S. Brown: Destined for Stars*）。在本书有关领导成就的研究中，我将数位最近的著名将领也列入讨论，使得这项研究包含的时间累计达35年，共亲自采访过100多位四星上将。此外，本人访问过的及有信件往来的准将以上的军官人数达1000多人。我参阅的传记、回忆录及其他有关军事领导能力的书籍也多达好几百本。我的目的是想了解这些将领认为成为一个成功的领导人的原因所在。我的结论是，成功的领导能力是有模式可循的。本书中整理出了他们对成功领导能力的共同看法。

成功领导人的最重要特质是高尚的风格。第二次世界大战德国投降后，丘吉尔写了一封文情并茂的信称赞马歇尔的领导能力，并特别强调他对马歇尔风格的崇敬之意。本书多处提到风格的重要性。威尔逊将军于北卡罗来纳州大学演讲时曾提到李将军"崇高的风格所孕育的成就"；李将军于和平时期的战争部长曾表示："李将军的崇高风格使得他在平时看起来比战时还伟大。"

内战结束后，李将军在一封婉谢信中又再度显露了他的高尚风格。当时弗吉尼亚州列克星敦地区的华盛顿学院想以远高于他军中薪饷的待遇聘请他当院长，他在这封婉谢信中写道："本人至为感谢贵院的好意，但本人要求自己必须担负一项任务。我曾经带领南军的年轻士兵转战各地，我亲眼见到许多弟兄战死沙场。因此，我将以尚存的一点精力用来训练年轻人，让他们知道如何执行他们一生中的任务。"

在内战期间，当北部联邦的政治人物想要将谢尔曼升为中将时，他自己并不想晋升，因此请求他的弟弟，即参议员约翰·谢尔曼，设法阻止这件事，他还告诉他的弟弟有关格兰特将军的事，并说："比起军事天分，他的风格更能化解各军团之间的不和，有效维系军队的团结。"麦克阿瑟在他的回忆录中写道："潘兴将军的声望主要是他的风格特质造就的。"艾森豪威尔将军问他的儿子约翰为什么会选择进西点军校就读时，约翰回答是因为听了艾森豪威尔谈起他军旅生涯的满足感以及他对"与许多品德高尚的人共事"而感到骄傲后，才作了这个决定。

这些将领的领导风格显现出了他们共有的特质，也就是使他们伟大的一种行为模式。这个模式包含了以无私的精神报效国家；

为决策负起责任，艾森豪威尔说这点是领导统御的精髓；在决策时拥有"直觉"或"第六感"；对上级不唯唯诺诺，也不容许下级唯唯诺诺；博览群书；在选用他们及给他们指导的资深军官之下工作，并投入更多时间、面对更大挑战且作出更大的个人及家庭牺牲来为国效力；认识到工作能达到多大成效，依赖能否适当地将权责下授；当问题出现时，要设法加以解决，不要规避责任。这些将领拥有这些特质，得以满足指挥要求而取得辉煌的成就。

但所有以上特质共同具备的最重要成分是高尚的风格。我们无法真正对风格加以定义，而只能加以描述。对于风格的描述，及探讨风格在成功的领导统御中所扮演的角色，是本书研究的整体目标。

这些美国历史中伟大军事领导人的无私精神，贯穿了本书的全部内容。或许，最常为人引述的一句演讲词，是肯尼迪总统在就职演说中所说的："因此，各位同胞们，不要问你的国家能为你做什么——问问你自己能为国家做什么。"我们的军队早在肯尼迪发表这篇就职演说前，就了解了无私的重要性。在 1909—1911 年及 1939—1945 年间，两度担任战争部长的亨利·史汀生就曾在日记中写道："在我的一生中，我习惯将所有的公仆归类成两种人：第一种人心里想的是能对工作贡献什么，第二种人心里想的是能从工作中得到什么。"他还提到，马歇尔是"我所认识的政府官员中，最具有无私精神的一位"。

美国军队的无私精神始于乔治·华盛顿，此后成为我们军事传统的一部分。1944 年 6 月 12 日，当马歇尔视察登陆日登陆作战的准备工作时，他问艾森豪威尔将军在选用一位指挥官时，主要取决于何种特质。艾森豪威尔连想都没想就答道："无私的精神。"

我们在第 1 章中曾详细讨论了马歇尔的无私精神，也讨论了米切尔、阿诺德与斯帕茨等人冒着断送前程的危险，争取航空兵力的发展；琼斯不畏艰难，积极争取 B−1 轰炸机计划；以及陆军迈耶将军公开呼吁大家重视"空架子陆军"的危险等等展现无私精神的具体表现。

艾森豪威尔将军曾说："决策是领导的本质。"无法迅速而正确地作决策，是不可能成为一位成功的领导者的。作决策时的明智判断与"直觉"或"第六感"，造就了伟大的指挥官。他们的决策力主要得益于通过平日的研究、经验与准备工作所产生的一种对状况的感知能力，也就是作决策时的一种直觉。要承受作决策的重大责任并挺住而不垮下来，是需要有极坚强的人格特质的。

不论在平时或战时，军事领导者常常会感到孤独，尤其是他所作的决定攸关许多人的生死时更是如此。很少有人会想承担作决定的沉重责任，而有资格作重大决定的人更是寥寥无几。决策者必须承担许多压力，他必须选用能干又有奉献精神的专业人员作他的参谋及下级指挥官，而他的部属应依本身的能力与多年累积的经验，向他提供建议。他必须能够接受部属的建议，并在状况需要时，有魄力否决他们的建议。艾森豪威尔在登陆日登陆作战的决策过程中，充分显示了他坚强的风格特质。他接受了参谋与其他指挥官的意见，并密切注意 1944 年 6 月 5 日当天的天气状况及其他可能会影响登陆作战的因素。那段时间，他内心既孤独又绝望。在 6 月 6 日登陆作战正式展开后，他已经无事可做，只能"拼命地祈祷"。他的参谋长沃尔特·史密斯将军对当时的情形作了以下的描述："我从来没有意识到一位充分了解作战成败系于他个人判断正确与否的指挥官，在作如此重大决定的时候，竟然如此寂寞与孤独。"杜鲁门总统也曾表示，身为三军最高统帅，"没有人能替我作决定……身为美国总统，在要作出重大决定时，内心是非常、非常孤独的。"

指挥官在作决定后，必须要面对随之而来的批评以及想要在这个决定未付诸实行前改变它的意图。当凯南受到媒体的无情抨击时，马歇尔曾对他说："你说的这个决定是我同意的，也送交了内阁讨论，最后总统也批准了。这整件事唯一的问题，是你没有一位专栏作家所具备的那种'事后诸葛'的智慧与眼光。"当艾森豪威尔被问起他是如何处理"无所不知"的媒体所提出的批评时，他在日记中写下："不理它。"

麦克阿瑟不顾其他高级军事将领的一致反对，毅然决定发动仁川登陆作战，也展现了他的坚毅风格。他告诉身边的将领说，假如这次登陆作战出了问题，他会迅速撤回部队。他说："届时唯一蒙受损失的，只有我的军人名誉。"

杜鲁门总统决定撤销麦克阿瑟的职务时，也需要有坚强的人格特质。他明知撤销这位历经3次大规模战争的英雄的职务会遭受严厉的批评，而且后来果然不出所料，媒体、部分国会议员及参议员甚至要求对他进行弹劾。但身为三军最高统帅，他有责任避免朝鲜战争扩大为与中国及苏联的全面战争。换句话说，避免第三次世界大战的爆发，比他遭受严厉批评一事更重要。就如同他在谈及总统的角色时常说的那句名言："责任止于此（The buck stops here）。"

施瓦茨科夫将军在担任"沙漠之盾"与"沙漠风暴"作战指挥官时，内心感到十分孤独。他说："在海湾战争期间，我睡得很不安稳。即使作战计划已经确定后，我每晚仍会躺在床上思索：'我是否忘了什么？我们忽略了什么因素？哪些方面我们应该再加强……'我想，如果你真的关心这些士兵，你必定会受到这种煎熬。"

当时担任参谋长联席会议主席的鲍威尔将军曾说："指挥职位是孤独的……"他回想起美军在对巴拿马展开军事行动的前一天晚上，他说："在派遣军队进入巴拿马的前一天晚上，我一个人独自坐在黑暗的汽车后座上……心中非常不安……我的决定是否正确？我的建议是否合理……所做的这一切是否值得？就寝后，这种自我怀疑仍整夜挥之不去。"

"直觉"或"第六感"对于作决策很有助益，所有的高级军事将领都具备这个特质。艾森豪威尔对这点看法是："一个指挥官绝对不能丧失对他的部队的感觉。最高指挥官可以，也应该将战术权责授予下级指挥官，并避免干涉他们的职权，但他必须在有形与无形上和部队保持密切的接触……否则他必败无疑。而想要保持这种接触，他必须经常视察部队。"艾森豪威尔认为只要指挥官领导有方，那么就算他不在场时，他的部队也能运作如常。他还认为，假如他能让士兵们有机会与高级将官谈话，那么士兵们就不会害怕与排长和连长谈话。这种开明的做法，将有利于产生有意义的观念、创造性与主动精神，进而提高部队的战备与工作效率。艾森豪威尔认为，军队的目标在于打胜仗，而"重视每位士兵，是打胜仗的关键"。

我在与前陆军参谋长约翰·威克姆将军讨论"直觉"——也就是"第六感"时，他说道：

> 没有事情可以取代亲自考察的重要性。掌握有关部队动态的感觉，对于作出正确的决定非常重要。我总会找时间去视察部队，不只是在担任陆军参谋长时如此，在担任旅长时也是如此。当我担任101空降师师长时，这个师被部署到了德国，我会分好几次集合部队，每次集合一个旅，全部大约有数千人，然后我会站在吉普车的引擎盖上，使用野战扩音系统对他们讲话，告诉他们我们为什么会被派到德国来，我们的目标是什么，并提醒他们，其他盟国的部队会注意我们的一举一动，我们要成为他们的榜样。更重要的是，我强调

展现出我们使用直升机进行突击作战的先进科技战力，是件非常重要的事，假如我们做不到这一点，则101空降突击师可能将面临解编的命运。在这个师调回国内后，我仍然每季度都集合部队讲话，使他们了解我对这个师的前途的看法。然后，我会要他们告诉我，他们心里在想些什么或想谈些什么事。

我会接受他们问问题，参谋人员都在现场，会立刻回答他们的问题。

我在坎贝尔堡设立了一个"拨号信息"（dial info）系统，使每个士兵都可以使用自动录音系统打电话给我。我要求参谋人员在24小时内回复士兵提出的问题。每周通过这个系统打来的电话至少有500通。我会仔细看每通电话的问题及参谋的回复内容。这个做法使我对士兵们心里所想的事情有了深刻的了解：如他们的薪饷问题、家庭问题，以及他们对领导干部所负的责任等。我从中可以感觉出参谋是否有解决问题的能力。假如参谋答非所问，我会责备他们。我想，今天我们的部队中也有类似的系统存在。我当时还曾接到资深士官长们打来的电话，他们所讲的话不外："感谢拨号信息系统，谢谢这个系统帮我们解决问题。我们自己是解决不了这些问题的。"因此，我们使用这个系统，对于指挥阶层的运作有所助益。

曾担任过越战期间盟军部队指挥官及美国陆军参谋长的威斯特摩兰将军在接受访谈时，呼应了威克姆将军的说法："一位军官，不论他的指挥层级是什么，都应该经常视察部队。不论他的军衔是什么，假如与战场部队失去联系，他就无法成功。"

马歇尔将军视察部队时，不要指挥官陪伴，只由一名驾驶员

陪同。依布莱德雷将军的描述，马歇尔对人有感应能力。而艾森
豪威尔在检阅行列中行走，就能察觉出某位士兵有问题，然后他
会马上采取行动解决问题。李梅将军甚至可在飞行前的检阅中，
感觉出某一组空勤人员是否将会被敌人击落。

这种感应能力或第六感是与生俱来的，还是可以被训练出来
的？我所访谈过的所有将领都认为这种能力是可以被训练的，虽
然其中某些特质可能是天生的。对于布莱德雷将军而言，这种感
应力可由搜集相关信息发展出来，也就是可将相关信息"一点一
点地"储存在脑子里形成知识。他解释道："当你在战场突然面对
一个状况并需要下决心时，你就能用到它。当有人打电话告诉我
有一个状况时，我就像在电脑上按个键一样，答案马上就出来了。"

巴顿称这种感应力为"军事反应"。他解释道："我总是很肯
定我的军事反应是正确的，这项本领让我无往不利。没有人一出
生就具有这种能力，就像没有人带着麻疹生下来一样。就算你天
生就具备能作出正确军事反应的心智，或你先天就具备能让你长
得身强力壮的体质，但仍必须经过后天的努力，才能将这两种优
势发挥出来……"

柯林斯将军说，你"唯有像年轻人一样努力工作与学习"才
能培养出这种感应力。辛普森将军则说，是由于个人的环境与训
练而使他能"了解眼前所发生的状况"，并能"预测可能发生的状
况"，因此才能作出明智的决定。

其他人则强调教育、训练经验与观察的重要性。以高层决策
人员为导师，对于发展这种感应力非常重要，因为一位领导者除
了自己的经验外，还可以观察与学习他的导师的经验。

李奇微将军回忆道："我从来不会在没有亲自查看问题所在地
区的情况下，就作出重大决定。"朝鲜战争期间，他常整天视察部
队，夜里很早就休息，隔天一大早又出去视察。施瓦茨科夫则曾

提到南越部队中一位了不起的上校军官吴光士。他具有不可思议的感应力，能查觉敌人的位置，能知道向何处发射火炮，能知道什么时候发动攻击。

展现个人魅力是进行成功领导统御的一项重要因素，也是领导者感应力的一环，尤其是这种魅力能对部队产生好的影响时，更是如此。巴顿佩戴象牙把手的手枪、头戴光可鉴人的钢盔，上面别着特大号的将星。衣领与肩章上都别着将星，紧身夹克上钉着铜扣。马鞭、马裤与马靴一应俱全。艾森豪威尔穿着一件很有特色的"艾森豪威尔夹克"，和巴顿一样，也穿马裤、马靴，且手执马鞭。布莱德雷说，艾森豪威尔温暖微笑的威力抵得上好几个师。麦克阿瑟的玉米穗轴烟斗、烟嘴、以潇洒的角度戴在头上的那顶镶金边的军帽、敞开领口的卡其制服，不系领带、不挂勋章、只佩戴陆军五星上将的徽章，就是他个人魅力的展现。

内战时期将军的制服与士兵不同，但格兰特将军却穿着士兵的制服。李将军穿着一套与众不同的雪白制服，但却只佩戴上校军衔。其他展现个人魅力的方式还有谢尔曼将军的率性穿着；杰克逊戴着那顶他视为宝贝的陈旧的弗吉尼亚军校时期的帽子；麦克莱伦骑着一匹"黑色的大型军马"沿着前线快步小跑；麦克道尔（McDowell）戴着草帽；卡斯特将军留着一头卷曲的金黄色长发，还抹上有肉桂味道的发油。展现魅力的方式各异，但是目的不外乎都是掳获部队的心。

值得一提的是，资深军官穿着军服的模样会对初级军官产生某种影响力。格兰特将军在他的回忆录中写道："在我的第一年野营训练期间，史考特将军（当时的美国陆军司令）莅临西点军校视察并检阅学员部队。他那威严的外表、魁梧的身材，以及一身引人注目的制服，让我觉得他是我所见过最具大丈夫气概、最值得羡慕的人。我可能永远不会像他那么有威仪，但却在片刻之间有种预感，认为有一天我会和他一样威风十足地检阅部队，虽然当时我并没有留在军中的打算。"

柯林斯将军在 1917 年还是个年轻少尉时曾提到他在新奥尔良第二次见到潘兴将军时的情形：这次我们是在乔蒙特（Chaumont），詹姆斯和我一起随总部参谋来到潘兴将军驻守城堡中的一间画室，等待潘兴将军的接见。记得上次潘兴将军来新奥尔良视察时，并未着军服。他连穿便服都显得英姿勃发，但在传令兵宣达他到达时，我尚未完全作好心理准备，只见他在楼梯口稍微站了一下，便从他的住处走下来。这次他穿着有带饰的军服，看起来英气逼人。他高大、英挺，从一头铁灰色的头发到光亮的皮尔牌（Peale）马靴，可看出他对仪容的讲究。和两年前我在新奥尔良见到他时相比，他似乎更高大了些，名气也更大了些。他像上次那样对我和善地打招呼，让我立刻放松了下来，但是我可能是被他的威仪震慑住了，以致晚餐时他说了什么话我全无印象。"

马歇尔夫人在她所写的《同在一起》一书中提到了一件有趣的事，充分显示她的将军先生因穿着朴素所引发的效应："陆海军联合酒会是白宫每一季的最后一项社交活动，也是最多彩多姿的活动。今年的酒会还有双重的意义，因其是罗斯福总统第二任任期内的最后一次大型酒会，也是乔治接任参谋长后的第一次盛大酒会。克雷格将军在担任陆军参谋长时曾自己设计了一套常服，而他坚持要马歇尔穿着这套款式别致的常服。这套服装上镶有金边的宽大肩带颜色太黄，所以我把它染成了较柔和的淡黄色。

"2 月 2 日酒会当天，我把这套常服拿出来，当我先生回来时，这套服装已准备妥当。我自己也进房间换衣服，隔了一会儿，房间的门打开了，只见乔治盛装站在我眼前，身上挂满了勋章。他说：'看看我，活像个歌剧演员，今晚我不想穿这套服装，以后的晚宴也不要穿它。'我恳求他就穿这一次,以免得罪了克雷格将军,但是他不为所动。结果,他穿了一套朴素的深蓝色常服参加酒会。他的朴素穿着与当晚的华丽场景形成了鲜明的对比,也宣告了一个新时代的来临。当晚我并没有察觉到这种效应。

"第二天早报内有关此次酒会的报道中,唯独提到了马歇尔的穿着。报道中说他穿了一身朴素的深蓝色陆军常服,展现了他不招摇的军人本色。"

领导模式中最明显的特质之一,是居高位的领导者都厌恶"唯唯诺诺的人"。没有任何一位想有所作为的上级主管会喜欢唯唯诺诺的人在他们身边打转。马歇尔在1917年首次见到潘兴将军时敢在他面前据理陈述自己的意见,此事成为马歇尔军旅生涯的转折点。此后,潘兴将军常找他询问意见,并在不久后选他为作战次长。马歇尔在他首次参加内阁会议时就对总统的某项意见表示反对,当时的财政部长亨利·摩根索及其他内阁成员都告诉他,他在华盛顿与总统共事的日子已经结束。摩根索甚至对马歇尔作了暗示性的道别:"嗯,很高兴能认识你。"但马歇尔并未遭总统撤职。罗斯福不要一位唯命是从的参谋长。第二次世界大战期间,马歇尔在担任陆军参谋长时,会告诉每一位即将上任的师长说,一个军官必须有勇气向上级指挥官报告事情的真相,不论事情的真相多么令人感到不快,都不应刻意隐瞒坏消息。

1939年当马歇尔被罗斯福选为陆军参谋长时,曾告诉罗斯福:"我希望能有权利说出心中想讲的话,而且这些话可能不太好听。这样可以吗?"对罗斯福而言,这样的要求当然可以接受。他们两人都遵守了自己的诺言。

马歇尔是个坚强的人,他能接受别人对他的挑战。他在担任国务卿时,曾告诉迪恩·艾奇逊说:"我期待你最大限度地诚实坦白,尤其是对我个人有意见时。我不会感情用事,我的感情只留给我妻子。"

当罗斯福总统有意在经济大萧条期间裁减军队规模并降低军人待遇时，陆军参谋长麦克阿瑟前去找总统理论。罗斯福总统当面告诉他："你不可以这样对总统说话！"当时战争部长德恩也在场。事后在离开白宫的路上，德恩告诉麦克阿瑟："你拯救了陆军。"

第一位担任参谋长联席会议主席的空军军官内森·特文宁将军曾告诉我："领导能力的另一项特质是你必须照实地把心中的话讲出来。"他坚持"要被告知实情"，但他认为"这样做必须撇开自尊心才行"。决策者必须要够冷酷，脸皮要厚。另一位参谋长联席会议主席克劳上将表示，他痛恨"唯唯诺诺的人"，并坚持在决策过程中有人能对他提出异议。他说："我也是人，有时候'喜欢唱反调的人'会激怒我。你本来打算这么做了，结果有个脑筋灵光的混蛋站出来说，你的想法很愚蠢。那会让你坐立不安。但是这些敢说话的人可是扮演了重要的角色。"他接着又说："你必须勇敢直言。这并不容易做到，你必须要在这方面下工夫，设法鼓起勇气把心里的话说出来。"

拉里·韦尔奇言简意赅地说：空军的将领无法容忍"唯唯诺诺的人"。

然而你若拒当一位唯唯诺诺的人，却可能在与盟国交往时面临挑战。当一个独裁者被唯唯诺诺的人包围时，他的前途便走到了尽头。在第二次世界大战期间，史迪威将军敢于向蒋介石表达不同的意见。有一次，史迪威还写道："我呈了一份报告给老大（蒋介石），告诉他实情，但却因此冒犯了他。"史迪威最后被蒋介石撤职，但在大战结束后不久，蒋介石也失去了政权。本书的第4章谈到了许多将领本身拒当唯唯诺诺的人，也无法容忍唯唯诺诺的下属的事例，以及这些将领的成就与领导艺术。

柯林斯将军的军旅生涯中的一件重要的事是，他曾经站出来指责柏林某家具有敌意的媒体对第二次世界大战后盟国占领德国的问题作了不公平的报道。柯林斯认为他此举"对他们与我们的军官团都有好处"。当柯林斯被选派接任艾森豪威尔的陆军参谋长职位时，他邀请了韦德·海斯利普当他的副手。海斯利普回答道："你为什么要选我？30年来，我们对任何一件事的意见都相左。"柯林斯说："这正是我选择你的理由。"

但是很显然，一个人不能为了刻意彰显自己不是唯唯诺诺之辈而唱反调。杜立德就是因为这样被艾森豪威尔撤职的。他在访谈中告诉我："我不愿当个唯唯诺诺的人，我认为应该用点手段把自己的意思传达出去。"查尔斯·加布里埃尔曾告诉我："你不希冀你的参谋是位'唯唯诺诺的人'；但当你与某人意见相左时，也要注意你说'不'的态度。"

不当唯唯诺诺之辈的最佳事例之一是大卫·琼斯将军促成《1986年戈德华特—尼克尔斯国防重构法案》，进而对参谋长联席会议加以改组。这个法案对美国国防部高层官员与各军种参谋长的既有"地盘"构成了挑战，引起了他们的愤慨。本质上，这个法案使得参谋长联席会议主席可以决定向三军最高统帅提供何种建议，而不需要获得各军种参谋长的一致同意（为了达成共识，常常会使得所建议的事项经各军种相互妥协后而失去价值）。前国防部长莱斯·阿斯平称赞这个法案"是美国历史上的一个里程碑"，而另一位观察家则称之为"可以说是第二次世界大战以来最重要的国防立法"。

一个人如何成为一位成功的领导人？若诚如艾森豪威尔所言，作决策是领导统御的精髓，那么如何才能成为一位优秀的决策者？本书讨论的诸多将领是靠读传记与历史培养出领导能力与高尚风格的。艾森豪威尔小时候酷爱读历史书而疏忽了家庭杂务与功课。他曾说："从小时候起，所有的历史读物，尤其是政治与军事历史，总是能引起我极大的兴趣。"他还提到，伟大领导人所具有的特质能"激起"他的崇拜之心，尤其是华盛顿"在逆境中的坚忍与毅力，以及不屈不挠的勇气、胆识和自我牺牲的情操"。艾森豪威尔也受到罗马将军马可·奥勒留（Marcus Aurelius）所说的名言"以高贵的情操来承受逆境就是一种幸运"的影响。当艾森豪威尔派驻巴拿马时，他的上级福克斯·康纳少将指定他阅读与下次战争中盟军领导阶层所扮演的角色有关的书籍，并和他讨论其中的内容。

乔治·华盛顿所受的正式教育只到他15岁时为止，但到他过世时，他已经拥有了一个藏书超过900册的图书馆：他"整箱整箱地"从伦敦的书店订购书籍。虽然参加制宪会议的代表中，有24位大学毕业生，但他们却推举博览群书、自修有成的华盛顿担任主席。

本杰明·富兰克林10岁就失学了，而他所受的正式教育实际上只有一年。他在自传中写道："我从幼年时代就喜欢读书，我的零用钱全都买了书……阅读是我唯一的娱乐，我从来不把时间浪费在酒馆里或其他的嬉闹上……"

陆军五星上将布莱德雷小时候，他父亲会读故事给他听，并培养他对书籍的喜好。他告诉我："我想军事史的学习以及那些伟大领导者的言行，对一个正在发展这种风格的年轻军官而言是非常非常重要的。"

20世纪30年代初期，马歇尔在担任陆军步兵学校教官的5年期间，非常鼓励年轻的尉级军官多看书，并邀请他们到家中讨论书本的内容及他们阅读的情形。

怀特将军，这位军人政治家兼美国空军参谋长，年少时曾经担任过约翰·帕尔默将军的侍从官。帕尔默将军是早期陆军中的知名学者之一，他也曾指定怀特阅读某些书籍。怀特利用工作之余在乔治城外交学院修硕士，主修国际关系与俄文。他这项教育背

景使他得以在 **1933** 年美国承认苏联时，成为第一位派驻苏联的空军武官。

海军的克劳上将有许多经验可传授给年轻一辈的军官，因此被纳入了本书的访谈对象。当我问起他个人的藏书数量时，他说他有 **4000** 多本书。他告诉我："我非常喜欢阅读传记，那是我的主要读物。我也喜欢历史，但我阅读的书籍大部分是传记……传记是终身资产。"

大卫·琼斯上将只受过两年的大学教育，却能晋升到参谋长联席会议主席的最高阶军职。他靠的是自修。他告诉我："我的求知欲永远无法获得满足。生命就是不断学习的过程。我不只大量阅读专业书籍、军事史及有关领导统御的书籍，也阅读有关世界动态的报道。"

李奇微提到，他在西点军校当学生时所阅读的书籍"多得惊人"，而在担任指挥官后，以往从阅读中所汲取的知识会"清楚地再度涌现"，对他"非常有帮助"。他说，书籍对他的事业有莫大的影响。

曾经是一位优秀的战斗机飞行员的克里奇将军也是个博览群书的人。他曾建议应养成每周看一本书的习惯，并强调应多加研读有关人类心理学方面的书籍以了解人们行为的动机。他对年轻军官的劝告是"必须让阅读成为一种终身的工作，甚至于嗜好"。

今天的军官面对的是新的挑战与新的要求标准。前陆军参谋长卡尔·弗诺将军鉴于要阅读的书太多，于是责成他的"评估与创新小组"对当今军事相关书籍与专业文章进行审阅。这个小组必须从这些读物中整理出其内容的要点，供他参考。他常常被某本书的重点吸引，进而干脆把这本书从头到尾详读一番。他会在日常工作与出差行程之外，另外安排时间作为思考与阅读之用。他告诉我："阅读可刺激我产生许多构想，是我进行决策的一个非常有价值的工具。"

我问接替弗诺参谋长职务的戈登·沙利文将军对阅读的看法，他表示，他底下一直有一群军官专门负责研究"现在有哪些事在进行，哪些事尚未进行，及我如何影响这个行动？"他告诉我："假如我被某一问题困扰，无法理清思路时，我会求助于历史。我是在阅读中长大的。阅读在我的生命中占了很大的分量。我在大学时念的是历史系，当时读了不少书。"

施瓦茨科夫告诉笔者，阅读对他非常重要，他说："你要是不能从历史中得到教训，必定会重复犯同样的错误……我一直对李将军、格兰特、谢尔曼、巴顿，尤其是布莱德雷等人的领导方式极感兴趣。"

如今的许多年轻军官表示，他们的工作时程紧凑，没有多余的时间与精力用来阅读，况且还有其他令人分心的事物，如电视。我则认为这种说法只是借口，只是在逃避。曾经从57位将军中脱颖而出成为陆军参谋长的迈耶上将告诉我："在陆军时，我起得很早，每天清晨3点半或4点即起床读书，以充实自己的知识。那是我最珍贵的时间……我非常珍惜宝贵的晨读时光……我发现，如果我没有刻意拨出一点时间来阅读，就很难养成阅读的习惯。今天，作为一个阅读者，你必须下工夫去阅读。"

马歇尔夫人表示，在第二次世界大战期间，马歇尔每天晚上回家都累得不想讲话，因此，她会向图书馆借回一堆书供他阅读，而他就像"一群蝗虫吞噬大片田野"那样贪婪地阅读起来。

艾森豪威尔说："领导的艺术无他，就是事情出差错时，自己担责任；事情成功了，功劳归别人。"我有机会采访多位在进攻欧洲的军事行动中担任过指挥官的将领，如第9军团的威廉·辛普森、第1军团的柯特尼·霍奇、第6集团军的雅各布·邓维斯、第3师与第4军的卢西恩·特拉斯科特、第5军团的马克·克拉克等等。我向他们请教他们的领导理念，并请他们评论其他将领的领导风格。他们的深刻见解对于本书在描述风格特质所扮演的角色时，十分有意义。

我很惊讶的一件事是，克拉克麾下的众将领们都不愿意谈论他的领导风格。最后，威利斯·克里登伯格中将（曾经是他麾下的军长之一）终于表达了他对克拉克的忧虑——每次事情出差错时，他就向艾森豪威尔报告称，他已经找出来是"谁犯的错"，并准备将他调走。这种做法通常代表这位指挥官的前途将就此断送。克里登伯格进一步指出，他认为克拉克将军将失败的原因归咎于部属，而不是以长官的身份扛起责任，是他风格上的一大缺陷。

马歇尔在他的军旅生涯中，不断地告诉他的部属要"设法解决问题，不要逃避责任"。艾森豪威尔将军在他制服的口袋中放了一张写好的纸条，准备在 1944 年 6 月 6 日的登陆日登陆作战失败时向媒体宣读。这张纸条上写着："我们的登陆行动失败了……假如这次进攻有任何错误或过失，由我一个人负全责。"我在采访他时，他告诉我，他记得南军在葛底斯堡一役战败后，李将军曾写信告诉杰弗逊·戴维斯总统说："不该怪罪我们的部队……该负起责任的人只有我一个。"

因为作战不力两度被林肯解除波托马克军团指挥官职务的麦克莱伦少将，反倒经常怪罪林肯、战争部长或其他内阁成员，以及他的下属指挥官，从未自己担负起战争失利的责任。

格兰特在晋升中将时曾写信给谢尔曼称："我的成就应归功于你……以你执行任务的优异表现，你有资格获得我现在所接受的荣誉……"

1944 年 7 月底，兰斯福特·奥利弗少将奉巴顿之命率领第 5 装甲师展开行动。他的行动遇到了障碍，但错不在他的装甲师。他奉命前往巴顿的指挥所报到，心想自己会被巴顿痛责一番。出席这次会议的有他的参谋、各军长及师长。巴顿在会议一开始就说道:"我们陷入了一团混乱,这是我的错。"巴顿常将功劳归给别人。他和艾森豪威尔一样,都认为责任要自己担,功劳则归给别人。巴顿在他所著的《我所知道的战争》(*War As I Knew It*)一书中写道,一位将级军官"应担负起失败的责任,不论责任在不在他",假如事情发展顺利,他应"将功劳归给别人,不论他们是否真的有功劳"。

我们应该牢记艾森豪威尔对于责任的看法:"假如一位将军犯了错,我们可以谴责他,革他的职。但是一个政府不能谴责自己,不能革自己的职——在战时,无论如何,这样做是行不通的。"当"雷卡号"油轮在波斯湾碰触水雷受损后,媒体对这个事件的挞伐可说毫不留情,因为我们没有派出扫雷舰为油轮护航。海军上将克劳当时担任该地区的指挥官。他打算告诉媒体他犯了错,但国防部长温伯格警告他说:"你绝对、绝对不能承认自己犯了错。"但媒体的抨击毫无停歇的迹象。最后克劳不理会部长的劝告,向媒体表示他个人在"布里奇顿号"触雷事件中犯了错,因而平息了媒体的批评。

人总是会犯错。李将军的领导理念今天仍然适用:"当某位部属犯错时,我会把他叫到我的营帐来,然后善用我的权责使他下次不再犯错。"沙利文将军告诉我:"我们总是虚耗太多心力想使过去的事趋于完美。其实一味追究责任无助于我们达到完美的境界。每当有人犯错时,我们应该思考的是'我们如何从中吸取教训?'"

在将伊拉克部队逐出科威特的海湾战争期间,施瓦茨科夫要他的副手卡尔·沃勒少将代他出席某场记者会。沃勒无意间说出了与布什总统的主张有所抵触的言论,使得施瓦茨科夫非常担心他会被撤职。沃勒最后没有被撤职,因为施瓦茨科夫告诉国防部长钱尼说："该为这件事负责的人是我。"

当鲍威尔核准对伊拉克的目标进行轰炸时，由于这可能会让致命的细菌释放出来，于是他一人承担起风险，表示假如事情出差错，"就怪罪我吧"。

当艾森豪威尔被问起"一个人如何发展成为一个决策者"时，他回答道："在决策者的身边学习。"这个想法点出了获得明哲导师指导的重要性，因为让部属与作困难决策的高层领导人接触，可使其获益良多。依迈耶将军的定义，导师是能提供"指导、建议、忠告与教导"的人，并能"开启机会之门"的人。而个人接受指导并得到了机会之后，其结果便是阶级的晋升与责任的增加，随之而来的更高的工作难度、更长的工作时间、在家庭生活方面所作的牺牲更大。

马歇尔曾有数位非常具有影响力的导师，其中最重要的一位是潘兴将军。麦克阿瑟的第一个导师是他的父亲。艾森豪威尔则受到福克斯·康纳将军的教导，并两度在陆军参谋长麦克阿瑟的麾下工作：一次是从1932—1935年，另一次是1935—1938年在菲律宾。此外，他也在1939—1942年马歇尔担任参谋长期间，在他的麾下工作过。巴顿在1909—1911年间，曾担任过战争部长史汀生的侍从官，还担任过伦纳德·伍德的侍从官，并于1916年——第一次世界大战期间——在潘兴将军麾下工作。本书第6章讨论了其他许多将领与其导师互动情形的事例。

最值得一提的教导工作是克里奇将军在担任战术空军司令部司令的6年半间所进行的教导计划。他把人才选用与培养的工作纳入教导计划中，以贯彻他的领导理念，即"一个领导者的首要责任就是创造出更多的领导者"。我们各军种都应该采用他那套教导计划。这套计划的成效斐然，参与这个计划的军官中，有21位上校后来成为四星上将。

　　当然，对领导人的培养，绝不仅限于个人的教导而已。在"正义事业行动"与"沙漠风暴"作战期间担任陆军参谋长的卡尔·弗诺认为，培育新一代的领导者——军官与士官，是让美国陆军从越战的灰烬中重新站起来的关键要素。

　　我在采访弗诺将军时，他说道："将近有20年的时间，陆军痛下工夫培育各阶层的领导人，使他们娴熟于兵种的专业，为自己与手下的士兵负责，并专注于保国卫民的工作。陆军领导人的培育计划包含了学校教育——例如位于利文沃斯堡的指挥与参谋学院与位于卡莱尔营区（Carlisle Barracks）的陆军战争学院所提供的教育。但这个计划的实施不只限于学校中，还延伸到了作战职务上。例如我们的领导人所派任的指挥与参谋职上，更延伸到模仿乔治·马歇尔在两次世界大战之间的岁月中所开办的自修课程。此外，我们的资深将领也没有停止学习，因为我们发现，将官们和准备要晋升校官的尉官们一样，都需要学习为将之道。"

　　据弗诺将军表示，这个领导人培育计划的成效在美军于"沙漠风暴行动"中进行100小时闪电作战摧　伊拉克陆军的过程中，充分展现在了世人眼前。

　　在一开始分析成功的领导统御时，我们就提出以下的问题："你以什么方式领导你的下属，让他们在战时愿意为你牺牲。在和平时期愿意一天工作24小时，持续数周、甚至数月，去解决一些危机或是问题？"我所采访过的将领均一致认为：首先，一个领导者必须展现对军旅生涯的奉献热忱与投入精神；其次，一个领导者必须体恤、关心部属。

　　本研究发现，成功的领导统御，其基本的要素是对部属的爱护与关心。一位指挥官可以用恐惧来驱使他的部属执行他的命令，但他的部属永远不可能为这样的指挥官卖命。一位英明的领导人会受部属的爱戴，因为他们能感觉到这位领导人对他们的爱护之情。而对下属参谋、指挥官与士兵的体贴，最能显示这种爱护之情。这个特质是本书所提到的优秀将领的共同标记。

马歇尔从不以傲慢的态度对待其下属军官，也不许任何军官以这种态度对待士兵。身为陆军参谋长，他也非常关心士兵的眷属，有时甚至还为了他们而放宽某些规定。他打电话问候服役军人的配偶，以及安排参谋人员晋见潘兴将军，这些只不过是他对部属体贴入微的几个事例而已。

麦克阿瑟对部属的关心传为美谈。他给阵亡士兵的家属写信，就是种非常周到的表现。麦克阿瑟麾下的陆军指挥官艾彻柏格在丛林中待了数个星期，终于走出来后，麦克阿瑟送给他巧克力一事，虽然只是一点小小的心意，却非常感人、非常令人惊讶。

艾森豪威尔将军对部属非常关心，例如他在机场举行授阶典礼，为马克·克拉克别上第三颗星一事。他参加传令兵的婚礼；将史密斯将军介绍给英国国王；当雷-马洛里元帅的建议不被采纳时，保护他的感受；以及他经常视察部队等，都显示出了他的人情味。

粗鲁、莽撞的巴顿将军可是有一颗敏感的心，他对自己部队的士兵更是充满感情。当他得知与他关系密切的人阵亡时，或在医院探访伤患时，常常会流下眼泪。他那种拼命的作战方式，目的是在减少美军的伤亡。他的基本态度是，一个人要历经18年的成长才能当兵，但制造弹药只需几个月的时间。他对军中的炊事兵、卡车驾驶、架线兵及其他从事非战斗勤务的士兵都很亲切，因而得以组建一支胜利的队伍。

李梅将军将他的看法归结起来，告诉我："你必须关心你的下属。如果你不去关心，没有别人会去关心的。"本书第7章还讨论了许多其他的例子。阿诺德将军在工作忙得不可开交的情形下，还让他的几位重要参谋离职以投入作战任务，使他们得以弥补第一次世界大战未获机会参战的遗憾。范登伯格邀请一位上校参与和传奇人物麦克阿瑟的会议。特文宁放弃自己的圣诞节假期,让奎萨达能够赶上他的飞行训练的进度。约翰·瑞安将军送咖啡给在深夜加班的机械士打气。布朗将军允许某位空中组员穿马靴、戴牛仔帽,以缓和他的挫折感。他还在下属军官与士兵出差期间,提供飞机载他们返家,此外,他还要求让住在营舍内的士兵能在周日享受一顿悠闲的早餐。琼斯将军在担任空军参谋长期间,派出视察小组到世界各地察看美国空军的基地福利社、小卖部、学校的运作状况及部署海外士兵的眷属的生活状况。此外,他还邀请退伍人员参加空军的各种聚会活动,以汲取他们丰富的经验。

如今讨论领导艺术的著作汗牛充栋,因此我们可能会认为,所有的领导人都能了解与体会外出视察部队的重要性,然而事实并非如此。施瓦茨科夫将军就指出,他派驻德国期间,有位美军上校根本就不顾士兵眷属的死活。体贴与关心是领导统御的基本要素,我希望本书的读者已经开始重视这两项要素了。

马歇尔曾经告诉艾森豪威尔:“假如你的部属无法执行你所交办的工作,那是因为你未对他们作好妥当安排。”一个领导者在军中能有多大的成就,依他是否能对部属充分授权而定。单位规模越大,权责下授就越重要。一个领导者最得人心的做法,是赋予部属任务,然后放手让他执行,并在必要时给予支持。艾森豪威尔本人对参谋人员的态度非常开放,但他强调他的参谋人员要尽可能自行解决问题,不要养成把问题推给他处理的习惯。

一个指挥官是要花时间来训练出一个他可以授权的团队。阿诺德表示:“一个指挥官在他的参谋尚未进入状态前,他本人应亲自督导所有的任务,但这样一来他会吃不消。所以,假如他够聪明的话,应该尽早训练他的助手进入状态,然后将权责下授给他们,自己保留监督权。”空军参谋长拉里·韦尔奇了解授权对决策的重要性，他强调一个人必须"要让那些最适合作决策的人来作决策……将决策阶层向下推的最大好处是，可对适当阶层的人进行决策训练"。

艾森豪威尔在1942年12月10日的日记中回忆道："我每天都觉得应该承受下属的失望与怀疑，并鼓励他们继续努力以完成任务。但奇怪的是，这些下属中，大部分人都不了解他们不应该把自己的负担　给上级长官。须知当他们领受命令去执行某项任务时，他们是在为指挥官解除一项重大负担。"

在此，我们要再度强调艾森豪威尔对授权一事提出的警语："身为领导者，你必须为部属的行为负起全部的责任。"1991—1995年期间担任陆军参谋长的沙利文将军也于1995年4月14日致陆军将级军官的一封信中强调了这一点，他写道："我们的价值观将陆军与国家结合成一体，这个价值观也使得我们的资深领导人可以将权责下授给部属，并期望部属不只是采取行动而已，还要为自己的行动负责，也就是期望他们以负责任的态度展开行动……而身为资深领导者，我们的任务在于创造一个制度化的环境，并要求我们的部属不只是能采取行动，还必须能采取负责任的行动。"

我采访过的第二次世界大战期间的高阶将领中，给我印象非常深刻的一位是克拉伦斯·霍伯纳（Clarence Huebner）中将。他成功的例子，显示出了美国民主体制所提供的受教导机会及美国陆军中的发展机会。他在内布拉斯加州布希顿（Bushton）镇一个只有一间教室的小学受教，中学只念了两年，之后只受过职业学校的教育。1910年他进入陆军服役，服役期间他展现了特殊的领导才能，因而在1916年脱离士兵阶级，被任命为步兵少尉。本书先前已讨论过他在多位导师的培训与鼓励下，达成了非凡的成就。他在退伍之前的最后一任职务为美国空军驻欧部队指挥官。

我问霍伯纳中将，西点军校毕业生及那些对他有重大影响的导师有何特别之处。他回答道："他们都有高尚的风格，尤其是他们都能体现西点军校的校训，即责任、荣誉与国家的概念。"

这突显了西点军校及其他军种军校的毕业生所具备的责任感，他们在多年后成为了其他军官与士兵们的榜样。道格拉斯·麦克阿瑟在他的回忆录中写道："西点军校的教育，追根究底，其最重要的精神在于风格的养成。"我采访过的所有在两次世界大战之间的岁月里担任现役将领的西点毕业生们，全都提到了西点军校的"学生祈祷文"（Cadet Prayer）对他们风格的养成所产生的影响，尤其是祈祷文中那句"教我们选择困难但正确，而非简单但错误的道路"。西点军校的学生几乎每天都要朗诵"学生祈祷文"。

我采访了这么多位高层军事领导人，可说是种非常特殊的经验。很少有人有这种机会，能采访这些伟大的将领，并深入了解他们对于自己及其他将领能成为杰出领导人的看法，以及他们对自己及同时代的将领的领导风格的评论。他们的坚毅风格、品德，以及他们谨守西点校训"责任、荣誉、国家"的事实，让我觉得温暖与快慰。不过有位空军将领，人称"博士"斯特罗瑟（"Doc" Strother），也是西点毕业生，却告诉我："我们的风格是来自于家庭教育。"我想这类将领可能原本就具备高尚的风格，再经过西点军校的训练及与风格同样高尚的同学相互激励之下，进一步强化了他们的崇高风格。

他们无我无私，热爱国家，放弃了许多更高薪的工作机会。他们喜爱自己的职业，并以自己的职业为荣。更重要的一点是，他们喜爱军旅生涯并且爱护士兵。在陆军或空军，你给一位职业军官的最高恭维是称他为"军人"（soldier）。布莱德雷的回忆录取名为《军人》（*Soldier*），李奇微的回忆录名为《一个军人的故事》（*A Soldier's Story*），而威斯特摩兰的回忆录叫《一个军人的告白》（*A Soldier's Reports*）。这3本回忆录的书名反映出3位非常受人敬仰的美国军事领导人对他们士兵的感情。

本书所研究的将领们都真心喜爱自己的职业，爱护他们的士兵。艾森豪威尔在担任了好几年的参谋职务后，有机会在第二次世界大战前被调至得州胡德堡的第 3 军团服役，内心备感高兴。1940 年 7 月 1 日，他写信给和他一样都未能参加第一次世界大战的同学布莱德雷："我从来没有这么高兴过，和每位陆军的弟兄一样，我们的工作负荷很重，所面对的大大小小问题很多。但这样的工作太棒了！……我想不出哪里可以找到更好的工作。"

1941 年 12 月，艾森豪威尔接到命令，要他前往战争部的作战计划处报到。他的第一个反应是："这纸调职命令对我的打击很大。在第一次世界大战期间，我拼命想找机会前往战场，但都未能如愿……我希望未来战争再起时，我能够待在部队。我认为，被调回我已经整整待过 8 年的城市服务，不啻表示我在第一次世界大战期间的遭遇将重演。我心情非常沉重，打电话要妻子帮我收拾行李。在接到命令的一个小时内，已经出发前往战争部报到。"

艾森豪威尔在他到达华盛顿几周之后的日记中，表明了他的想法与对军队的热爱。他在 1942 年 1 月 4 日的日记中写道："我感到很暴躁。这里有很多业余战略家与爱慕虚荣的人。我愿意付出任何代价回到部队中去。"

近来的高级将领中，也有人对于被调离部队生活而感到难过的。沙里卡什维利将军在被告知他将接任驻欧盟军最高统帅后，曾告诉我："我不喜欢这个职务，我想花更多时间和士兵在一起。"同样，迈耶将军与弗诺将军对于自己要被派任陆军参谋长这个陆军最高职位一事，都持保留态度。他们都感伤道，这项派职将剥夺了他们与士兵一起工作的机会，而他们认为跟士兵在一起"很有意思"。

在军中你经常可以发现混日子、等待退伍的军官。显然这些军官并不喜欢自己的职业，而且也没有在这项为国奉献的职业中作出应有的贡献。他们没有从中得到乐趣。空军的乔治·布朗将军临退伍前对一群参加预备军官训练团的学生演讲时，可说道尽了个中三昧："看到你们，想到你们军旅生涯的未来，我真想自己也能再当一次军人。"

本书所描述的这些成功的将领，都具备高尚的风格。但是他们并不只是在热战方酣或危机时刻才发展他们的风格。他们在整个军旅生涯中，秉持道德观与伦理精神来发展他们的风格。风格的重要性可追溯到哲学家亚里士多德，他强调风格是种习惯，是每日明辨是非所累积的气质。风格也是在和平时期养成的，因此必须成为一个将领在平时与战时气质中的一部分。

本书所述及的将领的生涯与成就，呈现出一种成功的模式，而每位军官，事实上每一个人都可援用这一模式。每个人只要能全力为自己的事业作出奉献，愿意长时期辛勤工作，能了解并发展出当一个领导者所需的高尚风格，能爱护袍泽并关心他们的福利，而且能激发别人的自信心与服务热情，那么必能将本身的天赋能力发挥到极致而终有所成。

出版后记

　　领导者是天生的还是后天培养的？一个人如何成为成功的领导者？这便是作者在本书中探讨并试图得出结论的两个问题。

　　作者通过访问上百位美国四星上将、千余位准将以上的将领，与 1 万多位曾与这些将领共事过的人士进行访谈，同时参考大量书信、日记与回忆录，归纳出许多将领所具备的特质，而这些特质彼此融合，进而塑造出将领的"风格"。作者认为唯有通过著名人士与杰出领袖，我们才能看到活的领导才能。

　　本书共 11 章，除最后两章为总结性章节外，作者用 9 章的篇幅分别探讨了 9 项领导特质：大公无私、决策力、"直觉"与"第六感"、憎恶"唯唯诺诺的人"、阅读、明哲导师、关怀、授权，以及不逃避责任。作者通过对这些领导才能和成功特质的描述，帮助读者思考并深刻体会它们的作用。作者认为，优秀的军事将领所具备的特质或许是天生的，但是这些特质的成熟与发挥却要靠后天的养成与训练。

　　虽然本书的研究对象均为军事领导人，但书中探讨的领导特质适用于任何领导者。本书也可说是所有领导者的必读之书。

服务热线：133-6631-2326　188-1142-1266

读者信箱：reader@hinabook.com

后浪出版公司

2018 年 7 月

图书在版编目（CIP）数据

为将之道：美国名将指挥的艺术 /（美）小埃德
加·F.普里尔著；陈劲甫，叶凌彬译. -- 成都：四川人
民出版社，2018.5（2020.4重印）
　ISBN 978-7-220-10752-8

Ⅰ.①为… Ⅱ.①小… ②陈… ③叶… Ⅲ.①军事人
物－生平事迹－美国 Ⅳ.①K837.125.2

中国版本图书馆CIP数据核字(2018)第072183号

四川省版权局
著作权合同登记号
图字：21-2018-278

AMERICAN GENERALSHIP：CHARACTER IS EVERYTHING：THE ART OF COMMAND
Copyright © 2000 by Edgar F. Puryear Jr.
This translation published by arrangement with Ballantine Books, an imprint of Random House, a
division of Penguin Random House LLC
through Big Apple Agency, Inc.，Labuan，Malaysia.
Simplified Chinese edition copyright：
2018 Ginkgo (Beijing) Book Co., Ltd.
All rights reserved.
本书简体中文版由银杏树下（北京）图书有限责任公司出版

WEIJIANGZHIDAO：MEIGUO MINGJIANG ZHIHUI DE YISHU

为将之道：美国名将指挥的艺术

著　　者	［美］小埃德加·F.普里尔
译　　者	陈劲甫　叶凌彬
选题策划	后浪出版公司
出版统筹	吴兴元
特约编辑	闻　静　林立扬
责任编辑	章　涛　邹　近
装帧制造	墨白空间·张静涵
营销推广	ONEBOOK
出版发行	四川人民出版社（成都槐树街2号）
网　　址	http://www.scpph.com
E - mail	scrmcbs@sina.com
印　　刷	环球东方（北京）印务有限公司
成品尺寸	143mm×210mm
印　　张	12
字　　数	291千
版　　次	2018年7月第1版
印　　次	2020年4月第2次
书　　号	978-7-220-10752-8
定　　价	49.80元